达城记忆

四川

巴风賨韵

胡 杰 ◎主编

中国文史出版社
CHINA CULTURAL AND HISTORICAL PRESS

图书在版编目(CIP)数据

达城记忆·巴风賨韵/胡杰主编.—北京:
中国文史出版社,2023.12
ISBN 978-7-5205-4504-4

Ⅰ.①达… Ⅱ.①胡… Ⅲ.①文史资料－达州
Ⅳ.①K297.13

中国国家版本馆CIP数据核字(2023)第231010号

责任编辑:赵姣娇
封面绘画:张　力　张世忠

出版发行:中国文史出版社
社　　址:北京市海淀区西八里庄路69号　邮编:100142
电　　话:010-81136606　81136602　81136603(发行部)
传　　真:010-81136655
印　　装:四川华瑞现代印刷有限公司
经　　销:全国新华书店
开　　本:710mm×1000mm　1/16
字　　数:285千字
印　　张:23.75
版　　次:2024年9月北京第1版
印　　次:2024年9月第1次印刷
定　　价:78.00元

在文史里丰富我们的精神根系

——阅《巴风賨韵》文史资料有感

胡 杰

由达州市政协征集的大型文史资料《达城记忆》之《巴风賨韵》，即将付梓出版，着实让我欣喜。

厚实的文稿捧在手，浓郁的墨香萦于鼻，翻开之际，顿有如沐春风、如饮甘泉的身心感应：这沉甸甸的书稿，让我开启又一次心灵的畅游，徜徉进巴渠大地乡风民俗，重温流光岁月留下的历史瞬间，凝练滋养我们精神的乡土情结。

俗语云：一方水土养一方人。水土即自然，包括与自然浑然一体的寒来暑往、阴晴冷暖，与自然相伴共生的风云雷电、雨雪冰霜，与自然相依相存的飞禽走兽、春华秋实。而具有高度思维活性、精神活性和行为活性的人，却是山水自然最伟大且最具决定性意义的孕育。因为在依附自然中认识自然、在适应自然中保护和改造自然，便形成了人的自然与人文情怀，便有了"五里不同风，十里不同俗"的地域人文特色和人的价值取向、精神追求。

地处北纬30度左右、大巴山南麓、四川盆地东部边缘的达州，始终处于黄河古文明、长江古文明和古蜀文明、荆楚文明交替辐射与融

合之中。20世纪末，宣汉普光罗家坝遗址、渠县城坝遗址的发现和发掘，其惊艳亮相便无可争议地证明：达州系远古巴人和巴人文化的重要发祥地之一。

达州物华天宝、物产富饶。有诗名副其实地赞美"南水北调巴山雨，川气东输达州春"。这是对达州最形象最中肯的描述。汉江最大支流任河出于万源，川气东输的起点在宣汉普光，宣汉县更是锂钾资源的富集地，开发正紧锣密鼓地进行。达州又是四川省重要的粮油大市，是重要的农副产品输出地，更是一张耀眼的金字招牌。

达州人杰地灵、英雄辈出。作为巴文化核心区，凝聚着"忠勇信义"的巴人精神。这里是川东地区早期革命活动的重要发源地、全国第二大苏区川陕革命根据地的主战场，留下了太多的红色印记，徐向前、李先念、许世友等老一辈无产阶级革命家曾在这里浴血奋战，当年8万多人参加红军，孕育了王维舟、张爱萍、陈伯钧、向守志等20多位无产阶级革命家和共和国开国将军。"全国优秀共产党员""七一勋章"获得者周永开，就是这片土地耀眼的赤子。

达州山水画卷、文脉厚重。在漫长的岁月中，沉淀了深厚的人文底蕴，凝聚了丰富的人文精神，从古至今，涌现了无数文化先贤，留下了"六相治达"的美谈，涵养了"巴山作家群"，走出了鹖冠子、黎錞、唐甄、刘行道、王君异、冷军等思想文化艺术大家，薅草锣鼓、三汇彩亭、刘氏竹编、板凳龙系国家级非物质文化遗产。

在漫长的文明史中，达州具有丰富的文化遗存。无论是神话传说，还是真实的历史史实，都承载着古今达州人的人文情怀和精神追求。《巴风赏韵》文史资料，既是一个印证，也是一扇窗口。风者，风俗风情也；韵者，韵致韵味也。风俗风情和韵致韵味，既蕴含着达州人朴素的家国情怀，也蕴含着达州人执着向善向美向上的精神风貌，更蕴含着达州人薪火相传、文脉赓续的价值追求。

文史资料的价值在于"存史资政，团结育人"。它是政协工作最重要的组成部分之一。我非常敬佩和感谢政协文史资料的撰写者、提供者和征集者，无私为我们提供了精神养分，让我们洞见了一个文史层面的达州，它是如此充满诗性，如此丰腴而精彩，让我们在字里行间，品味着这片土地的秀美与神奇，更充满了对这片土地、所有人民之未来的无限向往和美好期待。

在中华民族伟大复兴的新征程上，达州人民在习近平新时代中国特色社会主义思想引领下，正凝聚起强大的文化自信，万众一心、众志成城地投入现代化达州建设新篇章的伟大实践。我们需要更深入持久地挖掘存在于实践的文化精神，因为我们正在创造新的历史！

我深深相信：无论有怎样美好的未来，都必须依赖我们每一个人脚踏实地的努力奋斗、拼搏进取，这是文化文史留给我们的启迪。

我再一次深深地致谢于所有文史工作者，衷心祝愿越来越多的文史之光照亮我们前进的征途，越来越多的给我们以智慧和力量！

2024年1月17日于达州

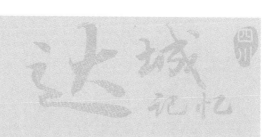

红色记忆

历史拾遗

巴渠食俗

传统技艺

往事回眸

乡土风情

亲情往事

红色记忆

HONGSEJIYI

长征路上父亲与奶奶的三次相遇

李 洋

长征精神是中华民族奋斗图存精神的升华。"长征中能活下来的有多少人？红军战士靠的是什么？图的是什么呢？"习近平总书记的三问，发人深省。

"长征前红军三十万人，到陕北不到三万人。"要奋斗就会有牺牲。在长征途中，红军经历了无数次激烈的战斗，血染湘江、四渡赤水、强渡大渡河、飞夺泸定桥、过雪山草地，许多战士倒下去了……我父亲一家九口当红军，五口人牺牲在长征路上。长征中，牺牲的烈士不计其数，许多连姓名都没有留下。成千上万的先烈，为了人民的利益，英勇地牺牲了。

红军战士图的是劳苦大众翻身得解放，这是中国共产党人的初心和使命。我的爷爷、奶奶就是因为对共产党的热爱，对红军的热爱，走上了长征的革命道路。我的爷爷李惠荣为掩护红军通讯员光荣牺牲。父亲李中权这样记录了我奶奶王理诗："开始长征那年，母亲已经是53岁了，从小裹脚。就这样，她挪动着小脚拽着弟弟妹妹，夹在奔波的红军家属和部分根据地群众中，从川东走到川西，两条腿肿胀得像个紫萝卜，左小腹还长了一个毒疮。她带着伤病，仍旧过了渠江、嘉陵江、涪江、岷

江、翻雪山，在一年零三个月里，一步步走过了近两万里。"

我父亲李中权在长征路上，三次遇见我的奶奶王理诗。我父亲回忆说：第一次遇见母亲是1934年4月。第二次遇见母亲是1936年3月。母亲深明大义，相信自己的路走对了，再三叮嘱我要全力搞好工作，不可为她们分心。面对这样坚强的母亲，原先搜肠刮肚想好的几句宽慰话，早已被泪水所淹没。第三次见母亲是1936年6月，在西康省丹巴县东边耳时。那时已担任红四方面军大金川独立二师政委的我，正在行军路上。我与母亲都心照不宣，时下的条件，很难为她解决任何问题，此次一别恐难再见。看我万分为难，通讯员说："李政委、伯母，要不，把我留下来照顾伯母吧！"通讯员的这个主意，真使我有些动心了。"不成，北上的红军一个也不能少！"母亲叫中柏弟弟搀着她，走到我的面前，训斥般地说："你甭想歪点子了，我能走，两年都过来了，还愁走不到陕北？"母亲说着把中衡弟弟和中秋妹妹拉到身边，亲切地说："我们到陕北找毛主席去好不好？""好！"中衡、中秋异口同声地回答，母亲微微地笑了。

母亲的微笑丝毫解除不了我内心的忧虑。望着她憔悴多病的身体与幼小的弟弟妹妹，联想到今后她们将面对的严峻征程和可怕处境，我内心难过得犹如刀割。我不忍心留下重病缠身的母亲和年少的弟妹不管，但红军独立师更不能缺少政委。

"李政委，队伍都过去了。"通讯员再次报告说。他的意思我清楚，我们必须走了。"快走吧，别误了大事呀！"母亲的话音有些颤抖。"娘，我走了。"我向母亲辞行，母亲没有提出任何要求，也没有说话。她双眼满含泪水，久久凝望着我。我还能为母亲做些什么呢？我摸摸口袋，盐巴、银圆都没有了。就在我转身的时候，一眼望见了我的那匹战马，心里不由一阵欢喜。我牵过那匹马，把它交给了中柏弟弟。

深情地说："弟弟，多照顾一下娘，多劳你了。"我朝母亲和弟弟、妹妹看了最后一眼，含泪而去，不忍回头再看。然后和警卫员一道跨上战马走上征途，继续向着北方向着陕北奔去。

母亲和弟妹们凭着惊人的毅力和战马的帮助，翻过了雪山。可是到了西康草地炉霍，母亲再也走不动了。她拔下头上的簪子扎破了腹部的毒疮，黑黄的脓水直往外冒。1936年7月7日，我的母亲倒在了长征的路上。临咽下最后一口气时，她叮嘱说："跟着红军走！"

让人欣慰的是，我们四兄妹终于完成了长征，胜利到达了陕北，于1937年春节相聚在延安宝塔山下，从此我们把党当爹娘。

迟浩田上将为《李中权征程记》题写"满门革命赤子，辉煌永留青史"，为这个光荣家庭作出评价。我的父亲参加了长征、记录了长征，经历了雪山草地的生死离别。父亲冒着枪林弹雨，浴血奋战，经受了长征的淬炼、战火的淬炼，他从战火硝烟中走出来。信仰的力量支撑着他，不怕流血牺牲，勇往直前。

"长征是历史记录上的第一次，长征是宣言书，长征是宣传队，长征是播种机。"去年，我和几位红军后代一起去了父辈们长征走过的地方，我们平均年龄66岁，驱车驶向川陕革命老区，重走红军长征路。

尽管现代人享受着物质的丰富、交通的便捷、环境的改善，但天气的变化、活动的身心投入、体力的消耗，此行我们也会有身体的不适，也出现了高原反应。每当我们感到身体不舒服，感到有点累的时候，就更加为红军感动，红军在那样艰苦的岁月，是在挑战生命的极限。他们个个都是钢铁汉，红军是英雄的群体，红军长征时间长、规模大、行程远、环境险恶、战斗惨烈，长征是一首悲壮的史诗，是一首英雄的赞歌，是一个人类战争史上的奇迹。

四川正是红军长征途中最为险恶的路段之一，当你真正走上长征

路，才真正感受到长征的艰辛与伟大，才能认识长征路上的苦难与辉煌，我们领略前辈风范，聚焦长征精神，了解先辈革命事迹，对红军、对先烈充满了崇敬与感恩，红军经历了血与火的洗礼，我们接受了一次心灵的洗礼。我们深知今天的幸福生活来之不易，必须好好珍惜。作为红军后代，更应该好好传承红色文化，弘扬红军的长征精神。

（作者系川陕革命根据地历史研究会会长，老红军、开国将军李中权之子）

笋子梁十二勇士

王发祯

1933年秋末，四川"剿赤"总司令刘湘在蒋介石大力支持下，纠集各路军阀，向川陕革命根据地发起"六路围攻"。红四方面军总指挥徐向前制定了"收紧阵地，伺机反攻"的战略方针，采取节节抗击，诱敌深入，最后集中在万源山区，展开了艰苦卓绝的"万源保卫战"。

万源保卫战是关系川陕革命根据地生死存亡的一次决战。坚守在万源主战场的红四方面军40个团8万多指战员，在徐向前、陈昌浩、李先念等指挥下，进行了两个多月的浴血奋战，粉碎了国民党军队140多个团26万余人的围攻，歼敌6万多人，俘敌2万余人，取得了红四方面军战史上最辉煌的胜利，成为红四方面军反"六路围攻"中的关键一战。

在万源保卫战中，涌现出堪比狼牙山五壮士的"笋子梁十二勇士"。在弹尽粮绝之际，他们相互搀扶，高呼"红军胜利万岁"的口号，从花萼山的万丈悬崖上纵身跳下。

笋子梁，位于万源市花萼乡境内，东为甑子坪、板凳角，与八台山、大罗山相望；西为花萼山。三面临深沟，南北两坡高达百丈，悬崖绝壁，陡峭险峻，恰似一根巨大的石笋屹立在群山之间，故名"笋

子梁"。

1933年10月，红四军攻占了万源城，扫清残敌，占领了军事要地。花萼山是矗立万源东北的巍峨大山，是万源城的屏障。11月，红四军第十二师第三十四团第二营第一连谢连长率一连人驻防笋子梁，指挥所设在苏维埃代表周德六家，挖战壕、筑木城，作战斗准备。白沙区"苏维埃独立团"3个连分别驻在两侧的何家梁和喂猪凼，配合防守。村苏维埃组织群众冒风寒、踏积雪，给红军送粮食、盐巴、猪肉等食物，帮助挖战壕、筑木城，从山腰到山顶筑起七道木城。第二营熊营长从邱家坪赶到笋子梁阵地视察，称赞他们工事筑得坚固。1934年2月，敌警备第四路第一纵队司令王三春勾结曹家、白沙、城口双河等地民团、"神团"千余人，连续数次向笋子梁阵地偷袭和进攻，均被红军和白沙独立团击溃。

敌见硬攻失败，又施新的诡计。曹家团正全植堂威胁拉拢"独立团"刘、邱、陈三位连长和部分战士叛变，派奸细扮成给红军送食品的群众，侦察红军虚实。白沙"独立团"的三个连长在全植堂的威胁利诱下，变节投敌。以邀请打牌为名，将带队的红三十四团特务连杜排长杀害，并向特务排发起突然袭击，除罗指导员带领唐映月突围外，其余尽被杀害。随即王三春、苟伯当、全植堂分别从团包梁、冉家坪、贺家坪分三路向笋子梁进兵，成包围之势，迫使红军背对悬崖三面迎敌。敌人漫山遍野向山上涌去，红军依托险要地形和坚固工事，英勇阻击敌人，击退了敌人的数次进攻。从拂晓战到傍晚，敌人未能前进一步，在木城下留下了遍地尸体。

敌人三面进攻，红军弹药得不到补充，粮食无济，只好用大刀、长矛和石头与敌人进行肉搏。这时，团包梁的敌人见机诈败退走，红军前往追敌。敌退至周家口又返杀回马枪。此时，全植堂的儿子全泽和率领的贺家坪一线的敌人抢占了红军正面工事。红军兵力逐渐减少，被围在山顶不足800平方米的狭小范围内。英勇的红军指战员面对险恶处境，临危不惧、沉着应战，把剩下的几枚手榴弹扔向敌群，然后手握大刀，如下山猛虎，冲向敌营。敌人鬼哭狼嚎，片片倒地，人人心惊，个个胆寒，不敢近前，只能在远处用大炮向山上轰击，顿时，硝烟滚滚，炮声隆隆，整个山顶处处焦土，斑斑血迹。谢连长根据敌情带领战士冒着战火向坳平垭方向突围，留下12名战士担任掩护。

担任掩护的12名战士与敌人展开生死决斗，把枪膛里的最后一颗子弹射向敌人，把手榴弹扔向敌群，敌人仗着人多，继续向山上冲。这12名战士英勇顽强，毫无惧色，用刺刀、枪托与敌人拼杀、肉搏。为了不被敌人俘虏，伤痕累累的12名战士高呼"红军胜利万岁"，毅然纵身跳下悬崖，牺牲在笋子梁的山梁下，至今没有他们的姓名，甚至一张照片也没有。

让我们记住笋子梁十二壮士！他们是为新中国牺牲的，是为我们牺牲的！

三五年是多久

郭绍全

1935年2月的一个傍晚，董家梁的董华宗冒着呼呼寒风急匆匆地从村苏维埃队部跑回家说："妈，我们马上就出发了。""往哪走？""还不晓得。""你这一出去不晓得啥时回来哟。"说着，妈右手端着一个黑色的桐油灯，颤颤巍巍地走过来，闪烁摇曳的灯光照着妈那古铜色的脸庞，几道皱纹的额头飘着几丝银发，端详着华宗："宗儿，你今年还不满16岁。"说着，妈妈眼里的泪像断线的珠子往下滚，左手摸着宗儿的头说："出去要小心，要常给屋里打信。""妈，我晓得……""哦，你把那双鞋带上。"说着，妈转过身去拿鞋，宗儿突然发现妈比往前身影高了许多。"宗儿，还是早点回来哟！""妈，三五年就回来。"说着，宗儿接过妈亲手千针万线做的鞋，转过身就往队部跑去。妈端着油灯，望着望着，久久不愿进屋。心想，三五年，三五年是多久啊？

与此同时，李福元安排好董家梁村苏维埃的有关后续事宜后，也赶回了家中。"香，我们马上要走。""马上走？真的吗？""是真的，你们娘俩就在屋里了，你好好带娃娃……"赵甫香右手抱着还不满三个月的孩子，泪水汪汪。"你说走就走，我们怎么办？""不怕的，还有红军在这里，不要怕。"正说着，怀里的娃娃也"哇哇"直哭，似乎觉得爸爸就要离开了，福元接过妻子怀中的娃，亲了又亲，看了又看，对妻子说："你一定要把他养大成人。""家里差点揭不开锅了，这我晓得怎么办？""不怕，还有那么多亲戚，叫他们也帮忙拉扯一下。"满脸泪水，泣不成声的赵甫香说："那你去吧！要小心，常给屋里打信，早点回来。""是，早点回来，三五年就回来。"说着，背着要用的草鞋、背包，凝视着香儿娘母，转身毅然决然地朝队部跑去。妻子甫香抱着小儿站在地坝边望着，望着那消失的身影。"三五年回来，三五年回来，三五年是多久啊？"呃，今年不是1935年吗？难道他们今年就回来？

此时，在花楼乡六个苏维埃村，80多位参加红军的战士与亲人离别，都呈现了基本相同的感人场面：父母送儿女当红军，妻子送郎当红军。正像当年红军二、六军团贺龙离开苏区时，老百姓在《送别》中所唱的"送君送到大树下，心里几多知心话……我持梭镖望君还。"这次离别，对于花楼乡参加红军的83位战士，真是成了永别。他们有的在战斗中牺牲，有的在长征中走失……

红军走了，国民党卷土重来，占领了万源，并成立了"清共"委员会，成立了"还乡团"，"反政"了，大肆清查红军家属和留下的红军战士、干部。凡是对红军亲近，给红军办过事，有牵连的人都不放过，大开杀戒，一片白色恐怖。崔二担匪部在县境内抢掠烧杀，无所不为，很多红军战士等倒在"还乡团"的屠刀之下。花楼街北边的龙行沟，有位女红军战士被国民党军队抓住，她坚贞不屈，最后被枪决在那里。这女红军的鲜血流在了龙行沟，映红了蓝天，这英雄事迹至今流传。凡是耄耋老人，走到龙行沟，提起龙行沟，就自然而然地想起那位不知姓名的女红军战士，对她油然而生敬意。甫香母子俩在乡亲们的掩护下好不容易才躲过这一劫难，才有了李国元的第二代、第三代……

"呃，说的三五年回来，这他们出去一年多了，连个信都没有。"华宗的妈妈和几个老太婆悄悄议论着。"晓得的，说的三五年回来，这又上一年多了……"

两年过去了，几个老太婆又在背地里悄悄议论着："明年该回来了，明年满三年了。"

"怎么的？这三年满了，他们连封信都没有，还莫说回来。""你们听说没有，说是他们红军在打日本鬼子，那肯定走不了……"几个老汉在沟边的老柏树下乘凉，吧嗒吧嗒地边抽着叶子烟，边望着天空，悄悄地摆谈着。说到这，我倒回忆起1961年10月的一天，祖母的侄孙女佳秋出嫁，我与祖母到原四大队尧家山那边吃酒，我把佳秋喊姐。那天，佳秋姐家人来客往，忙乎热闹了一整天的农家院，到傍晚，刚恢复往日的平静。突然从佳秋姐的闺房里传出"一送里格红军，介支过下了山，几时里格红军，介支过再回山……"。我觉得奇怪，跑到门口一看，四五个十五六岁的姑娘正在她闺房里，望着佳秋姐歌唱，表达着对闺密出阁的留念之情。我转身问婆婆："她们怎么唱得来《十送红军》？""她们没上过学，是她们从家里大人平常唱学来的。"

1940年的一天，甫香等几个小媳妇在李河沟洗衣服，细声议论着："他们出去满五年了，还没回来。"甫香在一旁不作声，满脸愁容。"人不回来，也该有个信吧！"忍不住的甫香泪水在眼眶里直转，对丈夫的无限思念之情再也掩饰不住了，说："总要回来，这五年不回来，再过三年总要回来！"说着洗起衣来。她牢记"你一定要把娃娃养大成人"这句话，坚持着、坚持着！好不容易，又熬了三年，福元还是没回来。

1945年秋，赵甫香去王家坝赶场，听到街上人议论着，说日本被打败了，日本投降了……甫香暗自高兴，下午跑回娘家，跟妈说："妈，日本投降了，这下福元该要回来了……"说着说着，当着妈妈的面痛哭流涕，诉说着这几年来自己所受的累。"幺儿啦，前几天我还到三清庙去烧香，求菩萨保佑福元不出事，早点回来，这都十年了，人不回来，也该有个信吧？"说着，香儿妈也两眼泪水，老泪纵横。

这三五年到底是多久，三年过去了，他不回来。五年过去了，八年过去了，十年过去了，他还是不回来，这什么时候才是个头啊？

1950年2月的一天，甫香突然听到董真宗给她说："香，街上来了三个解放军战士。""真的吗？""是真的！"甫香急忙放下手中活，迎着和煦的春风小跑到乡政府，找到了三位解放军战士。哎哟，两位战士穿着军装，腰扎皮带和手枪，头戴红五星帽，蛮威武英俊的，可他们说话听不懂，不是本地人。甫香顿觉一盆凉水泼来，心都凉了半截，低着头往回走。她屈指一数，福元离开这不正好十五年吗？三五一十五，他一定会回来的！

不久，福元回来了，一块烈属光荣牌带着他的英灵回来了。乡上和民政局的同志迈着缓慢的步子，递过那沉重的光荣牌，说"福元的血洒在了长征路上……"甫香接过那沉甸甸的光荣牌，反复轻轻地抚摸着，泪水滴在了这光荣牌上，似乎鲜血与泪水融合在了一起。"福元，福元，你就这样回来了，娃娃都长大成人了……"她仰望着苍天，泣不成声，似乎福元在九泉之下听到亲人的呼唤。

我的爷爷是红军

唐天晓　侯　峰

　　清明断雪，谷雨断霜。已是仲春时节，八台山一场春雪，宛若仙境。且将新火试新茶，行走在大巴山茶文化原乡，耳畔又回响起爷爷教我唱的歌谣"帝国主义要推翻，实行了共产主义穷人不受难……"

　　窗含雪岭。八台山的蓼叶在瑟瑟冷风中依然坚挺。思绪又回到了1933年的冬天。

　　1933年冬天，加入红四方面军红四军第十二师第三十四团的爷爷刚学会队列出操、行军打绑腿等军事技能，就随部队驻防花萼山，加入了固守花萼山、阻击白沙河方向来敌的战斗。随着敌人的不断紧逼，花萼山阻击战打响。1934年2月的战斗很激烈，打得昏天黑地，不分日夜。狡猾的敌人伙同地主民团武装，装神弄鬼，利用迷信威吓红军。同时还依靠所谓"熟人""亲戚"等关系拉拢意志不坚定的人临阵脱逃、叛变，最终导致战斗失利。战斗中不时有红军战士倒下。余下红军战士依托有利地形边打边退，最后，剩下的12勇士被围困在了笋子梁。坚持到弹尽粮绝，12勇士在射出最后一粒子弹后，带着"誓死不当俘虏"的雄心，从笋子梁崖壁悲壮跳下……

笋子梁崖壁高，半山杂树枯木、山下乱石铺地，跳下来能活命的机会不大。但是爷爷却奇迹般地活了下来。说来很巧。爷爷是地道的万源本地人，老家就在笋子梁附近的岩雾山。笋子梁左下侧就是岩雾山，右下侧是板丈角，爷爷以前经常在附近山上砍柴，熟悉地形，晓得很多僻静小路。当时12勇士在打光所有子弹从高崖跳下后，爷爷和两个红军战士被半山上树枝挡住，他们忍着疼痛，藏在白雪覆盖下的蓼竹中，躲过了山上敌人残忍射杀的子弹……

战斗结束许久，直到外面没有了声响，爷爷凭着熟悉地形，忍着伤痛，带着另外两个受伤的红军，悄悄梭下河，然后沿着偏岩子、岩雾山、窝坑、古东关回到了万源城，找到了红军大部队。后来据当地窝坑的老人讲，当时地主武装还在笋子梁山下的干河沟里抓到一个还没有断气的红军战士，被残忍砍头杀害。

万源城内集结的红军发起反攻，最终击溃了占领花萼山的顽敌，重新筑牢了防御工事。

笋子梁战斗后，经过简短休整，爷爷又投入激烈的万源保卫战的战斗中。

后来，为打破敌人即将发动的新一轮"川陕会剿"，配合中央红军在云贵川的行动，红四方面军准备发起广昭战役、陕南战役。爷爷在随部队转移途中，在万源与镇巴交界的盐场战斗中不幸负伤。由于时间紧迫，爷爷无法继续跟随部队行军，只好带着部队开具的负伤证明，不舍地回到了老家岩雾山老林养伤。

红军主力部队的离开，削弱了根据地的防守力量。1935年2月，万源、仪陇、巴中、通江、苍溪5座县城先后失守。流窜的地主民团武装又有了疯狂反扑的机会。他们到处抓人，杀人，清算旧账。一些加入过红军、帮助过红军的人惨遭镇压、杀害。在深山窝棚里躲藏的爷爷也被敌人抓住，受伤证明被敌人在窝棚的茅草里翻出来收缴。面对毒打，爷爷宁死不屈，最后被关在白沙区公所二楼的柴房里，两天两夜不给饭吃。后来，体力稍有恢复一点，爷爷直接从二楼柴房的窗户跳到水田里头，又跑到了深山里头，东躲西藏。有一回，为了躲过被抓，藏在别人家的苕坑里差点被闷死过去。

......

1949年12月29日，万源城得到解放。爷爷终于可以不用担惊受怕地生活了。苦尽甜来的爷爷当上了村里的生产队长，再后来，结婚生子，种庄稼，再也没有离开过岩雾山。

1994年冬天，爷爷在岩雾山老家去世。岩雾山的碎石垒砌的坟茔前没有立碑，青松环绕、涛声阵阵。父亲说，这块地是爷爷亲自看的，背靠青山，前面视野开阔，他很喜欢，也不要我们立碑。他说，埋在这地边边，风景好，还可以看后人种庄稼，他很知足。

小时候，爷爷喜欢教我唱山歌，什么调不清楚，我也是跟着哼哼，觉得好玩。有时，爷爷还教我打绑腿，怎样打绑腿走路最省力。我也奇怪，爷爷怎么会打绑腿呢？

直到去年过年，一大家人聚会，我才找到答案。席间，二爸喝了二两酒，唱起了爷爷教唱的山歌。仔细一听，居然是红军时期万源一带流唱的红军歌谣，比如《创造一个世界》《出操歌》等。我把其中一段唱音录下，微信转给万源本地一位红色文化研究专家听，他找出内部资料把歌词一对，居然歌词和万源当地的文献记载歌词相差不大。要知道，二爸在外省打工将近20年，这些歌谣都是爷爷教唱的啊。

爷爷不但会打绑腿，还会唱红军歌谣，可以说明，爷爷就是红军。

其实，爷爷也有证明自己红军身份的机会。1983年，国家开始对参红人员身份进行认定。当时爷爷居住的岩雾山交通不便，消息不灵通，爷爷最终没有被认定为红军（他也一直说用不着认定，打仗没有死，活下来就是命大福大了）。

一晃，爷爷去世也有28年。后辈人都离开了岩雾山老家，从事农耕的人也逐渐退休、老去。兄弟从警，侄儿参军，军人本色在我们后人中又被继承。每年正月，一大家人还是要到岩雾山聚一聚，去爷爷的坟前，烧纸、点燃香烛、敬几杯苞谷酒，然后把鞭炮放得噼噼啪啪响。

春寒料峭的日子里，我脑海里不时浮现八台山上白雪覆盖的蓼叶，惦记着爷爷教唱的歌谣："帝国主义要推翻，实行了共产主义穷人不受难……"

一张革命烈士证

郭传英

父亲病危时，交给我一样用红布包得很好的东西，他很严肃地对我说："这是我们家的宝贝，你一定要好好保存。"后来我打开红布看，是一张有折皱而泛黄的革命烈士证明书，那上面写着我曾祖母胡进珍的名字。顿时亲切的怀念油然而生，虽然岁月早已湮没了她的音容笑貌。

记得有一次放学回家，祖父问我上课时有没有认真听讲，我很认真地对祖父说："老师今天讲了女英雄刘胡兰，她面对敌人的铡刀宁死不屈，为了中国人民的解放事业献出了年轻的生命。毛泽东主席还为她题词——'生的伟大，死的光荣'。"这时，祖父语重心长地对我说："你的曾祖母也是一位女英雄，她在第二次国内革命战争中就牺牲了。"听到祖父这句话时，我是既惊讶又对曾祖母心生敬畏。祖父接着说："她是在万源县的固军坝被国民党反动派活埋了的，至今都未找到尸首。"说到这儿，祖父的声音哑了，眼角也有点儿湿了，他一定是在想母亲了。我也不禁难过起来，我好奇地问祖父，她为什么没像刘胡兰那样被写进课本里。祖父说："你曾祖母只是革命中一粒微小的种子。"

此刻我顿时明白毛泽东主席的"星星之火，可以燎原"。从那时起，我就对曾祖母产生了敬仰之情，我多么想知道她生前的一切呀！

曾祖母1883年2月出生在宣汉县石铁乡打根子河一个贫苦农民家庭，上有哥哥，下有妹妹，她在娘家排行老二。她与同村团包梁的郭南山成婚，生了两个儿子。家里没有任何人知道她参加了革命，更不知道是何时参加的。有一天，一个陌生人突然跑到她家中，对她两个儿子说："你们赶紧跑呀，你们的母亲被'白军'抓去了，他们说你母亲是'乌老二'，还说她是'赤匪'，要弄到固军坝去杀头。"听到这个陌生人的话，兄弟俩吓得不知所措，他们从没听母亲说过参加革命的事，根本就不相信自己的母亲是干革命的，直到母亲被敌人带到固军坝去那一刻，哥俩才恍然大悟。曾祖母参加革命后，在中共地下组织的领导下，一直从事地下革命活动，在敌强我弱、军阀残暴、民不聊生的黑暗中，灵活巧妙地开展革命工作，翻山越岭，涉水过河，足迹遍布中河两岸，她心里始终装着党和人民的利益。她和她的战友们使宣汉成了川东红色革命风暴的中心。她被捕后，敌人为了获取情报，使用了非人的酷刑和"心理战术"，严刑逼供，但无论敌人对她肉体的摧残还是精神上的折磨，她崇高的革命气节和不怕死的精神，始终使敌人一无所获。穷凶极恶的敌人企图抓到她的小儿子（我的祖父）来达到让她开口的目的。然而，在党组织和乡亲们的帮助下，她的小儿子成功地离开了生他养他的家乡和相亲相爱的亲人们。

曾祖母在赴刑场的时候，得知小儿子已脱离危险，她仰着头对苍天哭诉："我苦命的小儿子啊，妈妈对不起你！妈妈走了以后，你的日子一定很艰难，但你一定要坚强地活下去。你兄弟俩一定要待到革命的红旗插到中河两岸；一定要待到革命的红旗在大巴山飘扬；一定要待到革命胜利那一天——重逢。"她带着对两个儿子的无限深情，于

1930年在万源县的固军坝从容就义，年仅47岁。

多少年后，每当我打开那张烈士证明书时，总会泪眼婆娑，无限深情。

注："乌老二""赤匪"是当时当地国民党对革命者的称呼。"白军"是当地老百姓对国民党部队的一种叫法。"打根子河"和"团包梁"是现在石铁乡的十字溪村。"中河"是宣汉县石铁乡至新华镇的重要河流。

父子三人当红军

贺正华

1926年，又一个大旱之年，农田失收。可怜的母亲张氏因病无钱医治，又忍饥挨饿，年仅35岁便撒手西去。据收殓的人说，她死后双眼睁得大大的。这一年，向守全才7岁，弟弟向守义6岁，还有3岁多的小弟路儿。

父亲向以贵强忍悲痛处理完妻子的后事后，不得不带着孩子走上流浪奔波的求生之路。扛活、抬轿子、打石头，什么累活苦活都干，但总是填不饱一家四口的肚子。

为了活命，向守全10岁就去给地主打工，每天要割回两大背篼猪草或牛草才能喝上一碗能照出人影的稀粥。夜晚睡在猪圈隔壁的农具房，又脏又臭。冷风飕飕，他只好多垫些稻草御寒。

母亲死后的第三年，小弟又夭折了。听说弟弟死了，向守全张口就哭，急着要回家看看，可恨的地主就是不准他走。他只好在傍晚时分趁给牛添草的机会悄悄溜回家。一进家门，父亲和弟弟已哭成了泪人。

第二天一早，向守全赶回到地主家背上背篼正要出门割草，突然被地主拦住了。可恨的地主要罚他多割一背篼草，并恶狠狠地将镰刀往地上一掷，镰刀弹到向守全脚背上砍出一道口子，顿时鲜血直流，幸亏另一名长工从地主堂屋的香炉上抓来一把香灰抹上，才把血止住，但那块疤痕永远留在了脚上。

好不容易熬到了1933年的盛夏时节。一天上午，向以贵抬着轿子正在赶路，忽然看到一支部队开了过来。仔细一看，这是一支身穿粗布衣，头戴红五星，衣领缀着红领章的部队。他从未见过这样的部队。

那天晚上，向以贵悄悄来到这支部队的一个营地打听虚实。"长官，你们是啥子部队哟？""我们是共产党领导的中国工农红军，是为广大劳苦大众翻身求解放的队伍。我们都叫同志，不叫长官。"

"算我找到救星了！"向以贵双手作揖，说："我一家五口，老婆和小儿子都病死、饿死了，现今还剩下父子三人。命苦啊，让我们都参加红军吧！"

接待他的首长一问他大儿子才14岁，二儿子13岁，就说："年龄太小了点呀！"向以贵说："十多岁的娃儿长得快。"

"红军有严明的纪律，能遵守吗？""能！""红军要经常打仗，还有可能要流血牺牲，你们怕不怕？""不怕！"

看到忠厚老实的向以贵，这位红军干部说："这样吧，你年纪大，没什么文化，就当炊事员。让你的两个娃当勤务兵吧！"向以贵感激不尽，连说："要得要得！"

就这样，向守全和父亲、弟弟三人同时参加红军。到了部队后，他们得知这支部队是属于红四方面军第三十军。

不久，他们参加了第一次战斗，接着和苏区游击队的100多人一起，用三个月时间打土豪分田地。后来，红军收紧阵地向通江县转移，他们父子三人又参加了岩门场阻击战。经过一天一夜的激战，向以贵所在部队击退敌军刘存厚一个混成旅的进攻，并缴获了大量武器装备。战斗结束后，部队开到了通江县的毛峪镇。

1935年3月下旬，红四方面军开始长征。当时规定，一家人不能同在一个部队。于是，父亲被分到红四军第三十三团团部当炊事员，向守全被分到红三十军第八十八师师部警卫连当战士，弟弟向守义被调到红四方面军后方医院当看护员。分别时，父亲拉着两个孩子的手嘱咐说："不论走到哪里，都要不怕苦不怕累，服从首长指挥，勇敢战斗，多消灭敌人，为母亲和弟弟报仇。"

红一、四方面军会师后，队伍都集结在大金川、小金川、马尔康一带。弟弟向守义随部队来到马尔康时，正好红八十八师也从这里经过。当两支队伍在这里相遇时，向守义意外地巧遇哥哥向守全。兄弟突然相见，真是喜从天降，他们紧紧地相拥在一起。

"爸爸呢？你见到他没有？"向守义迫不及待地问道。

"没见过呀，你知道爸爸的情况吗？"然而，他俩你问我，我问你，谁也不知道爸爸在哪里。

由于部队要急行军，兄弟俩相聚仅半个小时，就不得不匆匆挥泪而别。他们商定，一旦有父亲的消息就互相转告。

父亲，你在哪里？后来得知，他们的父亲永远留在了长征路上。那是在向腊子口进军的途中，部队与敌人相遇，向以贵不幸中弹，再也没能站起来。战友们看见他背上的行军锅被打穿了几个孔，身上的干粮袋也被鲜血染红了。

进入草地的第三天，向守全所在部队遭敌马步芳部骑兵的袭击。在激烈的肉搏战中，敌一骑兵举着大刀策马奔来，接近向守全身边时，大刀劈头盖脑砍过来，好在向守全眼明脚快，猛一低头，大刀只削去肩膀上一块皮，顿时鲜血直流。向守全顾不上包扎伤口，立刻回敬一枪，将敌人打死。

红三十军于8月26日赶到班佑，奉命攻占包座。包座，是通往甘南的必经之地。它距四川的巴西、班佑100多里。当胡宗南获悉红军已走出草地，向甘南进军时，急忙派出独立旅的一个加强团占领包座，并派位于包座西南的第四十九师增援，企图在包座和阿西一线阻击北上红军。军长程世才、政治委员李先念命令第八十九师攻打包座，第

八十八师在包座西南地区设伏，以打击敌人的增援部队。

8月29日夜12时，敌第四十九师进入伏击圈。红八十八师的勇士们在师长熊厚发、政治委员郑维山的率领下，个个像下山的猛虎向敌人猛扑过去。向守全一直冲在队伍的前头。开始用步枪射击，与敌接近了就掷手榴弹，与敌面对面时就拼刺刀。这一仗，向守全亲手消灭了三个敌人。战后，他因功升任班长，不久又升为排长。

9月，红三十军通过腊子口后，直捣二郎山，对岷县县城形成包围之势。岷县守敌处于孤立无援的境地。敌师长鲁大昌提出："只要红军不再攻城，红军愿走哪条路就走哪条路，我们决不放一枪。"红军据此决定对县城只围不攻。

然而，当红八十八师经过该县时，突遭敌机袭击。敌机投下的炸弹在向守全身边几米外爆炸，向守全只觉得身上被什么东西轧了一下，即倒了下来，用手一摸，鲜血直流，他的腰部和右脚挂彩了。他挣扎着想站起来，可是双脚不听使唤了，老是站不稳，接着是头晕眼黑，又倒下了。于是被送到部队野战医院救治。

1936年10月22日，红军三大主力在甘肃会宁会师，胜利结束长征。

12月，部队到达吴起镇。此时，向守全已伤愈出院，被调到红五团三连任副连长。两个月后，红五团改编为中央警卫团，他在三营任连长。令向守全最引为自豪的是在毛主席居住的窑洞前，他站了一个多月的岗，直接保卫毛主席。

注：向守全（1919—2007），达县岩门场（今通川区青宁乡岩门村）人。历任炮兵团长、炮兵副师长、广州军分区副司令员、广州警备区副司令员等职。荣获八一勋章、独立自由勋章、解放勋章和朝鲜民主主义人民共和国国旗勋章、自由独立勋章，二级红星功勋荣誉章。

达州儿女腊子口上建奇功

白　云

1935年6月，中央军委任命罗南辉为红三十三军军长，并将该军第二九四团编为红一方面军第一军团第二师第四团第二营，原团长张仁初任副团长兼营长。第二九四团全体指战员1000余人服从命令，达州儿女又担负起保卫党中央北上和开路先锋的重任。随后，他们在团长黄（王）开湘、政治委员杨成武的率领下，配合友军顺利打通了包座，直逼川甘两省边界上的腊子口。

腊子口是红一方面军北上途中最后的、最险要的一道关口，位于甘肃省迭部县东北部，是四川通往甘肃的重要隘口，海拔近3000米。口子东西两面悬崖绝壁高达500余米，峡道南北走向，长300余米，宽不到8米。下面的腊子河水流湍急，河水上面仅有一座一米多宽的小木桥，桥是到腊子口唯一通道，桥头和山口之间驻有敌人两个营的兵力，桥头筑有碉堡。

9月16日，毛泽东亲临离腊子口不远的朵里寺，同林彪、聂荣臻、罗瑞卿、刘亚楼等人研究攻打腊子口的方案。红四团奉命攻关。

9月17日，红四团第一、三营正面进攻受阻，伤亡很大。这时，毛泽东派人询问战斗的进展情况，形势非常紧张。二营营长张仁初、副营长魏大全主动请战，并向团长、政委建议，以一个连正面进攻，

另两个连攀崖迂回敌后夹击。团长、政委批准了他们的建议，并把主攻任务交给了二营六连。

六连组织了20人的突击队，手持大刀、手榴弹于黄昏时悄悄向独木桥边运动。狡猾的敌人凭着坚固的炮楼，有恃无恐地躲在里面一枪不发，待突击队接近桥边时，投下一大堆手榴弹，同时机枪、步枪一齐开火。突击队先后进行了十多次攻击，均未接近桥头。

在六连正面进攻开始时，团长黄开湘则亲率第二营另两个连趁天刚黑，于木桥不远处悄悄渡过腊子河，攀绝崖而上，迂回敌后。至次日凌晨3点，突击仍无进展。

毛泽东一次又一次派人了解战况。因为仅一山之隔的岷县县城驻有敌人六个团，如果天一亮，敌人倾全力防守腊子口，整个红一方面军的前途不堪设想。

部队首长决定由六连挑选15名共产党员、共青团员组成敢死队，由连长杨信香（杨信义）率领，分三个组向敌突击。杨信香带领第一组顺河岸的崖壁前进，摸到桥肚子下，攀着桥柱运动到对岸；第一排排长带另两个组，运动到桥边，待第一组打响后，冲过桥去。当第一组运动到对岸，已是拂晓。这时，迂回的红军发出进攻的信号。于是，红军前后夹击，敌人死伤无数，迅速瓦解。红一方面军突破了天险腊子口，顺利地到达了离此30里的哈达铺。杨信香的敢死队仅剩9人。

战后，杨成武说："六连官兵在巍巍的腊子山麓，汹涌的腊子河畔树下了他们的历史丰碑！"聂荣臻元帅讲："腊子口一战，北上的通道打开了。如果腊子口打不开，我军往南不好回，往北又出不去，无论军事上政治上，都会处于进退失据的境地。现在好了，腊子口一打开，全盘棋都走活了。"

杨成武的回忆文章《突破天险腊子口》，曾被选为中学语文课本，影响了一代又一代人。达州儿女在腊子口的丰功伟绩是永远值得人们记取的。

渡江挺进大西南

刘 辛

1948年9月到1949年1月，中国人民解放军连续取得了济南、辽沈、平津、淮海等一系列重大战役的胜利，消灭了国民党军250多万人，整个东北、华北、华中连成一片。1949年4月21日，毛泽东主席和朱德总司令发布了向全国进军的命令，"打过长江去，解放全中国"。早就做好了充分准备的全体军民，立刻枪炮轰鸣，万船齐发，迅速摧毁了蒋介石鼓吹的长江防线，于4月23日胜利攻占了国民党政府的老巢——南京。

当时，我们伤员转运站的同志随从解放军大部队进入总统府，看到楼顶上已换上我军的旗帜，观赏了从来没见过的总统府的房屋、厅堂、园林建筑和各种摆设，大开眼界，深受鼓舞。接着，我们被派往新解放的城镇和乡村，投入了剿匪和征粮工作。我被调到前方办事处二支队办公室当文书。

形势发展很快，湖南长沙国民党军的起义加快了中南地区的解放，也为刘邓大军进军大西南创造了有利条件。为了适应大西南解放后新区建设的需要，邓小平同志作出成立西南服务团的决定，即把济南战役和淮海战役搞后勤和带领支前队伍的干部和新招收的一大批青年学

生组织起来，成立西南服务团，作为解放大军的一部分，紧随大军南下，担负新解放区的接管和建设工作。

这项任务一传达下来，我们普遍感到突然，不少同志思想转不过弯来。我当时人年轻，没有多想，只想为了解放全中国，哪里需要就到哪里去，等到全国解放了，再回老家去过太平日子，根本没有想到后来在四川安家落户和当官。为了统一思想，提高认识，做好进军的一切准备工作，组织上把我们这一批人员集中到南京学习了两个多月，先后听了邓小平、刘伯承和政治部魏主任的报告。在此基础上，还专门学习了党对新区的有关政策。

当时所说的"大西南"，包括云（南）、贵（州）、川（四川）、康（西康）四省。哪里先解放，我们服务团就到哪里。由于地形复杂，社会复杂，山多、雨多、土匪多、少数民族多，所以领导对我们的准备工作要求很严：除了必须带的武器外，每个人所带的被盖不能超过两市斤，还要带上一袋大米、一袋饼干和一袋银圆。做好一切准备工作后，1949年10月1日，也就是中华人民共和国成立那一天，我们在南京人民的热烈欢呼声中，迈着整齐的步伐出发。在乘火车（闷罐车）到达武汉后，改乘船只渡过了洞庭湖。此后，我们一直靠两条腿，紧跟刘邓大军翻山越岭，向着大西南奋勇前进。记得途中有一次我们进入一个少数民族地区，由于老百姓对我们不了解，加上国民党的反动宣传，进村后竟然没有看到一个人——老百姓都躲到周围山上去了。我们在那里住了三天，把房屋里里外外打扫得干干净净，给水缸里挑满了水；吃了老百姓的玉米和红薯，我们给他们留下了银圆和感谢信。我们的行动感动了老百姓。离开时，男女老少都热情相送，有的甚至向我们作揖跪拜，祝愿我们"高升"。解放彭水县城后，上级通知我们第二天过白马山。由于白马山山高路远，人烟稀少，土匪多，领导要求我们带好武器，集体行动，一天之内必须翻越过去。第二天一早，我们艰难地向山上跋涉攀登。山上冰雪覆盖，山与云雾相连，看不见山顶。路边还有不少敌军的尸体，有的肩上还扛着弹药箱。晚上，我们住进山下的村庄，回想起白天的经历，真有李白"蜀道之难难于上青天"的感慨。但是，时代不同了，再难也难不倒中国人民解放军解放大西南的信心和决心。

1949年11月，重庆战役后，整个川东和川东北广大地区成为急待接管和改造的新解放区。中国人民解放军第二野战军除了留下一部分到这些地区剿匪和维持地方治安外，主力部队继续前进，解放川西和云南、贵州。在这一新形势下，我们西南服务团第二支队和下属的五个大队奉命爬山越岭300多公里，负责接管国民党原大竹专员公署和下属的大竹、梁平、邻水、渠县、广安五个县。12月25日，我随支队部到达大竹县。根据领导的安排，当晚没有急于进城，暂时住在离城不远的东柳乡公所所在地。第二天上午，我们整队出发进入县城，受到地下党组织和一部分群众的夹道欢迎。记得领导因为我年轻，安排我高举五星红旗走在前头，整个支队50多人整整齐齐地迈入国民党大竹专员公署大院（即现在大竹县委所在地）。此后，我们这些军人保留军籍转到了地方，在新的中共大竹地委和专署的统一领导下，展开了紧张繁忙的接管和建设工作。在全国一个胜利接着一个胜利的大好形势鼓舞下，我们一起欢快地度过了来四川以后的第一个元旦和春节。

1950年3月，根据形势发展的需要，组织上分配我到渠县人民政府做人事工作。报到后不久，县委安排我担任民政科科长。到职后，在县委和政府统一安排下，除了抓紧做好大批复员退伍军人的安置和加强政权建设及社会救灾等工作外，还在社会上招收了200多名学生，经一个多月的培训后，分配到政府所属各个部门工作，解决了干部短

缺的问题。

1951年，上级决定撤销大竹专署，渠县、大竹、邻水县划归达县地区管辖，原大竹专署的干部大部分都分配到云南和川西工作了。由于我已到了渠县，所以工作地点没有变动。1952年，县委决定任命我为共青团渠县县委书记。从此，我和共青团机关一班人在县委统一领导下，积极投入发动群众、减租减息、清匪、反霸、镇压反革命、抗美援朝、土地改革、发展生产等各项中心工作。那时我年轻，风华正茂，在各级党组织的关怀和支持下，建立健全了区、乡和学校的共青团组织，吸收了大批青年加入了共青团组织，带动广大青年群众积极投入党领导的各项工作，开创了青年运动的新局面。

等到全国解放以后，参加地方建设，本来是我一直期望的，但是要我长期留在四川，没有思想准备。同时，对这里的生活很不习惯，总是想等到新的政权建立起来了，农民分到了土地，翻了身，我即向组织申请回山东老家工作。经过县委领导的教育，我才改变了这不切实际的想法。在机关党支部的关怀下，我在县银行找了女朋友，也就是我的结发妻子蒋明珠。1953年5月的一个晚上，举行婚礼时，除了机关的同志参加外，正在开会的县委书记和委员们全部到场祝贺，使我深受感动。从此我在这里安了家，四川成了我的第二故乡。

刘　辛（原名刘鸿禧），1929年出生在山东省青岛市胶南县（今青岛市西海岸经济新区）一个农民家庭。1945年参加革命。参加过济南战役、淮海战役、渡江战役、中南战役和进军大西南等战役。在淮海战役中荣立二等功。1949年2月加入中国共产党。历任共青团渠县县委书记，渠江钢铁厂党委委员、组织部长、党委书记，达县地区冶金工业局副局长，代理邻水县钢铁厂党委书记，达县钢铁厂（省下放给达县地区后）首任党委书记，省人大常委会达县地区工作委员会委员、党组成员。1993年离休。

历史拾遗

LISHISHIYI

中国龙文化之源——龙蛇巴人

刘艺茵

从夏代开始，巴山渠水间的巴人亦被称为"龙蛇"巴人。上古时"龙、蛇"不分，到后来各种记载均将"巴"记为"蛇"。晋郭璞《山海经图注》："惟蛇之君，是谓巨蟒，小则数寻（一寻为八尺），大或百丈。"唐代大诗人元稹官通州司马，通州（今达州）当地有以"龙蛇"为县名的"蛇龙"县。"蛇龙"县，即今之开江县。西魏时为新宁，隶东关郡，郡领新宁、蛇龙二县，蛇龙县在通州南170里，故元稹有诗称"巴之蛇有万类，其大蟒尤甚"。

在大巴山地区，有女娲之山，上有女娲庙，与伏羲山相接。自古传说，伏羲女娲皆人首蛇身，两尾相交。《大荒西经》郭璞传："女娲古神女而帝者，人面蛇身。"无异以之代表巴人之神。《新唐书·地理志》："山南道有巴州，归州有巴东，壁州（今通江）有东巴（今万源），通州（今达州）有巴渠（今宣汉天台乡）等县。"这些地方显然是因巴人聚居此区域而称之巴地名，这个地域主要在渠江流域，宣汉前、中、后三河和州河。这个水系古代叫巴渠江。"龙蛇"在巴山成为神灵，直到近代，民国《万源县志》的序言中仍称："龙蛇之神，巫医夏畦之鬼。"可见龙蛇巴人影响之深远。"龙蛇巴人"走出巴山，南下长江流域，北出汉江，

融入中原，演化为龙文化，其源头仍在巴人故里。

夏代巴人图腾为"龙、蛇"

"图腾"一词的含义是：氏族的标志或图徽（摩尔根语）。原始人分不清人与其他生物或无生物的界限，把动物或植物、无生物等作为自己的祖先或亲属——有血缘关系的人物，并以它的形象为氏族标志，画在房屋上、衣服上甚至自己身体上，以便易于识别，从而得到它的佑护，这就是图腾。

中国古代虽没有"图腾"的说法，但作为图腾的事物却是普遍存在的。夏族的旗帜为龙旗，旗上绘交龙，这"交龙"很可能即是汉画像石上之伏羲女娲交尾像之前身。夏之图腾为龙，故禹的父亲鲧死后"化为黄龙"，即回归祖先之图腾也。

"龙"为"蟒"，大蛇为蟒，蟒与龙古音相近。中国古代以蛇为图腾的部族非常多，如巴、闽、蛮与庖牺均为蛇图腾，可能皆是太皞部落之后代。后来，牛图腾、虎图腾、蛙图腾、马图腾、鸡图腾、鹿图腾、鹰图腾、犬图腾、鱼图腾、蜥蜴图腾的许多氏族被兼并、融合进来，使蛇的形象不断变化，最后形成了龙。古龙字的偏旁形符保留了"己"字，己即蛇之象形，这种图腾的融合，是中华文化所特有的，表现了中华文化的民族精神和合性（或曰"协和万邦"的协和性）。

以"巴"为氏的人就是巴人，他们像历史上的其他原始先民一样，无不认为自己的图腾具有超乎常规的神力，因此，作为其图腾的巨蛇，在他们夸张的想象之下，就连当时当地尚存的硕大无比的巨兽——大象，也能战而胜之，吞而食之。吞食巨象，可见其大；三岁出骨，足证其长。如此庞然大物，除了想象中的图腾，孰能当之？既然它是夏部落联盟中巴人的图腾，当然就名曰"巴蛇"，反过来，"巴蛇"二字也逐渐成了巴人部落的代名词了。

巴人参加大禹治水

巴人为什么要集合在夏部族大禹的龙蛇旗下？主要是时代潮流的涌进——参加大禹治水。

地质史上的四川盆地曾经是古地中海。由于2亿年前喜马拉雅山的隆起，形成横断山系，迫使本来西流的古长江转而东流，潴为四川大泽也容纳不了巨大水量，终于冲决巫山、荆山，浩荡东下，沿途潴为云梦、彭蠡、震泽，注入东海。可以想见，四川介乎高原平原之间，经过2亿年翻江倒海的变化，地质是很不稳定的。三峡锁口，开而复合，合而复开，在地质史上大概是家常便饭。在人类步入文明，创造历史以来，四川地质变化的余波可谓史不绝书，在三峡一带就是"三峡壅江"，所以，才有大禹劈开三峡的神话。巴人跟随大禹治水，加入了夏部落联盟的治水并扩张的大军，走出了大山，成了龙蛇一族中的成员。

洪水，从古至今是人类的灾难。尤其是远古时代，经验缺乏，工具落后，四方泛滥的洪水，更给人们的生活造成了极大的威胁。但是初民们并没有因此畏缩不前，而是奋力抗争，一心要制服洪水。这是一场多么艰巨的斗争啊！为此人类付出了牺牲，经历了失败；同时也从中积累经验，增长才智，再接再厉，夺取了初步的成功。大禹治水的神话，就是中华民族为治水大业谱写的一曲雄伟庄严的战歌和颂歌。

远古时期的这场洪水大劫难据说发生在尧在位的时候。尧派出了鲧（gǔn）去治水。鲧治水失败了，但治水宏业后继有人，就是从鲧的

尸体中化生出来的禹。

禹治理洪水，因为填疏并举，所过之处，除了开河，也还造山筑田，因而改变了自然的面貌。禹掘地而注之海；驱蛇龙而放之菹。水由地中行，江、淮、河、汉是也。这些有关治水业绩的夸张传说，表现了中国人对英雄人物的崇敬和人类征服自然的自豪感。

从鲧到禹治水的神话传说，回响着中华民族向洪水宣战、向文明进军的脚步声、响亮的号角声、高昂的凯歌声和浪漫的幻想曲。这远古遥远而雄健的声音至今依然在巴人的精神天地中不绝回响，"龙蛇"也就成了巴山巴人永远的图腾。

蛇神崇拜使夏与巴融合

夏人与巴人最早的融合是参加大禹治水。夏王朝初建，夏后启就对巴人部族派出了管理统率巴人的首领。这个孟涂乃三涂氏的酋长，夏后启之母涂山氏即三涂氏的女子，所以孟涂是夏朝初年的重臣。启任命他为巴人的祭司，主宰巴人的诉讼大权，实际也是巴人的酋长。当时巴人加入了以大禹为首的夏部落联盟，治理洪水，向东扩张。所以唐代杜佑《通典》卷一百七十五梁州云："当夏、殷之间为蛮夷之国，所谓巴、崇、彭、濮之人也。"

孟涂司神于巴即司"蛇神"于巴。蛇神是夏文化与巴文化融合的结合点。考古学上有相关的实证，证明孟涂是夏文化在巴人区的第一个传播者。在中原地区的原始氏族社会中，有以水中动物或两栖动物做图腾的几个近亲氏族，他们结成了一个联盟，其中最主要的是以蛇为图腾的蛇氏族，他们的部落盟主就是大禹，因此，蛇神崇拜在夏文化中具有普遍性。

巴就是蛇，尽管这种说法有待进一步考证，但是巴为蛇说是巴义各种解释中最广为流传的一种，广为流传的背后自然有它存在的理由。"巴"字本是蛇的象形文字，在甲骨文中蛇与巴两字的造型基本相同。随着部族生活生产的发展，氏族文化的演变，巴由蛇名 而变为族名，由族名变为国名。在巴山地区，巴蛇的由来有丰富的传说和记载，这就是原始图腾禁忌留在人们心中的痕迹。巴人总是把蛇放在氏族保护神的位置上。视为祖先，他们自认是蛇的后代。有一种儿童游戏叫"蛇抱蛋"，在地上画一个三角形，每个角放一个鹅卵石，其他人就来抢"蛋"。有学者考证，这种游戏是巴人的一种祈孕仪式，其本质是让蛇祖宗赐予族人旺盛的生殖能力。巴人的蛇俗遗存从一个侧面反映了巴人对夏文化中蛇崇拜的接纳和传承。孟涂司神于巴实际上是用夏人之神"蛇"统治巴人。

孟涂借用蛇图腾将原始巴人的多个分散而争斗的小氏族统一了起来，建立了大巴族或立国称侯，这就真正肇始了巴人和巴国的概念。巴即是蛇，蛇即是巴，巴蛇难分也许反映的正是这样一个史实。巴人之蛇正是孟涂司蛇神于巴的遗存，"蛇神"也就是夏人与巴人融合的结合点。

龙蛇巴人战洞庭

在夏代，龙蛇巴人已扩张到洞庭湖一带。夏王朝第三代太康失国，东夷族的后羿当权，大肆镇压夏部族势力的反抗。巴人是夏王朝的忠实支持者，其首领又是夏王的亲族，举兵反抗后羿，于是后羿的东夷族和巴人部族在云梦泽进行了一场恶战。

后羿与巴人的洞庭之战激烈而又残酷。东夷族的羿部族善使弓箭，

巴人在交战中被大量射死。战争的结果是：巴人首领孟涂战死，被杀死的巴人被埋葬在洞庭湖畔。后世人称埋葬巴人及其首领的地方为"巴蛇冢"以及"巴丘""巴陵"。巴人部族遭到沉重的打击。

湖南城陵矶这个地方传说它是当时巴人的中心邑聚，它位于云梦湖泊地带的中央，下临长江与洞庭湖水的会口，据说这里是羿屠巴蛇的主战场。这里地势高起，最适于渔业民族的聚居，南距岳阳只十来里，正是相传羿斩巴蛇之处。羿杀死了巴蛇，后羿部下的几百名士兵整整割了几天才剥下巴蛇的大部分蛇皮，剩下的皮、肉、骨，就统统埋在云梦大泽边上，盖上了泥土，足足有丘陵那样高，于是后世人称这个地方叫作"巴陵"（今湖南岳阳市）。

羿屠巴蛇、射日等故事见于《史记》《山海经》《淮南子》《路史》等古籍。后羿斩巴蛇的时间，有说在尧，有说在舜，也有说在夏。如果在尧，"巴"出现的时间就可能更早。羿屠巴蛇的故事说明：巴人早在夏初就活动在华夏的历史舞台上。

白虎巴人的由来

刘艺茵

古代巴人以蛇为图腾，巴字即蛇吞物之象形。按理说，巴人所建立的巴国，其国徽（图腾）应是"蛇"的形象。但实际情况却并不是这样，在巴地所出土的古代巴人器物上，见其铭刻的图腾是虎的形状，相反，蛇的形象比较少见。巴人后裔土家人中至今仍有白虎神崇拜，"白帝天王""廪君"是白虎神的化身。因此人们对巴人的认识是：巴人是一个崇拜虎的部族。

"巴蛇"如何变成了"白虎"，是一个值得探究的问题。关于巴人、巴族及蛇与虎，在先秦古史料兼传说的《山海经》中有一些记载：

又有朱卷之国，有黑蛇，青首，食象。（《山海经·海内西经》）

夏后启之臣曰孟涂，是司神于巴，人请讼于孟涂之所，其衣有血者乃执之。（《山海经·西山经》）

开明兽身大类虎，皆人面，东向立昆仑山上。（《山海经·西山经》）

孟山……其兽多白狼、白虎。又：鸟鼠同穴山，其上多白虎。（《山海经·大荒西经》）

昆仑之丘有神，人面虎身，有文有尾，皆白处之。（《山海经·大

荒西经》）

以上所引皆与"巴""蛇""虎"有关，巴与蛇的关系是明确的。《山海经》中关于巴的记载不少，此处只引两段巴人出自伏羲族系蛇身人首。因此，巴人的图腾为黑蛇。

《山海经》中关于虎的叙述似乎与巴关系不大，但其中有一个夏后启之臣孟涂司神于巴的记载，说明这个孟涂担任过巴人的首领兼大祭司。据《山海经》记载：夏后启又名夏后开即开明，开明有一怪兽为虎类，具有人面，这个虎神就是孟涂。近人何新考证：孟涂乃孟涂之讹。"孟涂"为"于涂"之音即是"扲菟"。江、淮、楚之间的古代人就称虎为"于菟"。《左传·宣公二十四年》"楚人谓虎为'菟'，可见菟、涂为一字。虎人在殷甲骨卜辞中称'虎'方。"（何新《诸神的起源》）

这些记载说明早在夏代，以虎为图腾的夏后启之臣孟涂，就把"虎图腾"的大旗悬挂在了古代巴人的头上。因此，巴人与虎人后来融合而将"虎"形象取代"蛇"形象，作为巴人部族和巴国的图腾或国徽也就有其渊源了。

虎人与巴人的融合早在夏商时代就已经开始了。古代巴人的遗物中，有一种叫作錞于的青铜器就是虎人带到巴人中来的。商周时期，中原普遍使用了錞于的军乐器，虎人将錞于带到南方。他们既然以虎为图腾，便在錞于上铸一只虎作为族徽。近几十年来，出土了很多虎钮錞于，多集中于川鄂湘黔渝毗邻之地。四川渠县，重庆涪陵、万县，贵州松桃，湖北恩施、松滋、长阳都出土了青铜錞于，这些地区均为古代巴人分布的范围。

虎形玉器在江淮之间出土很多，仅1983年春，河南光山县城宝相寺的春秋早期黄君孟夫妇合葬墓中，就出土了弯曲形玉虎和虎形玉瓒，还有玉虎25件。虎形铜武器在今湖南益阳县曾出土扁茎虎纹剑一件，和四川冬笋坝、宜昌地区出土的虎纹剑相同。1978年常德贺家山农场出土一件虎首形铜钺。湘西还发现有浮雕虎头形铜戈。四川宣汉罗家坝巴文化遗址出土青铜器上千件，很多器物特别是青铜兵器上大多铸有虎纹图案。

虎方是一个古老的方国，最早为虎氏族，是黄帝系统的六个胞族之一。它曾在黄帝轩辕氏的统领下，大败炎帝于阪泉之野。到了商代，成为虎方，与商的关系是先和后战，终于被迫由河南中部向东南迁至淮北及淮南。由于邻近东夷诸族，其习俗有浓厚的东夷色彩，故又称虎夷或夷虎。周灭商后，它曾遭到周王朝的几次征伐。春秋末期，又受到楚国的征讨，才逐渐从江淮之间，由东向西迁至大复山一带，再由汉水以东南渡长江，又循江西上至宜都，沿清江经三峡而至川东，形成了白虎夷，清江称"夷水"，宜昌古为"夷蛮"源于此。白虎夷人与巴人相融，被称为"白虎巴人"。

巴人与虎人是两个不同的古代部族。巴以蛇为图腾，器物多有蛇纹。巴、虎两个部族互相结合，虎纹风习便渐为巴人所采用。从《后汉书·南蛮西南夷列传》所载巴氏之子务相为廪君，死后"魂魄世为白虎。巴氏以竟饮人血，遂以人祠焉"。也说明巴人逐渐接受了对白虎的崇拜，与白虎夷人已有共同的原始巫教信仰，这是两族共同融合的基本先决条件。这和阿拉伯人与柏柏尔人因共同信仰伊斯兰教，而融合为一个民族那样。

虎人与巴人的融合并不是一帆风顺的，因为这不是简单的虎族加入巴人的行列。从事实来看，巴人的蛇图腾被虎图腾所取代，可以说是白虎巴人替代龙蛇巴人成为巴族新部落联盟的首领，如同夏后启派孟涂司神于巴一样取得了对巴的领导权。在这个过程中肯定会有斗争，

甚至斗争有时是很激烈的。从在蜀中白寺出土的一件铜戟上我们看到：戟的尖部有一虎头龙身，口衔一兽，右爪抓一蛇，左爪持树枝。后部有二武士相向，头戴山字冠，手执长剑，骑在虎头龙身上，虎口各衔一蛇。这个场面所表现的是虎正在制服蛇。因此，巴蛇变为白虎是有斗争的，这场斗争的结果是古老的蛇形象退出了巴人的历史。战国时期白虎巴人在峡江称雄。汉江诸"姬"之巴国的姬姓巴王族是否还存在不得而知，但有一点可以肯定：主宰峡江巴国的是白虎巴人。

秦汉以后，活动在长江三峡及武陵清江流域的巴人称为"白虎夷人"，又称"廪君蛮"。活动在川东大巴山渠江流域的巴人称为"白虎复夷"，又称"板楯蛮"。从《后汉书》《华阳国志》到清代《渊鉴类函》等记载中，巴人历史脉络清楚，地域族群特色明确。只不过"白虎"作为中华神兽，又是土家先民敬奉的神灵，其影响盖过"巴蛇"，使人们认为巴人的图腾都是"白虎"了，但龙蛇巴人故里渠江、嘉陵江流域龙蛇文化至今仍深入民间。

磨刀塘的传说

杨仁明

我的故乡——黄金镇最北端康乐村，有一处地名叫磨刀塘。因一块巨大的磨刀石而得名。世代相传，第一个在这块石头上磨刀的人，便是樊哙将军（前242—前189），留下了"樊哙磨刀石，英雄千古魂"的美誉。

樊哙系汉高祖刘邦同乡，江苏沛县人。出身寒微，早年以屠狗为业，与刘邦交往密切。秦末，与萧何、曹参共同推戴刘邦起兵反秦，逐步成长为汉初时楚汉相争的风云人物，汉初著名将领，西汉开国元勋，著名军事统帅，官至大将军、左丞相，封舞阳侯，谥武侯。与汉高祖连襟，是吕雉皇后妹夫，深得刘邦和吕后信任，跟随刘邦，先后平定臧荼、卢绾、陈豨、韩信等，为刘邦的心腹猛将。樊哙将军最为让后世之人津津乐道的事迹，便是在鸿门宴时出面营救汉高祖刘邦。

据传，楚汉相争时期，樊哙将军曾率军驻扎于宣汉县前河、中河上游交汇处，即现在的巴山大峡谷樊哙镇——以前一直被称为樊哙店。樊哙将军率领军队，沿中河上行，取道宣汉普光——黄金——厂溪——官渡（现新华镇）——石铁，再翻过毛垭子，直接驻守于樊哙店。当其行至黄金镇最北处，欲翻越大路梁时，令他没有想到的是，在偏远落后的大巴山腹地深处，居然有这样一个平静美丽的村落，蜿蜒而清澈的河水绕着村边流过，有捕鱼的人、种田的人，所有人们很友好，生活秩序井然，并未因为楚汉战争受到影响。加之天色已晚，兵马疲惫，便命令将士们就在此地休整几日，改日再向前行军。将士们欢呼雀跃，好不欢喜。但樊哙将军严令将士，不得骚扰乡亲们，否则斩首。

安营后，樊哙将军主动访问乡亲，了解当地的风土人情。因为远离战争纷扰，此处的乡亲们过着"日出而作日落而息"的生活，无忧无虑。樊哙将军感叹道："不曾想天下虽乱，此地却物阜民丰，真乃人间康乐之土也。"从此，此地便留下了"康乐"的美名。

樊哙将军在巡视村落周边环境时，看见一块巨大而坚硬的青石，便吩咐部下，将其战刀拿来一磨。不一会儿功夫，樊哙将军的战刀便磨得锃亮，寒光闪闪，刀锋锐利。樊哙将军异常高兴，称此青石为神奇之石，便命令将士们把自己的战刀都拿来一磨。数天之后，这块巨大的青石上，便被磨出了数个光滑的"月亮弯"。后来，樊哙将军每过此地，都让部下磨其战刀。久而久之，这块巨大的石头便被乡亲们称为"将军磨刀石"，其小地名便叫"磨刀塘"。

从此之后，所有路过磨刀塘的兵旅侠客，都慕于樊哙将军的英雄气，多在此借宿并在磨刀石上磨刀，期望借得樊哙将军的英雄之气，为自己壮胆，实现仗剑走天下的人生目标。

历史悠悠，在冷兵器时代，无数南来北往的剑客、刀客，在这块巨石上磨刀，日积月累，磨刀石上留下了深深的磨刀痕。

时光永不会停止，传说已经很久远。樊哙将军是否真于此处扎营磨刀，实难考证。既然有了传说，我们也相信"无风不起浪"。至少，樊哙将军口中的"康乐之土"，至今的确依旧物阜民丰，乡亲们的生活无不在"康乐"之中。

开江书院的前世今生

林佐成

开江文化底蕴深厚，享有文化县的美誉。这一美誉，虽说与开江中学早期便拥有了周边县份独一无二的高质量高中教学、名满川东的川戏演唱密切相关，而开江书院也功不可没。

明正德十年（1515），贵州昆山举人杨桧，出任新宁知县。杨桧一路跋山涉水，赶到新宁，已是万物凋零的深秋时节。进士情结浓厚的杨桧，接过知县大印，无心感时伤怀，便一头扎进对士子们的调研。他发现，新宁历史上也曾人才辈出，但自洪武十四年（1381）复置（洪武四年新宁并入梁山即今梁平）后的一百多年间，只有熊希古、赵鳌两人考中进士，近些年来，甚至连考中举人的士子也寥若晨星。更糟糕的是，由于没有书院，新宁士子参加院试（考秀才），都不得不远走梁山。

想起当初路过辰州（今湖南沅陵），后经崇正书院（位于南京）时，见当地众多士子络绎不绝前往书院求学的情景，杨桧在哀叹新宁士子求学之路艰辛的同时，不由得暗自责怪早些年的知县茹玉，为什么就不能替士子们想想，在新宁建一座书院？他们可是担当着振兴新宁文风的重任啊！

杨桧没有犹豫，他立刻召集主簿张黼、幕僚萧成等，商讨书院建设事宜，以振兴新宁文风，他的想法得到大家赞同。赵鏊在其《龙池书院记》中曾记载："杨桧谓曰：人才兴废，科目盛衰，吾有司责也。曩吾过辰州，见崇正书院，四方闻风，争自濯洗者从，吾将亦为是可乎？佥曰：唯！"

为沾染文气，第二年新春刚过，杨桧特选定在文庙西边修建龙池书院。赵鏊在其《龙池书院记》中详细记载了修建缘由及过程。龙池书院由此成为开江历史上有记载的最早书院。

自此，新宁士子心有了归属，龙池书院成了他们温暖的家。他们常齐聚书院，探讨学问。曾担任大理寺评事、受杨桧先生邀请参观书院并撰写《龙池书院记》的赵鏊，因刚正不阿被罢官后，曾来书院讲学，其弟子朱崇芳、果高杰等先后在书院求学，并考中举人，赵鏊在其《龙池书院记》中，将他们的成功，归结于杨桧先生的激励，归结于书院的熏陶。嘉靖五年（1526），龙池书院再传捷报，曾在书院读书讲学的熊进考取进士；崇祯十年（1637），从龙池书院中走出的傅德坚，再中进士。至于从书院建成到后来战乱被毁的一百多年间，书院里到底走出多少举人，已无从考证。

明末，张献忠的部下攻入新宁，义军占领新宁县城，大肆抢掠完后，点燃了火把，新宁县城几乎化为灰烬，龙池书院也在火光中悉数被焚毁。

雍正七年（1729），从战乱与瘟疫中喘过气来的新宁，再次从梁山县复置出来。雍正十一年（1733），新宁迎来了历史上最负盛名的知县窦容邃。这个年届五十的河南举人，一到新宁，便意气风发，他发动百姓，修筑废弃的城池，疏通与外界相连的古道，鼓励大家生育，以推动新宁社会经济的发展。深受儒家思想影响的窦容邃，没有忘记自己的另一使命，那就是重振新宁文风，教化新宁百姓。

那是乾隆二年（1737），终于有了空闲的窦容邃和幕僚们商量后，决定在新宁重建书院。其实，早在窦容邃到新宁后不久，他即听说本地曾经有一座龙池书院，虽已损毁，但遗迹尚存。那时，因忙于公务，无暇前去察看，而今，自己要修建书院，他还是决定前去观瞻观瞻。

窦容邃随着年逾古稀的老秀才，来到城东龙池书院遗址，但见乱石横陈，野草杂树丛生，残存的亭台楼阁依稀可辨。老秀才指着那些残缺的墙壁、断裂的石碑、凹陷的洼地告诉他，那里是书院的正房，那里是书院的厨房，那里是书院的水池……窦容邃点着头，心里却涌起别样的沧桑。他没想到，这个建于明代正德年间的书院，仅仅两百年过去，便消失在历史的烟尘中。他怔怔地望着这片乱石累累的荒地，恍惚间，他看见老前辈杨桧正指挥着匠人建大堂、修斋号、凿芙蓉池；看见赵鳌正站在芙蓉池边，吟咏着自己撰写的《龙池书院记》；看见准备参加科举考试的朱崇芳、果高杰等正伏案苦读……

窦容邃没有再等待，他在城东僻静的萧公庙左侧，选了一块空地修建书院。1737 年 7 月，经过数月努力，一所规模虽不够宏大，但内建有四维堂，竖有礼义廉耻四大石碑的书院，正式落成。窦容邃挥笔在门额上写下宕渠书院（因新宁曾属宕渠管辖）四个大字，并题写楹联"讲舍初开漫云雅化追齐鲁，英贤毕萃好向遗编溯洛闽"和四维堂楹联"由洒扫应对寻来便见孔颜乐处，从易书诗礼探出自知伊洛心源"。他还专门作文《宕渠书院记》，记录修建宕渠书院的缘由及经过。

与杨桧不同的是，窦容邃在新宁待了八年，与士子们感情更深，他会趁工作的空闲，走进书院，亲切地与士子们一起探讨义理，或引经据典地为他们解读经书。他鼓励士子们除努力学好文化知识，让新宁文风重放光彩，更要提升道德水准，带动身边人，为改变新宁世风

出力。宕渠书院由此不仅成为新宁士子读书求学的最佳场所，让新宁文风得以延续，更成为窦容邃实施引领社会思潮、改良社会风气的桥头堡。

宕渠书院历经风雨，到乾隆十六年（1751），已"见败板颓垣，渐成倾圮"（道光十五年版《新宁县志》）。新上任的知县——来自江苏的进士周金坤见此情景，想起江南那些书院，眉头一紧，决定对书院重新加以修整。后来，他还拟定讲义，并完善相关条规。宕渠书院由此重新焕发出勃勃生机。周金坤还为此写下了《重葺宕渠书院记》。

嘉庆元年（1796），白莲教起义爆发，白莲教首领率部众攻入新宁甘棠铺（今甘棠镇）一带，知县赵华惊恐万状，他招募乡勇，在县城设重兵以防守，县城一时到处晃动着乡勇们的影子。忙于应对白莲教的官员们，疏于对乡勇们的管理，这些没有文化而又迷信的乡勇，不敢捣毁寺庙，却不惧损毁书院，他们肆意拆除讲堂、斋房等处的椽子、檩条，作为煮饭的燃料。待白莲教退却，乡勇撤出，一座上好的书院已沦为惨不忍睹的废墟。

嘉庆七年（1802），白莲教在新宁已成颓败之势，众多目睹了书院惨状的新宁士子，心如刀绞，他们联名上书新上任的知县饶觐光和训导杨调元，恳请恢复损毁的书院。饶觐光实地查看后，也不由得摇头叹息。此后，在他主导下，杨调元四处募捐，乡绅们踊跃捐款，在惜门内忠义宫内（今税务局址）重新建起一座书院。为纪念杨桧，他们决定将书院更名为龙池书院。

改建的龙池书院，呵护新宁士子数十年，到光绪年间，更名为蠹峰书院。此时，新宁兴起建造书院的热潮，新的书院如雨后春笋，如普安场建有南级书院，浆池坝（今讲治）建有南江书院，任市铺（今任市）建有行台书院，新街建有礼都书院等。众多的书院，给新宁士子带来了极大方便，也促进了新宁文风的传承。

清末，随着科举制度废除，学堂兴起，光绪二十八年（1902），蠡峰书院更名为官立高等小学堂，延续了近四百年的龙池书院，走到了生命的尽头。但它传承新宁文风、振兴新宁文风的使命，却一直延续。

2018年4月，建于牛山寺城市森林公园之巅的习新书院，正式对外开放。这标志着中断了一百多年的书院，又重新走进人们的视野。这座建筑面积近1600平方米，以文化为内核，集实用性、美学性、观赏性于一体的书院，目前已成为开江文学创作、展示、交流、培训和传播中心。它的建成，必将推动开江文化事业的繁荣发展，为文化靓县作出应有的贡献。

祥柏书院的传说

杨仁明

在我故乡黄金场镇的北端有个油坊街，在靠近油坊街一侧的山麓，有一块不超过20亩的两级台地，高出油坊街约20米。这里就是祥柏书院旧址。

祥柏书院延续了几百年，新中国成立后，为建设黄金完小而被拆除。现在除了看到一些古建筑遗留的条石之外，已找不到其曾作为书院的任何痕迹。在新民主主义革命时期，祥柏书院曾经是中共地下党员修焘、宋更新、罗洪元、王波、周季方、严昭贤、李正益等，在黄金镇及中河流域从事革命活动的隐秘地点，与宣汉县南坝精英中学地下党组织保持秘密联系。1927年中共中央"八七"会议后，中共宣汉县委曾在此召开县代表会议。

祥柏书院有悠久的历史和丰富的内涵，并隐含着黄金镇的乡亲们为何有制作和食用"炒米茶"习惯的答案。时至今日，凡耄耋之龄的老人，每谈及祥柏书院，都会讲出一些故事来。特别让人惊异的是：祥柏书院的建立，居然与明朝嘉靖皇帝朱厚熜有关。

相传在大明王朝中期，宪宗皇帝朱见深（1465—1487年在位）第四子朱祐杬（即嘉靖皇帝生父）册封为兴王，食邑湖广安陆州（今荆门钟祥）。兴王特别宠爱的妃子蒋氏，即嘉靖皇帝生母。蒋氏身怀六甲时，妊娠反应剧烈，茶饭不思，恶心难受。兴王四处招揽名厨，特意制作各种口味的美食，但蒋妃均不喜欢。兴王大怒，欲杀厨师。一厨师情急智生，从家里端来自家食用的米茶献上，不料蒋妃居然喜欢，精神渐渐好转，食欲大增。兴王十分高兴，便令宫廷制作米茶。后来嘉靖皇帝登基，其母蒋氏随之入紫禁城。每逢夏季，蒋氏便令御厨制作米茶。但宫中精细贡米炒制的米茶远不如糙米米茶清香爽口，钟祥糙米便一度成为朝廷贡品。时至今日，米茶仍是湖北钟祥的传统风味小吃。其汤色淡黄，香气浓郁，滋味微甜而不淡，略涩而不苦口，既可代替米饭，又具饮茶解渴的作用。

忽然有一天，身居深宫紫禁城的蒋氏，在其洗脸盛水的金盆底看见了倒映的一株郁郁葱葱、活灵活现的翠柏，甚为惊异。待其告诉儿子嘉靖皇帝，嘉靖皇帝问身边大臣：此物是何征兆？身边大臣听闻此事，莫不极力讨好本就渴望长生不老且热衷于炼不老仙丹的嘉靖皇帝，说：此为紫瑞吉祥之事，寓意吾皇若金盆翠柏，必得长生不老，吾皇之天下，必长治久安。

嘉靖皇帝高兴不已，便号令天下，在全国各地寻找柏树临溪的风水宝地，并征召天下风水大师查探。终于在黄金镇油坊街对面的两级台地的第一级台地发现一株翠柏，其奇特之处在于：一个树头，竟生长出九根树干，且高矮粗细基本相同，树冠成荫，形若华盖，白鹤群聚。风水大师说：此树系九条龙，是上天赐予皇帝的洗脸架，珍贵无比。而且远远望去，此处的两级台地背靠大山，俨然一把龙椅，龙椅面前有"九龙柏"，下边便是琼浆玉液一般的溪流。便将所见禀明皇上。皇上更是欣喜万分，下令必须好好保护此柏，不得损毁，并在此处建立一个书院，让读书人长期相伴，不让此树孤独。书院建成后，

大臣建议赐名"祥柏书院"。"祥",一是取义此柏为天赐吉祥之物;二是取义其母蒋氏于盆中所见之柏,以慰其母;三是取义湖北钟祥之"祥",意在暗指湖北钟祥乃嘉靖皇帝发达之地。

蒋氏听闻此事,异常高兴。便要求儿子道:既然如此,应从钟祥迁移一些人前去,一则看守此珍贵柏树,免得被损毁;二则既是风水宝地,不如迁移些蒋氏家人到此居住,得以兴旺家族。嘉靖皇帝一一应允,便从湖北钟祥迁移人员来到黄金,以蒋姓为主,故祥柏书院对面便是蒋家坡,证明以前这里的确主要居住着蒋姓人家。那么,黄金的蒋姓应是从湖北钟祥而来。

于是,这些人的到来,便将钟祥的炒米茶带到了黄金,并逐步在中河流域发展开来。在我幼小时,经常吃乡亲们自己制作的"炒米茶",只是那炒米茶里加入了少许红糖。炒米茶,的确既是夏天解渴的上等饮品,也是逢年过节招待客人的上好食品。唯一不同的是,夏天是用凉水泡食,冬天是用开水泡食。即便是现在的故乡农村,依然会有人这样制作炒米茶。但是,在快节奏的时代中,能制作炒米茶的人特别是年轻人,已经越来越少。

遗憾的是,解放后,黄金要新建新式学堂——黄金完小,便将祥柏书院拆除,将其石材、木材搬至黄金场镇,并砍掉了那株"九龙柏"。听我父亲讲:"九龙柏"很粗大,改成的木板很宽,主要用于黄金完小的建设。在时间的流逝中,那些见过"九龙柏"并能忆起"九龙柏"的老人,已经越来越少了。曾经的祥柏书院也只是一种记忆,无论它曾有过怎样的辉煌和传奇。那两级台地,已经成为普通百姓的青菜园子,只不过在春夏秋冬里不断变换着颜色而已。

直到现在,祥柏书院所在的这个村,依然名叫"书院村";祥柏书院前面那条越来越宽的马路,依旧名叫"祥柏路"。

大竹河的清代石刻船规

苟　爽　　王　薇

2011年9月，我们在万源市大竹河边发现了一方清代船规石碑。其碑高158厘米，宽108厘米，厚12厘米，上部镌刻二龙戏珠图案，四围为回纹万字图案。碑体完好无损，碑文字迹清晰，保存十分完好。

该碑立于清咸丰七年（1857）。

碑文首有"钦加同知衔，四川绥定府太平县正堂，加八级纪录十次娄"，"为议立船规，公恳示遵事"字样。

据《万源县志》记载：娄，娄钟是也。男，籍贯云南省露益州（今属曲靖市麒麟区）人，学历拔贡，清咸丰三年（1853）任太平县（今万源市）知县，咸丰九年（1859）回任太平县知县，有清名。《清史稿·艺文志补遗》亦有记载。

船规颁发者为当时太平县正堂娄钟（知府的副职，分管盐政、航运等）。碑文中有"特示""右谕通知""告示实贴""晓谕勿损"等字样；文尾有"此示"字样，行文严格遵循清朝公文告示格式。

由碑文可知船规是由当时大竹河场的商户和船户共同协商议定后，报请太平县正堂娄钟批准，以公文告示的形式下发并刻碑公告的。

商、船户议立船规的原因是："客民等在川采买山货，雇船载运往售，向未议□成规，船户亦未兴帮，以致近年来船户领货图载之后，□等奸巧。代工、水手往往私搭外货，希图渔利，迨船重失事，即便乘机窃货，甚因遭风触浪殒命又转向客铺痞蚕烧埋；且于历应盘滩之木兰硐，每遇船到水涨，添雇该处，脚夫起拨，任意刁难，勒索工资，隐藏客货尤多。失误种种，受害难以枚举。伏思舟楫商贾，利通天下，自古皆然。客无船而货难流行，船非货而人鲜资生，原两相需两不相离之事……"

船规共十一条，五百余字，对商户、船户、代工、水手、脚夫六种不同分工，而又紧密联系的行业作了具体的规范：

一议船户领载客货酌量。船之大小，货之轻重，俱以图载而止，不得多加。

一议代工领客货图载后，不许于大小河私搭外货。如贪图厚利私搭者，查出罚油入庙；倘因失事，查点客货短少，除照价赔偿外，仍酌令罚钱入庙。

一议代工水手无论上下水，查有偷窃客货，数微照价赔客外，仍罚油入庙；倘偷货过多，甚至故意将船撞坏，掩饰盗情者，责令船户照赔，并将代工水手公同送官究治。

一议代工水手无论大小河、上下水，□误伤手足者，酌给□资；其废命捞获尸首，及漂流无著者，给烧埋钱三千二百文，白布一匹，均赴值年会首处领取。水手不许痞蚕代工，代工不许痞蚕客铺。如违。禀官究治。

一议代工不照料客货，懒于巡更，刮潮无故浸湿客货者，罚油、钱入庙。

一议代工滥招水手，不肯约束从令，饮酒无节，赌博不眠，以致行船恍惚，偶有小失者，将代工罚钱入庙。

一议货船于大小河或遭风走浅失事，代工不急催水帮捞货物，甚至故意勒索重资，致得乘机偷窃客货者，除照前议赔外，仍将代工加倍罚油、钱入庙。不听罚者，送官究治。

一议水手于大小河，或因赌输偷窃，无聊黑夜放水私逃失事者，代工不急跟寻，除照前议赔议罚外，仍将代工送官究治。

一议船上有犯条规，知而来报，会上公给赏钱一千文；如挟仇妄报，并同船知情不报者，查出罚钱、油入庙。

一议木兰硐滩口，凡上下水，定要盘滩。将货物起空，其力钱照旧发给；或遇河水泛涨，船拢码头，该脚头夫立即盘起，不得片刻迟延，以免坏事，其力钱照常规加倍付给；如故意勒索多金，致有迟误失事者，定将该脚头禀官究治。

一议以上规条，有抗不遵罚，并应送官者，概由值年会首同众公禀头，所有需费，无论多寡，均出自会上公项。该值年会首随时上紧办理，倘有推诿延误，甚至狗（徇）情舞弊，查出罚钱、油入庙。

十一条船规涉及航运各个行业和环节，对航运中将会遇到的各种情况，以及对各种违规违法行为如何处置都作了详细的规定，制订具体、全面而缜密。

大竹河发源于重庆市城口县大燕山的"三棵树"，是汉江最主要的支流之一、全国倒流距离最长的内陆河——任河的中段。任河上达城口，下入汉江，明清时期航运十分发达。作为川北的名镇和任河上游最大的码头驿站，大竹河场一直源源不断地输出茶叶、毛烟、生漆、核桃、板栗、竹笋等大巴山土特产品，运进盐巴、布匹、瓷器等外来商品，各地商贾云集于此，江西、黄州和安徽三地客商还在这里建立了会馆。

船规作为对航运的规范和约束，对当时航运的正常发展起到了无可替代的作用，也促进了当地经济、文化的繁荣。

卫阁老和他的鹰背场干爹苟淮

苟在江

四川省达州明朝出了个清官，名字叫卫承芳，人称"卫阁老"。

卫承芳曾任户部尚书（相当于今天的中央财政部部长），成为"阁臣"；寻改任吏部尚书（相当于今天的中央人事部部长）。从达州走出的古代文职官员中，卫承芳是官位最高的一个。卫阁老能成为一代清官，据说，与他的鹰背场干爹对他小时候的教育培养分不开。

据清光绪二十四年（1898），巴州梓人程定章刊刻的《苟氏族谱》记载："苟大贤生文举，凡五子：堂、然、荣、泽、淮。"

五房苟淮，饱读诗书却无意功名，喜欢经商做生意。把鹰背场（今万源市鹰背镇）、麻石口（今平昌县望京乡）的牛羊和山货运到达县去贩卖，再把达县的盐巴和布匹运回鹰背场、麻石口销售，有时也到达县附近的农村去收购和推销。不几年，苟淮修房造屋，买田置地，过上了"小康"生活。他仍然做生意，在鹰背场与达县城两地之间及其周围乡村来回劳碌奔波。

明嘉靖三十年（1552）一天傍晚，苟淮做生意走到亭子场的一个农家院里，看见一个小男孩正在院子里玩耍，苟淮说："请问，你家大人呢?"

小男孩高兴地大声说道:"请进,都在家里哩——爹,娘,有客人来了!"

卫友衡和杨氏听到喊声,一起跑出门外,当确认那话语是自己的儿子喊出的时候,夫妇俩都呆愣在那里,半晌说不出话来……苟淮疑惑地说:"大哥大嫂,这前不挨村后不着店,天又黑了,我能借贵府宿一夜吗?如果不方便我就到别处去。"

卫友衡异常兴奋地说:"贵人,请进,请进!您是我们家的贵人啊!"

苟淮惊奇地问道:"此话从何说起?我只是一个做小生意的过路人啊。"

杨氏慌忙说:"客官,您有所不知,我们这孩子叫承芳,都 10 岁了,从没说过一句话,是个哑巴。今天客官来了,他居然会说话了,孩子遇到您这贵人了啊!"

卫友衡说:"几年来为给儿子治病,欠了一屁股债,毫无效果。可是今天客官您一来,这孩子竟然开口说话了。"

苟淮看那小承芳虽然衣衫单薄,却骨骼清秀,顶平额大天仓满,脸阔唇薄地阁长,定非等闲之辈。

苟淮说:"蒿草之下或有兰香,茅茨之屋或有侯王。好好培养这孩子吧。"

第二天早晨,苟淮临走时,把随身携带的钱全部掏出来留给了卫友衡一家人,并嘱咐卫友衡和杨氏马上给孩子请一位好老师教他读书。苟淮说:"家中若无读书子,兴旺发达何处来?不要考虑钱的事,我一定按时给你们送来。"

杨氏泪水涟涟地说:"客官,您是个大好人啊,又知书达理,您如果不嫌弃,我儿子就寄拜给您。托您的洪福——承芳呀,快叫干爹,给你干爹磕头……"小男孩听了这话,自是高兴,叫声"干爹",连忙

磕头作揖。

苟淮回到鹰背场，把这件事对家里人说了，一家人也都十分高兴。从那以后，苟淮每隔一两个月，就要去亭子场一趟，了解小承芳读书情况，送些钱粮和好吃的东西去。有时候，也把承芳带到鹰背场的家里，苟淮亲自教承芳念书习字，给他讲做人的道理和为人的品行。卫承芳果然有出息，明隆庆二年(1568)中进士，官越做越大，位列"阁臣"。

卫承芳公正廉明，举贤荐能，善抚百姓，为官清敏，不贪不腐，洁身自好，"能容人之细过，救人之危难"，一是与自己出身贫寒的经历有关，二是与苟淮对他的教育和培养分不开。

卫承芳知恩图报，对他的这位鹰背场干爹又忠又孝，始终忘不了那份情。

苟淮晚年因冤案坐牢，事情还得从头说起。一天，苟淮下达县卖了牛羊和山货往回走，走到今平昌县马鞍乡五村中营里庙耳坪下面的山坡上，突然遇上一群土匪，匪首是王五、王六俩兄弟。这帮土匪敲诈勒索，偷抢绑架，杀人放火，为非作歹，无恶不作。王六手提大刀，对苟淮凶神恶煞地吼道："留下买路钱！"苟淮把钱全部掏出来给了他，正要转身离去，王五大吼一声："不要留活口！"冲上前来照着苟淮脑门举刀就砍。苟淮只用右手格挡，左手顺势用力搂捏住王五举刀的右手腕，右手照着王五面门一拳。就这一招弓步搂手冲拳，哪承想王五的脑袋犹如一个破裂的鸭蛋，鼻子眼睛不知溅到哪里去了，脑浆都变作蛋黄往外淌。王六举刀来砍，被苟淮一脚踢出三丈开外，也没了气，其余众匪徒全都逃跑了。

苟淮打死王五，踢死王六的那个地方，直到今天，人们还叫它"王五坪"。

苟淮打死王五踢死王六后，自己主动到衙门投案自首。卫阁老听到干爹犯事的消息，赶忙到牢里去探望，还托人认真分析案情。不久，苟淮被无罪释放。

明末，巴州苟氏修建总祠。卫阁老为报答干爹苟淮的养育之恩，还专门为巴州苟氏总祠堂题写了"世读书家"匾额。《苟氏族谱·巴州苟氏总祠记》（清光绪二十四年，巴州梓人程定章刊刻本）云："大门两层，耸立牌坊，上书前明阁臣卫承芳□人恩所赠'世读书家'四字匾额。"

苟淮去世后，他的儿孙们将他安葬在今万源市鹰背镇大垭口村七组，修了坟墓，立了墓碑。卫承芳觉得墓碑太小，怀着一颗感恩的心，自己出钱在原来的墓碑外另立了一座高大的墓碑，亲自题写墓志铭，并请当朝好友汤探花点祖。这便是苟淮墓地"汤祖溪"地名的由来。

巴盐北出大竹河

刘艺茵

悠悠峡江，巍巍巴山，雄奇险峻，神秘莫测，这特殊的环境孕育了巴人。古代巴人习性刚猛，建立起一个地跨今川、陕、渝、湘、黔六省市的古代泱泱大国，在中国历史上写下不可磨灭的篇章。巴人的兴起与发展，离不开对食盐的采制和经营。

综观四川的产盐地区，也就是四川社会经济发展最出色的地区，其最早被人类发现的地面盐泉区，也是人类文化发育最早的地区。从罗家坝、中坝等新石器时期出土的制盐工具遗存来看，制盐在距今五千年以前便开展起来了，处于母系氏族社会的巴人母族巫盼发现盐泉制盐换取物品，使"盼"部族强盛起来。进入父系氏族社会的巴人更是首先发现了大巴山溪河谷中水下的盐泉。巴人是善水的民族，只有他们才能在水里的活动中发现和开发水下的盐泉。巴人发明了用木头做成大桶在河中隔开淡水采集盐水，从而使盐的产量大增。从此，盐开始了"巴盐"的历程，至今人们仍称盐为"盐巴"。水下盐源的发现和创造用木桶隔开淡水取盐卤的采集方法，是巴人的一大发明。

食盐的运销，促使巴人进行水、旱两路交通的开发。盐泉多在深山峡谷之中，盐出水路，巴人在滩险水急的河流上开辟了可供独木舟航行之道。为了将盐运出大江大河转上下各地，巴人不得不发展造船业，从独木舟到舟舨，到战国末期已能造出大船。

巴盐北出水上通道在古代只有任河，任河在四川万源境内称"大竹河"。清代严如煜《三省边防备览·夔行记程》载："大竹河商贾聚集，为太平镇水程之所。自东而西可行船，山内所产药材、茶叶，由此顺流而下紫阳（陕西）任河口，计程三百六十里，合汉江，直达襄樊。"任河是连接古代巴山南北渠江、嘉陵江和汉江地域文化交流的大通道，也是巴盐北出的大通道。

任河是汉江上游最大的支流，发源于重庆市城口、巫溪和陕西省镇坪三县交界的大燕山（古名万顷山）的"三棵树"，海拔高达2360米，依流程所处区位分上、中、下段。上游名城口河、九江；中游名大竹河、北江；下游名任河、外权河。

任河下游入陕西省紫阳县境内汇入汉江。任河将大巴山脉分为大巴山（狭义）和米仓山。大巴山是我国的名山，为川、甘、陕、鄂四省边境山地总称，包括摩天岭、米仓山、武当山和凤凰山等。任河以东、汉江以南为狭义的大巴山。历史记载中的大巴山包括巴山南北，是广义的"巴山"。

任河一名，民间传说颇多，好奇的人们众说纷纭，至今却无定论。北魏郦道元著《水经注》卷二十七中载："（广城县）县治王谷，谷道南出巴獠，有盐井。"广城县设于南北朝时期。后来历经战乱，陕西金州人口锐减，今紫阳一带亦极荒凉，"王谷"之名后多不见于记载。明代紫阳始设县治，见于《明史》。《明史》记载："（四川）达州太平县……北有北江，又北入陕西紫阳县界，名任河，入于汉江。"

任河口又称"鱼脯谷口"。《水经注》载："汉水又东地鱼脯口，西

城、广城二县，指此谷而分界也。"巴史专家邓少琴先生认为：任河是《水经·沔水注》之彭溪，是板楯蛮巴人的聚居之地。

任河下游任姓颇多，人们认为任河以此得名。《史记·秦本记》和《六国年表》均记载：有"秦昭襄王十三年（前294），任鄙为汉中守"。任鄙"安定巴人，防御楚人"，抚恤巴人与楚争战阵亡者的家属，封阵亡巴人首领为"白虎神"建庙祠祀。任鄙还自称是"占之任国，太皞之后，云女娲生处"，领头参加巴人祭祖活动，依照巴人古风行事，增强了对巴人的凝聚力和向善性。任鄙在汉水上游古之巴地影响较大，"任河"之名是否由此而来仍可再考。

历史上万源、城口、东乡（今宣汉）等地是巴盐的主要生产区，至今在这些地区仍遗留有如万源的"井溪""桂花盐井"，宣汉的"厂溪""盐井坝"，五宝的"盐井盆"等地名。城口县的盐厂一直生产到20世纪60年代。这些地区从汉代起，封建国家实行食盐专营，邻近的开县、云阳、奉节、巫溪更是著名的产盐区。宋《太平寰宇记》卷一三七《宣汉井场》记载：场在"（达）州东1200里，无乡里，管二自户，地名长腰咸，源出大江（前河）龙骨石窟中，滩名羊门，两岸山岩峭峻，咸源出于山下，遂煎成盐。其场风俗，男女不耕蚕，货卖用杂物代钱。祖称白虎，死不选坟墓，设斋不以亡辰，虽三年晦朔不飨。习性旷硬，语无实词，皆风土使然"。《元丰九域志》记载达州从后蜀开始设有"通明院"专管盐政收税，有"宣汉""盐井""组澜"三个盐场，同时设有"盐场关"（即今盐场镇）。通明院的旧址，就是今天万源市的"旧院"。

古代巴盐北去，主要是走任河水道。元末明初，前、中、后三河盐场包括今开县温汤井盐运销，均由达州南昌滩土司管辖。明成化年间土司改流，土司冉家仍专营食盐直到民国年间。冉家盐店遍及各地，仅万源罗文就先有宣汉冉家的"光裕公"，后才有刘万成的"同心福"、何岱山的"协泰祥"、傅泽咸的"信义"等10余家盐店。民国初年，冉家盐店撤走。

明、清时期，客船可以从大竹河直航武汉。大竹河镇曾经是任河航运的重要码头，是闻名川陕的四大古镇之一，素有"小武汉"之美称。当年的古镇繁华而热闹，各路商贾云集，大巴山的茶叶、核桃、生漆、中药材等农副土特产品和巴盐，源源不断地从这里出川，换回一船船布匹、煤油、百货纸张等生活物资进巴山。

太平天国时期，长江中下游食盐困难，清政府调取巴盐用木船从任河运出。任河下游木栏峡口留有当时记事碑刻，至今仍存。

抗日战争时期，海盐被日军阻运，国民政府采取"川盐济楚"政策。1939年，国民政府财政部长宋子文投资，由紫阳县县长胡启明在大竹河镇档口设"通益"盐号，有木船100只，每天运出食盐10万余公斤。1948年，西北盐务局为销售青颗盐，禁止川盐入陕境，任河盐路从此终止巴盐北出的运营。

任河流域最大的场镇除城口县城和紫阳县城外，就数万源的大竹河场。该镇位于万源市东北部，东邻重庆市城口县，北连陕西省紫阳县、镇巴县，任河水顺场镇流过。1933年，红军在川陕建立根据地，曾在此设立城口县苏维埃政府，是万源的重要场镇之一。大竹河为川、陕、鄂商贸物资的必经之地和中转站。

民国及以前，大竹河地区的物资输出主要靠水运，川盐和达县（今达州市）的黄表纸从中河官渡（今宣汉新华镇）起运，靠人力肩负翻越荆竹山、翀天观、马鬃岭和羊跳岩等高山峡谷120多里至大竹河，再上船水运至陕西或湖北。城口县西北部和万源北部的桐油、茶叶输出也是由大竹河水运出川。湖北、陕西的棉花、布匹，安徽的药材

（茯苓、砂仁、黄连、白蔻、槟榔、地黄）和花椒经水路运至大竹河后上岸由人力和畜力中转川东各地。时称"一条黄龙出川去，一条白龙进川来"，就是指黄表纸由大竹河转运入陕西，陕西的棉花经水运至大竹河经销。

清朝咸丰以前就有外地商人在大竹场镇立商号、建会馆，中街码头悬有"万商云集"木匾；1921—1948年，大商号有"通益""怀记""盛兴协""长发"和"兴顺"号。其中程长发的"长发"货栈和"兴顺"货栈均设有经理，账房先生数十人至百余人。任河上樯接帆连，每天往返航行木船300余只，船工和运力每天出入达2000余人次，年货运吞吐量10000吨左右，可以说是市场繁荣、生意兴隆。三峡轮船通行后，出入任河的物资有所减少，食盐、棉花、黄表纸、红茶、药材仍然经过此地。中华人民共和国成立后，万源、紫阳两地均设有航运管理站，分段管理任河的水上运输。

汉渝公路、襄渝铁路开通后，任河水上航运逐渐消失。现今的川陕高速公路，从巴山站起向北一直沿任河河道直至紫阳任河口，路面均在河道之上。从空中俯瞰，昔日任河河谷中只见高速路面而不见任河之水流矣。今天的大竹河镇仍静静默守在任河水边，深藏着昔日的繁华。

血染鹰背分局衙门

苟在江

万源市最西边的鹰背镇，清道光二年（1822）前属四川北道保宁府巴州太平乡，之后属四川东道绥定府太平县（今万源市）七乡，始名鹰背场。

光绪十一年（1885），太平知县傅维弼（直隶盐山人，进士，1885年至1887年任太平县知县）鉴于鹰背场情况复杂难管，于是在此设置分县，由县府派人直接掌管分县衙门事务，称总爷。第一任总爷姓许，第二任总爷姓马。

光绪十七年（1891），马总爷卸任以后，知县将鹰背分县改为分局，由局长掌管衙门事务。此时，一个叫苟在田的富豪找到在县衙跟班的亲戚，使了些银子，没几天就当上了鹰背分县改为分局后的第一任局长。

苟在田过去只是富，现在又有了权。俗话说，"身怀利器，杀气腾腾"。其子乳名"欲皇"，年16岁，仗着老爹财大气粗，又是局长，便为所欲为。

光绪十九年（1893）某日，苟欲皇到各处收完"保护费"后，恰遇外地来鹰背场的父女俩在街头卖唱。苟欲皇看那小女子十四五岁，

身体瘦弱，满脸菜色，但却长得十分俊俏，便跑去对其局长爹说："乖得没法说，弄来唱唱？"

"行啊！只要我的宝贝儿子你高兴，乐意干什么就干什么！"

苟欲皇跑到场子里，便猴急狗刨地去拉扯那小姑娘，一张肥大的嘴直往小姑娘脸上啄，一双魔爪在小姑娘身上又捏又摸，小姑娘拼命挣扎。当父亲的一边全力护着女儿，一边大声呼救："苍天大老爷啊……你睁开眼睛看看吧，老百姓没法活了，救、救命啊……"

瘦骨嶙峋的穷苦老百姓，哪是那脑满肠肥、体壮如牛的苟欲皇的对手！苟欲皇只抓扯了几下，小姑娘单薄的衣服裤子就成了碎布……

这时，站在圈子外听唱的一帮土匪实在看不下去了，动了恻隐之心。这群土匪有10多个人，领头的苟某某常带着手下抢大户，杀富济贫。这天，他闲着无事，带着兄弟伙到鹰背场发财，却遇上苟欲皇调戏民女这档子事。

土匪头子吼道："弟兄们，路见不平，拔刀相助，上啊！"

苟欲皇说："你敢，我爹是苟在田！"

一土匪大声呵斥道："知道你是谁，后台硬着呢，钱多得是哈！"随即剁了苟欲皇的右手，送到土匪头子苟某某面前。

土匪头子叹了口气，说："给他爹送去吧！"

一群土匪冲进鹰背分局衙门，局长苟在田正和几个显沟露壑、娇艳欲滴的女人搓麻将。土匪头子把一只血淋淋的胳膊肘扔到苟在田面前，愤怒地说："这是你那罪恶儿子的魔爪。你仗着自己有钱有势，为非作歹也就罢了，还纵容家人胡作非为，仗势欺人，天理难容啊！"

手起刀落，苟在田的头掉到地上，鲜血染乌了鹰背分局的衙门……

知县杨汝偕（贵州省毕节县人，进士，1891年至1894年任太平县知县）接到苟在田被土匪砍杀的报告后，后悔用人不当，半晌无语，拿起毛笔在报告空白处签下一行字："连土匪都觉得做事过分的人，天理容否？"

像是在问天，抑或是问人。问天天不语，耐人细思寻。

是年，鹰背分局被撤销。

忠义坊与义马坟

邓　坤

新中国成立前，从三汇镇到渠县的官道行至汇西乡白塔村附近的原炉堆寺左侧旁边，有一座石牌坊，被称为"都督武威大将军肖伯泰忠义坊"。石牌坊后有一座肖伯泰夫妇与肖伯泰战马合葬的大墓，在三汇周边地区远近闻名，被称为"义马坟"。

据清同治版《渠县志》记载：肖伯泰，正德中，鄢、兰之乱，与弟伯瑀率堡兵聚屡破贼，援绝战死。肖伯瑀，正德中，与兄伯泰皆战死。贼平，巡抚林见素行县至渠，为建忠义阙于三汇。民国版《渠县志》第199页《兵备志七·匪患》中记载："正德六年，保宁贼鄢本恕、兰廷瑞掠蓬州，其党廖麻子、曹甫窜营山，佥事王源行部川北，率典史邓俊击之，不克，死。贼遂窜州境。渠县义民肖伯泰率勇来战，于广安城东庙沱，败绩，死之。其所乘马悲嘶不已，旋转于庙沱上之李家村，得伯泰头，衔之，直奔三汇镇肖宅掷于地，马亦触石死。"这段记载说明肖伯泰本是义民，并非官军，其都督武威大将军称号，应该是肖伯泰死后才由朝廷追授。因肖伯泰头颅假身与战马合葬，故称义马坟。

1962年春，表兄杨治平因事去三汇砖厂。砖厂在距"忠义坊"不远的陶城寨下。我撵路跟表兄去玩，路过此地，第一次看到肖伯泰"忠义坊"和"义马坟"。印象中，"忠义坊"相比罐垭口上面的石牌坊要小一些，但"义马坟"确实是一座规模很大、极为少见的坟山古墓。

1998年农历四月十二日，表兄从渠县专程回三汇参加我父亲70岁生日家宴，并赠送给我一本他自己撰写、由其三汇中学同窗好友杨牧题写书名的《未入流》诗文集。该诗文集中的"义马坟"专篇，勾起儿时记忆，特向表兄请教。表兄对我作了一番详细讲解。

明朝时，渠县属四川省顺庆府广安州管辖。肖伯泰是渠县三汇镇肖家寨人，生于明代成化年间（1465—1487），碑文因年代久远模糊不清，具体时间不详，失考。有一身好武艺，尤其是臂力过人，远近闻名。肖伯泰相当于当年肖家寨的寨主，在肖氏民众中很有威望。明正德初年（1506），天下不太平，时有寇匪骚扰民众，为保家护园，肖伯泰出面号召肖氏民众组织堡兵（民间武装组织），以防御寇匪和反叛朝廷的叛军。

正德三年（1508），营山县人鄢本恕、兰廷瑞在大宁（今巫溪县）率盐工、饥民造反，对抗朝廷，响应者众多，曾发展到10余万人，声势浩大，纵横川、陕、湖、广等省。正德五年（1510），鄢、兰军破通江，杀了参议黄瓒。四川巡抚林俊（见素）奉朝廷之令围剿鄢、兰军，驻军营山县，下令挖掉鄢、兰二人的祖坟，并立石永禁。鄢、兰二人闻此大怒，率军攻袭通江、巴州（今巴中）后，直扑营山，杀死四川按察金事王源，威逼蓬安、渠县。随后所部廖、曹二首领率军由广安攻入渠县境内。其间，肖伯泰多次率堡兵增援，协同官军与鄢、兰军作战。正德六年（1511），肖伯泰、肖伯瑀兄弟俩又一次率堡兵到广安。激战中，肖伯泰兄弟身先士卒，冲锋陷阵，终因敌强我弱，寡不敌众，双双战死。肖伯泰身首异处，其战马悲嘶不已，寻得肖伯泰头颅，用嘴衔起冲出重围，朝着三汇方向一路狂奔近300里，回到三汇肖家寨下肖伯泰住宅，将头颅掷于石板地坝上，然后朝着头颅双膝下跪，继而站立起来，昂头悲鸣，长嘶数声，转身冲向拴马桩，以头触石而死。

《广安州新志》亦有如下记载："正德六年（1511），义民肖伯泰率勇来战，于广安城东庙沱败绩死之。其所乘马悲嘶不已，旋转于庙沱之李家村，衔得伯泰头，直奔三汇肖宅，掷于地，马亦触石死。"战马对主人如此忠诚，感动了肖伯泰的后人和肖氏民众，被他们称为义马。肖家人遂将战马安葬在肖伯泰头颅假身左边。

表兄在文中叙述道："该墓距渠汇官道西侧约3米处，占地近4分，为二人一马合葬大坟。其坟系条石砌就，高约3米，宽约6米，中葬肖伯泰头颅假身，右葬其妻，左葬其马。其墓门中各嵌石碑一块，概述生平其事。墓两侧镌刻阴文墓联，右曰：'根系梁代帝王种'，左曰：'裔出汉朝宰相家'。墓前2米处，竖一青石纪功碑，高约2米，宽约1.5米，其中竖刻三寸见方的正楷文字，其文曰：'都督武威大将军肖公伯泰大人之墓。'碑上还刻有肖伯泰死难事迹，其内容与《广安州新志》所载大致相符，碑中还记有其死后及祭祀情形等。碑前又设有石质供桌1条，石香炉1尊，两侧各有石梯三级，其上与墓前成平台。平台左右各设石桌1张，石凳4个。距供桌近2.5米处，即为'忠义坊'石牌坊一座。牌坊系4柱3门，除中门高近3米外，左右耳门皆近2.5米，顶部均系仿木筒瓦式翘角屋顶；正中门上方有石刻隶书'忠义坊'石匾一方，左右耳门上均有匾无字；牌坊总宽8米，坊外两侧，各有近2米高的似马非马的石兽一尊，其刻工粗犷。"

整个肖伯泰墓地，布局严谨，石工粗犷古朴，给人以庄重肃穆之感。然而，忠义坊与义马坟最终却毁于20世纪60年代中期那场浩劫，惜哉。

七十二道脚不干

陈勇礼

走出校门，来到号称"秦川锁钥"的万源，已整整六十年。这里是川陕渝交界的大山深处，境内八台山是四川迎接第一缕阳光的地方。几十年里我经历过大山里许许多多惊险的旅程，在艰难中跋涉过一处处离奇的畏途，如鬼见愁、阎王碥、蛇倒退、一线天、羊跳岩、冲天冠、滚龙坡、望乡台、五马归巢、八台云海，以及什么六十九道拐、七十二道脚不干等等。

说到"七十二道脚不干"，使我联想着大约过去快四十年的一件往事。当年陕南与川东北万源县相邻的镇巴县，因唱陕南民歌享誉全国，还上过中央电视台。两县都属边远大山区，山重水复两相望，自古以来传统淳朴的社情民俗风习相近，民间往来频频，结亲连襟众众。到20世纪80年代两县党政领导走得更是亲密。据说当时镇巴县委那位姓赵的书记祖籍在万源，把两县的亲情更增进了不少，一对睦邻好兄弟。

每当重大节日，特别是春节，两边党政领导都相互走走，有时还带上各自的地方文艺节目上演，以示慰问。镇巴县的领导当然会带上名声远扬的镇巴民歌。民歌编导兼主唱，是带队的刘队长。每次他都打前站，先到万源县委宣传部联系有关事宜，我们便成了睦邻好友。

一次应约，去他处聆听经典的陕南乡土民歌，也到大山深处走走。

跨过省界县界，第一站就到了镇巴县最南边的鱼渡镇，是该县一大镇。听到"鱼渡"名称，顿时使我联想到了看过的一本书《萍踪识小》。此书系1949年前从大陆去台湾的林藜先生所写。书中有一篇短文《七十二道脚不干》，所描述的正是大山深处两县间的又一人行古道，鱼渡坝便是途中险关要隘北线起点。群山环抱中难得有此一大坝，为何取名鱼渡，问及土著老农，不得而知。想必，此处定是守渔佳境。书中林藜珍惜笔墨，描写甚少，但感叹深山行程艰险。他身临其境，感受颇多，且留有诗句纪胜道："七十二道脚不干，穿山凿峡水湍湍。等闲鱼渡河边过，六月炎天雪水寒。"

20世纪60年代，因到各处公家仓储查检存粮，曾走过七十二道脚不干所在川东北万源境内的一段南线。从万源城向北走十里画廊，过官渡湾，攀援偏岩子，踩水过梨树，翻越望乡台，驻足紫溪梁。一行百多里，全在万源境内，未及陕南地界。虽也历经数处蹚河涉水，亦未全程走出七十二道脚不干。

20年后，我来到七十二道脚不干的北端渡口，已不见往日滔滔清渠，而今河床上升，流水几近干涸，在一片白花花的沙石河滩低洼处，尚可闻到涓涓细流汩汩之声。走在乱石凹凸的滩涂上全已没有了"渡"的感觉，对往昔那种七十二道脚不干的情景，难以重拾，无法亲身体验。据当地乡亲介绍，此鱼渡自古以来都是陕南镇巴前往毗邻的川东北万源县的捷径口岸。虽然一路险阻，大山里的民众世世代代已用汗水腿脚甚至生命，或以"背二哥"，或以"挑夫""脚夫"之名，一次次穿越这条盐茶古道，经年经月运送物资，已成山民祖辈难离的甘苦畏途。蹒跚复蹒跚，一年年一代代在"七十二道脚不干"漫漫险途上，写下了一页又一页辛酸史，多少难忘的过往。

从镇巴县城向南一条山间小河蜿蜒在万山丛中，或浪花飞溅或悄声潺潺，直奔鱼渡坝，从这里渡河向南便可走入"七十二道脚不干"。过往行人在大山之下溪谷之间行走，峣峣高山，滔滔清流，羊肠小道，曲曲小溪，织成了无形无迹、千变万化的人行残道。循小河前行，群峰兀立，林木深深，悬崖峭壁，怪石嶙峋。行走在峡谷深底，慢慢悠悠，步履蹀躞，多在杂草刺扒土石间沿河穿梭，如遇岸陡悬崖高坎无以举步，便寻浅滩细流处或争渡彼岸或涉水蹒跚。山道迢迢，溪流绕绕，或湍湍或缓缓，双脚在乱石冷水中趔趄前往，艰苦难挨。瞻望前路，高山流水，不知何处柳暗花明。回首来程，山重水复，处处举步维艰。谁算过，山路崎岖，流溪盘旋，是否仅仅止于"七十二道脚不干"？

听说有多位先辈有感于此处山水景色，曾留下一些诗词，中有两句写道，"岸绝船通马，沙交路入河"。季节的变迁，山水的流年，草木的兴衰，人世的过往，陈述不尽高山密林隐藏的那些神奇，放歌难竭大山里古道上那些深沉的绝唱，以及山山水水承载的那些离奇古怪的故事。一切都已融入若有若无若隐若现、神秘难测、数之难确的"七十二道脚不干"。

据传民国年间，时任四川省长的张澜先生曾走过此段山道要冲，赴京公干。一行尚未走出"七十二道脚不干"，抢先停歇鱼渡坝前，还是遭遇剪路土匪，绑架上山。此段正是流窜川陕及西北数省数十县的山大王王三春的地盘。王三春早已听说这位张省长人品高洁，德高望重，见到张澜连连口称"得罪，得罪"。亲自设宴赔不是，又派专人护送出境。当地流传着这段奇巧的往事，人称"山大王敬贤"。问及故事真否，便说有书记载。

20世纪30年代末，抗日战事吃紧，四川是坚强的大后方，修了一

条210国道，开汽车走公路重庆可通万源。到50年代末210国道纳入包（头）南（宁）线，从此万源有出境公路直通陕南镇巴县城。进入新世纪后，随着扶贫攻坚伟业的进程，蛛网般的乡道村道不断延伸，连接国道、高速公路、铁路、高铁，昔日贫困闭塞的旧貌换了新颜。"七十二道脚不干"自然成了记忆中的风景。

《通川报》创刊的日子

杨治坤

解放后，我在当时的达县地委（现达州市委）宣传部工作。那时，地委先后办了《工作通讯》和《土改通报》两个刊物，对当时各项工作都起到了指导和推动作用。随着全地区各项工作的广泛展开，这两个不定期的刊物不适应形势发展的需要，于是地委决定创办公开发行的《通川报》（现《达州日报》）。这个决定经川北区党委同意后，时任川北区党委书记的胡耀邦还亲自为它题写了报名。

具体负责组建报社工作的是当时地委训练班主任罗曼。我当时在编《工作通讯》和《土改通报》，这时我就被调到报社负责编辑室工作。当时编辑室的8名同志基本上都是从中学抽调来的高中生，虽然其中5人在川北行署新闻训练班学习了两个月，但对怎样办报还知之不多。我就和这些同志一道到车间去参加劳动，和工人交朋友，向工人学习，较快地了解报纸的生产过程。1951年6月30日，创刊号的稿件发到排字车间后，编辑室的全体同志个个都争着到车间去参加劳动，第二天早上，都争着上街去卖报。这天是我们党创建30周年，又是报纸创刊的喜庆日子，双喜临门，大家真是高兴极了。创刊号出版后，我们收到不少单位和读者的信件和电话，热烈祝贺达县地区第一张报纸的诞生。

报纸创刊后，地委第一、二任书记杨绍增、丁耿林和范铭、魏文引、何进修等都非常关心和重视报纸工作，无论工作再忙，他们都要看每期报纸的大样。有时发现问题，还把我和有关同志叫去一道研究，共同修改。他们有时还亲自为报纸写稿。当时，杨成美、冯晋彪等同志就给报纸写了不少稿件。

1952年，罗曼调任开江县委书记后，我就负责报社全面工作，地委无论召开什么会议都通知我去参加，使我们能及时了解地委各个时期的工作部署以及相关的方针政策，有针对性地制定各个时期宣传报道计划和言论计划。同时，我们利用地委开会的机会，请到会的同志来报社座谈，听取他们对报纸工作的要求、希望和建议。这样就加强了报社和各县的联系。当时地委农工部门和专署农业科的同志和报社的关系特别亲密。他们经常主动向我们介绍农业合作化的情况、方针政策、典型事例，并配合农事季节，撰写农业技术方面的文章在报上发表，对指导和推动我区农业合作化和农业生产起到了很好的作用。由于地委、各县县委领导同志的重视，各县的来稿和报纸的发行量都大幅度地上升，编辑人员也不断地增加。

为了使报纸工作逐步规范化、制度化，制定了编辑部的各种制度：学习制度（主要是学习党的路线方针、政策、新闻理论和业务知识）、评论制度（选报上好的新闻、好通讯、好文章、好版面）、编采人员定期轮换制度（使大家都有机会轮流下去，深入实际，调查研究），以及各种岗位责任制等。1957年，建立了编委会，实行集体领导和个人分工相结合，进一步健全了报社的领导制度。

正当报社各项工作逐步走上正轨的时候，由于达县大学（后改名为达县专科学校）的创办，需要大批干部，1959年8月组织上就把我调到那里工作去了。从此以后，我就转到学校从事理论教学和政治思想工作了。

地旺抗疫十日记

罗学闰

2月13日　星期四

2020年2月，因为渠县地旺小区确认了一名新冠病毒感染者，按照县新冠肺炎防控指挥部的要求，必须对地旺小区2号楼实行暂时封闭管理。小区业主群里的党员马上行动起来，他们建立了一个党员微信群。党员群宁娜娜老师（一单元）和杨波先生（二单元）提议，由本栋楼党员轮流做志愿者给业主们送菜或快递到门口，并与消杀同步，上下午各一次，免得人员聚集感染，免除业主的劳务负担。关键时刻这些党员真是好样的！党旗一挥，应者如林，让我很感动。把党员组织起来，就近引导和服务群众。这是党员群建立的初衷。群主在群里发布了倡议书：群内的党员同志们，关键时刻看担当。二栋实行封闭式管理，是为了有效阻断病毒传播，既为了楼内人的安全，又为了全城人的安全。这栋楼有380多户住户，在家的有1000多人。这么多的群众在我们身边，我们要主动站出来，成为他们的主心骨，团结起来，共渡难关！大家保重，并力所能及地宣传教育引导服务群众。也希望通过我们现在17名党员，找到更多的党员干部，加入我们的行列。祝

大家平安健康幸福。谢谢！这是来自二号楼党员群的信息。

2月14日　星期五

吃晚饭时，我家侄儿罗仕军来电，要给我送点菜过来，说是他岳母种的。这个侄儿，12月初才从部队转业回来。春节期间，多次要求参加抗疫志愿服务。后来从微信朋友圈上了解到，他在南门社区参加了志愿服务。送完菜他还没走的意思，我问他还有什么事吗，他有些胆怯地告诉我说明天县电视台要来采访他。我说这是好事儿啊，幺爸为你点赞。党员，在哪里都要发挥作用；军人，在哪里都要不改本色。他就乐哈哈地走了，步伐很坚定。这个苦命的娃儿啊，终于成长了、成熟了，还上电视了！地旺二号楼党员先锋队，今天下午也出色地完成了为整栋楼住户义务送菜送快递到门口的活动（每天上下午各送一次），获得业主们的热情点赞。有个业主说：党员干部的形象不是拿来"秀"的，是用实际行动来干的，为我二号楼的"党员先锋队"真心点赞。言语朴实有理，故随文记之。还有个党员的老婆因老公不在家，要代为履职。结果，今天她老公又回来了，就继续以党员老婆名义履职。今天是西方的情人节，我觉得这夫妇俩是今天最美的情人。有几个预备党员，有两个入党积极分子，还有两个进步青年，都强烈申请加入"党员群"服务群众，因此我们就把群名改为"党员先锋队"。

2月15日　星期六

一个党员一面旗，服务群众零距离。地旺二号楼的23名党员已全部"网上报到"，正在排给住户送货上门的值班轮次，并研究消毒防护办法。看到党员们在自备防护用具，我作为党员群的群主，准备购买24瓶酒精，让党员志愿服务者做消毒用。闻讯到门口迎接的汉碑酒业廖总、办公室主任张成芳却表示坚决不收钱，属于企业赞助。刚送至二号楼门口，又接到"幸福渠县"小秋的电话，准备把平台广告换的酒精送给二号楼及地旺小区的居民们。收获感动一串，在此向二号楼党员们给予口头表扬，并向汉碑酒业、"幸福渠县"表示感谢！

2月16日　星期日

下午，我到地旺小区二号门，瞭望了地旺二号楼，知道党员先锋队员正在分拣业主货物，准备送到业主家门口，放心地离开了。再去北门"北辰名著"小区查看了县政协党员干部"双报到"值班情况。政协机关两个年轻人正配合门卫值守，对进出人员测量体温。据了解，因为业主健康安全意识增强，现在小区值守逐步制度化，要轻松一些了。

看到群里有位党员先锋队员的感言：以前是受环境影响想入党成为一名党员，但是没有这么切身体会过。现在面对危难，我真切地感受到了我们共产党员的责任与担当，就是服务与奉献。我试问，共产党员不优秀，谁优秀？中国不崛起，谁崛起？这是我们二号楼党员宁娜娜的感言。

2月17日　星期一

地旺二号楼的党员先锋队员再一次让我感动，在"业主群"及队员所在单位都捐款的情况下，随着疫情的控制，看到很快要"解封"了，大家难舍这份情，要求二号楼"党员先锋队"组织不散，并再次踊跃捐款（今后也还会组织），协同业委会，支持二号楼的精神文明建设。大家决定先从楼道文化建设抓起，逐步延展到院内。于是，指定党员杨波收集捐款，党员林敏记账，群内其他党员监督。祝愿二号楼党员先锋队"不忘初心、牢记使命"，竭诚为我们的党旗增辉添彩！

2月18日　星期二

今天下午，接到地旺三号楼一陶姓业主的求助，因封闭需要找外面的人帮她孩子打印网课作业。本着"民有所呼，我有所应"的理念，我接下了这单业务。我整理后打印出来，夹上夹子，然后从万兴广场徒步给她送到大门执勤点，再徒步回家，竟走得微汗涔涔。回到家，那位业主发来信息："虽然这次疫情让大家感到恐慌，但让我们更多地感到了共产党的温暖。"看到这个短信，我很欣慰。通过大灾大难，群众更能看到共产党人的亲民爱民情怀，从内心深处坚信党、感党恩。足矣！

2月19日　星期三

边干工作，边浏览地旺二号楼"业主群"，收集意见，静观势态，大家热议着，等待着。最大的动态，是党员先锋队送菜上门，业主们纷纷表示谢意！今天是中国传统节气的雨水，党员先锋队的善行义举不正是业主们所盼望的早春之雨吗？

2月20日　星期四

党旗感召力来自身边党员的奉献。今天下午，不断有业主要求加入二号楼"党员先锋队","先锋队"一再扩容,从最初的10余人,扩展到22人,再扩展到26人,今天已突破30人。党员先锋队已由党员扩大到积极分子(3人)、扩大到群众(有3位党员老婆)、扩大到进步青年(3人)。昨天晚上,"党员先锋队"网上议事,决定捐资为二号楼业主购买分送一瓶酒精喷瓶,便于业主外出时随身携带消毒防护。"汉碑酒业"闻讯,迅速灌装并送到二号楼大门口。刚才,"党员先锋队"队员在完成为业主送货任务之后,集体出动,分单元分楼层把酒精喷瓶送到业主家里,并详细讲解科学使用方法,业主们点赞不断。

今天是个敏感日,上午看二号楼业主群有些情绪化,中午连饭也不想吃,去群里聊天安抚疏导,现在暂时平静了。不过,解封令快点下来吧。

2月21日　星期五

今晚8时起,二号楼党员先锋队召开了两个小时的"微信会议",选出了领头人和负责人,并研究了当前疫情防控工作三大任务,还对楼院精神文明建设进行初步安排。大家一致表示,发扬敢于担当和乐于奉献的精神,团结在党旗下,服务业主们,把二号楼建成温馨的家园。我主持召开了这个会议,也荣幸成为二号楼党员先锋队的顾问,又添一个为民服务的岗位,十分高兴。

时钟敲过7点,地旺小区一至三号楼解除全封闭的消息传来,晚8点,二号楼"党员先锋队"开展"网上议事",研究下步服务群众的工作重点,着手推进二号楼精神文明建设。

小睡了一会儿,获知爱心消杀队已开始对地旺小区进行全面消杀,解除全封闭已进入倒计时。突然想起流溪某村山坡上那眼石泉,不知

它在新冠肺炎到来时有没有变化？建议刘强同志去看看。

2月22日　星期六

　　通过接手管控地旺二号楼，我转变了自己的一些看法。我使用的"杀手锏"就是党建引领。党旗一挥，党员（含积极分子）一下就集结拢来，顺势集结的，还有党员的亲属和进步青年。他们主动站出来，零距离服务群众，既让群众安心，又让群众暖心。这是一次成功的"党建引领"的社会实践，让这个最难管控（全封闭最久）的二号楼，把党和群众的感情融得最近、最亲。我最真切的感受是，平时还不怎么样，关键时刻却站得出来、冲得上去。我最直接的感受是，大灾大难面前，党员干部那种责任感和使命感油然而生，无需再宣传和动员，只需有组织振臂一呼。在今后的材料写作中，我要毫不迟疑地写上一条：党建引领！

　　终于忙昏头了，又到单位带班。原来昨天已经带过班了，可能因为急着地旺二号楼的事吧。还好，昨晚7点已解除"全封闭"状态，我的主要精力要放到我的联系乡镇琅琊、望溪去了。

BAQUSHISU

故乡的家常菜

李从军

中国菜真是博大精深，按菜品特点或地域细分，就有什么川菜、鲁菜、粤菜等等，据说有八大菜系。我这人对吃的不甚讲究，中央电视台播放的全国烹饪电视大赛，内人看得津津有味还不时加以评点，我却认为那些名堂费时费料，那不是做给人吃的，那是做给人看的。虽说我对吃的不讲究，但还不至于到任何菜肴都可填充肠胃的地步，我最爱吃的是故乡的家常小菜。

我的故乡在四川东北部万源，大巴山脚下一个县级市。生于斯，长于斯，尽管十几岁时便参加工作到了外地，尽管因公出差或学习到全国南北各地趁便也品尝了南北菜肴，但最令我口舌生津的还是故乡的家常小菜。

也许是故乡的海拔、日照、土壤等原因吧，故乡产的洋芋特别好吃，而故乡人手又特别巧，光洋芋就可做出好多种花样。将洋芋剥皮煮熟，切成片，晒干，待客时取出油炸，黄金亮色，再拌以白糖或盐巴，名曰"炸洋芋片"。将煮熟后的洋芋捣烂，然后用油炒，装盘时撒上花椒粉、葱花，名曰"洋芋泥"。洋芋与鲜四季豆同煮，其汤汁尤鲜，名曰"汤洋芋"。也可将洋芋泥与面粉揉在一起用油炸，也可切成

丝或片炒等等，真是名目繁多。故乡山多田少，小户人家常将洋芋与大米同煮，名曰"洋芋饭"。用铁罐在柴火上煨的洋芋饭锅巴香脆可口，叫人馋涎欲滴。

我从小爱吃洋芋系列"产品"，可以说是天天吃不厌，倘有几天餐桌上没见洋芋，便会觉得生活中少了点什么。前不久回到阔别多年的故乡，表弟请我到他家吃饭，表弟妹恐怠慢于我，鸡鸭鱼肉弄了一大桌，我三姑见状说，弄啷们多做啥子，刮几个洋芋煮饭，他吃起来比啥子都香。真是知我者三姑也。在成都打八年工，偶有饭局应酬，不管规格高低，饭店大小，即令是我不开口点菜，同事也会惊风失火地叫道，来一盘土豆丝。同事间殷殷之情自不必说，而我"积习"之深则可略见一斑也。最近从报纸上看到，洋芋不但营养丰富，且还是减肥佳品，我不禁为我的饮食习惯与营养学暗合而感到自鸣得意。见内人每天爬山减肥辛苦异常，便以先知先觉的口气嘱道，每天吃几个洋芋就行了，啷们费力做啥子。

豆类菜是故乡的另一家常菜。川人都知"豆花"，而知"渣豆腐"的甚少。其实，它只是"豆花"的一种初级产品。将黄豆泡胀后用石磨磨，然后连渣带水煮沸，再加上白菜叶，待煮熟后即可食用，如有油辣子或油炸豆瓣做调料则更佳，既养人，又解馋。将炒熟的黄豆磨成粉，拌以切细的青海椒，放进油锅稍许翻炒，起锅时加盐巴、葱花等调料品，名曰"面辣子"，用以佐餐，令人食欲大开。将豆腐切成小块放入油锅中煎成二面黄，用以作配料炒回锅肉，名曰"熊掌豆腐"，菜名高档，其味亦高档。

过去说到美食，往往会使人想到山珍海味，现在生活水平提高了，人们由吃饱到吃好再到吃健康，在吃的问题上观点发生了很大的变化。人们不再追求"海味"，倒对"山珍"情有独钟，何谓"山珍"，无非是山上的野生动物、野生植物，前者有法禁食，后者追风者日盛。故乡以野生植物做出的两道菜我至今难忘。一是嘟面，这是一种用野生蕨类植物的根磨成，待沉淀后取其粉，食用时用少许米饭揉在一起，用锅炕熟，切成小块，然后和半肥半瘦的腊肉一起炒，待嘟面呈油浸浸状后加上蒜苗即起锅。这种菜可惜现在已少见了。再有就是橡子豆腐。将橡子用水浸泡且不断换水，水完全清亮不再变色后，再用石磨磨，滤其渣，煮熟后即成浅浆色的"橡子豆腐"，切成块状或条状，拌以红油等一应调味品，其味堪与"川北凉粉"一决雌雄。

当然，从美食家的角度来说，我所喜欢用来填充肠胃的那些玩意儿只能说是"下里巴人"。但我却分外看重这些"下里巴人"，它是我心中最为珍贵的故乡情结——它像放飞风筝的线，把我和故乡紧紧地系在一起。它像一瓶珍藏多年的陈酿老窖，未开口，心已醉。它像长空雁阵声声鸣叫，传递着那魂牵梦绕的乡情。在时空不断切换的画面中，我看到了母亲用铁皮做成的"刮刮"灵巧地削洋芋皮的神态，我看到了父亲扛着锄头上山挖蕨根的身影，我听到了老祖母磨渣豆腐石磨吱呀呀的转磨声……

宕渠饮食习俗

李同宗

家常。旧时，通常情况下一日三餐，劳作时加"过午"一餐，早饭、午饭两顿特丰，富家时兴"过早"，加上宵夜，一日多至五餐，贫家饥馑时一日两餐，俗称"赶二五八"。这样的农家，常常是产出一季吃一季，甚至用不成熟的"粮食"来充饥，俗称吃"节节粮"。遇上稻谷青黄不接时，常以高利贷的方式向富家借粮，加利归还。不少农民收下新粮交租还债后又缺粮，不得已外出务工挣钱糊口。一般农户主食以大米、小麦、红薯较为普遍，也兼食五谷杂粮。副食以食猪肉较多，兼食牛、羊、兔、鱼、鸡、鸭、鹅等肉；蔬菜则以青菜、瓢儿菜、藤儿菜、萝卜、胡萝卜等较为常见；宕渠各地饮用白酒的习俗较为普通，以高粱做原料，酒质上乘，在困难年景有用苞谷、红薯、蔗渣、蕨根等原料酿酒，总之，以"鸡鱼面蛋"视为待客的上等食品。春节期间家庭饮食的传统吃法是：初一饺子初二面，初三各自往家转，初四烙饼炒鸡蛋，初五初六吃面团，初七初八炸年糕，初九初十白米饭，十一十二八宝粥，十三十四余汤丸，正月十五元宵圆。

家家常备香肠和水菜（猪心、猪舌、猪肚、猪腰子、猪肝），正月做待客食品。1980年以来，日常饮食结构逐渐发生变化，城镇讲究

"早上吃好，中午吃饱，晚上吃少"，早上稀饭、馒头、包子、油条、豆浆；中午米饭、肉类、蔬菜；晚上面条等。农村则主张"早上吃饱，中午吃好，晚上吃少"，食品种类与城镇相对少些，也有少部分家庭达到城镇生活水平。2000年以后，注重食品色、香、味及营养档次，合成饲料喂养的鸡、鸭、猪。土鸡蛋、土鸭蛋，粮食喂养的鸡、鸭、猪，价昂易销。反季蔬菜大量进入家庭，火锅、汤锅进入日常生活。杂粮、蔬菜、水果的进食比例增大。

聚餐。寿诞、嫁娶、待客、举丧等民俗事象的聚餐待客食品比较丰盛。旧时，兴办"九大碗"，也有"肉八碗"。依次上席的传盘（凉菜）、头子菜（圆子、酥肉）、东坡肘子、三鲜、扣肉（烧白）、美四角肉、油炸豆腐、白烧糯米、清蒸鸡、面炸鱼作为待客的传统食品，通常情况下饮用白酒。上菜时，先凉后热，先质优后质差，先咸后甜，先味浓后味淡，汤菜上在中间，甜菜上在最后，饭后上水果、茶水等。贫家不上水果，上茶则是老荫茶。富家上的水果多是梨、广柑、葡萄等；茶叶多用本地青茶、红茶，用普洱、龙井的少。参加聚餐称为"坐席"，按辈分、地位高低，先上席，后下席，再是左右席。贫家人在席上将肉食部分留下，找东西包上，称为"打杂包"，带回家要么让老年人吃，要么给小孩子吃。民间的厨师口传心授，带出制作"九大碗"的代代徒弟，人们通称"厨子"。民间饮白酒较为常见。

渠县北部农村也有"客至倾家酿，常备者为高粱酒，或以大麦高粱杂酿之，盛以大瓮，插竹管二，请客轮番吸饮"的咂酒。"若待显客，掺以海参、鱼翅；食则以'糍果''糍团'待之，并馈送戚友。所赠之食，闻名东川邻县，无不咸珍视之"。（民国《渠县志》）20世纪90年代以来，城镇和部分农村聚餐待客的习俗变化较大。在家或在酒店，还保留长辈上席就座，先向长辈敬酒的传统习俗。菜肴与酒的档次按宾客身份确定，十至二十余道菜肴不等。桌（茶几）上摆葵花子、块糖、水果之类。菜肴、酒类、饮料和烟草也是因客人显贵程度而定。猪肉特别是肥肉，上席的分量大幅度减少，鸡、鱼、牛、羊肉增多，偶有龟、鳖、蚌、鸽等肉及海生类食品。聚餐入席的机会，实际是围坐讲缘、攀亲操近的一种人性化际遇。

小吃。宕渠的名特小吃受川菜烹调制作工艺影响，成为颇有知名度的传统风味小吃，如三汇鸡八块、涌兴卢板鸭、岩峰松花皮蛋、广安盐皮蛋、东柳醪糟、渠县咂酒等，由家庭食用发展到市场消费，由待客食用发展为馈赠食品。

城乡便民小吃品类多，风味浓。诸如刀削面、小笼包子、碗儿糕、碱粑、豆干、豆花、桂花饭、卤烧腊、麻辣豆腐、麻花、馓子、心肺汤圆、醪糟汤圆、东柳醪糟、城口腊肉、广安盐皮蛋等为顾客喜欢，是远近闻名的地方小吃。

咂酒。渠县北部乡村农户自酿自饮的一种连糟酒。以高粱为主，经蒸煮、发酵酿制而成。饮用前，将咂酒糟盛入陶罐内，渗进滚烫的开水，再插进竹管(竹头)泡出味后，即可吮吸。

水八块。又称鸡八块。将公鸡去毛、去内脏、去翅，煮熟晾干，切片。用红油、花椒粉、胡椒粉、姜汁、料酒、盐巴、味精等兑成佐料，淋在鸡片上，即可食用。

烘烤猪。将喂养40天左右的肥壮仔猪宰杀后，洗净刮白去内脏，用杠炭火边烘边涂拌料油。烤熟后用刀子划破表层碎肉，再将碎肉夹在盘内，即可上席。民国九年(1920)，渠县县城高级餐馆有这种吃食。常见的是每桌一猪，咸甜各8个碟子，每桌收费生洋60元。是时，县城第一字号烧烤馆每天销售烘烤仔猪20只左右。吃客的反映是：吃进口里香碎、不腻、易化。此食品制作方式已失传。

黄焖响皮。渠县县城及三汇镇的黄焖响皮是用猪背厚皮去毛洗净，放入锅里稍煮捞起，以食盐揉搓。用竹筷绷吊在烟囱旁烘干，再用开水将皮烫泡洗净，切成长宽二至三寸的小块，掺和肥肉片在锅里混炒，待油汁泡涨猪皮，冷后捞出油渣，再将猪皮放入锅里，炸得又厚又大，捞起放入冷水中浸泡5分钟，响皮即成。这时再拌和猪瘦肉黄焖，便称作黄焖响皮。

上后街美食

王元达

20世纪50年代，我住上后街。上后街虽短，却有着不少的商铺，美食尤为丰富。

"一瓯香"餐馆：位于上后街上端，以达城评定的名小吃"罗包面"为经营招牌，兼营其他炒菜。"瓯"：《说文》小盆也，音ōu，"瓯"是一个冷僻字，也许餐馆请了一位曰老夫子取的店名吧。我与小伙伴们错读为"一瓦香"。有人纠正我们时，我们自嘲说，"瓯"中国读"瓦"wǎ音，半边字。罗包面创始人罗怀庆，原在院棚巷开店经营。罗包面不浑汤，不散皮，嫩滑爽口，鲜香味美，几根豌豆尖绿绿的很逗人食欲。上后街到院棚巷有几个转弯路，还是有些远，外爷常拿着一个碗叫我去买罗包面。每次包面煮好出店前，我都要偷吃几个。罗怀庆见状，脸上有些笑意，每次会多煮几个，不再另收钱。我端着"罗包面"回家后，还是热乎乎的，向外爷咂着嘴，外爷会给我留几个。公私合营后，"罗包面"并入上后街"一瓯香"。罗包面虽就在我们街门口，但，外爷从此不再叫我去买，说，罗包面没有原来的味道了。

"挞挞面馆"：清晨天刚麻麻亮，上后街中端挞挞面馆就响起"噼里啪啦"甩挞挞面的声音，此起彼落。挞挞面系手工制作，主要经过调、和、揉、挞等几道工序，其"挞"堪称一绝，故称"挞挞面"。制作工艺与拉面近似，拉面重在"拉"，挞挞面重在"挞"。挞挞面里，最具代表性的要数三鲜挞挞面。用土鸡、山笋、松菌等文火熬制的一锅鲜美汤料。另有红烧牛肉面、红烧排骨面、炸酱面等，深受食客们的喜欢。挞挞面馆另经营水八块红油鸡块。现达城已不见"挞挞面"经营。

"巴山羊肉馆"：上后街下端，专门经营羊肉，汽水羊肉格格与奶汤羊杂最有名。汽水羊肉是四川评定的名小吃。羊肉馆的前身是李姓面馆，夫妻经营，炸酱面特别香。该店门口常摆放着一个大盆钵，盛装着按片经卖的大片水八块（红油鸡片、红油猪头片、麻辣肺片）。先去的拈大片，后来的拈小片，拈完卖完。羊肉馆的"帽儿头饭"特别有名，中碗的米饭上面倒扣上一小碗米饭，状如草帽，故名"帽儿头"。米饭一粒粒堆积在碗上，不软，不硬，很有嚼感，特别米香。20世纪60年代前，达城人不怎么喜欢吃羊肉，嫌有羊膻味。整个达城只有上后街一家羊肉馆，先前正街也有一家在经营。羊肉馆自己宰杀羊子，肚腹中的原料只留用羊肝、羊肚，其他肚腹材料全部弃用。李姓面馆老板李光忠、特级厨师陈良玉、钟发兵、任启富曾先后出任过羊肉馆经理。

巴山羊肉馆对面是一家集体企业饮食店，门口有一个锅盔摊。师傅手艺熟练，拿起擀面棒，在案板上"嗒嗒嗒—砰"地一阵急打。"嗒"是擀面棒拍打案板的声音，"砰"是将捏在手中之面向案桌上甩压下去发出的柔中带刚之声。这种长短间隙有节奏的声音，整个上下后街人都会听见。锅盔在达州城，是一种不折不扣的大众小吃，色泽金黄，皮薄膘厚，酥脆味香，干硬耐嚼，存放期长，吃法多样。可将拌好的凉粉、凉面或随心所欲将各式荤、素菜料夹在里面，吃起来外酥里嫩，别有一番风味。最记得，我上小学有时赶急，买上一个，顾不上刚出炉的锅盔烫嘴，边走边吃。走到学校时，锅盔也吃完了，抹抹嘴赶快坐进教室，可那锅盔的香味儿却整天都"抹"不去。这家小食店门口还摆放着一个大铁锅，经卖着现已失传的"罗汉菜"。此罗汉菜非寺庙的素食罗汉菜，是用文火炖制的荤素汤菜。主要用料棒子骨、心肺、大肠、猪血、萝卜、海带及食店荤肉类不成形的边角材料，因用料众多，借十八罗汉而取菜名，其实也就是一锅大杂烩，价廉物美。吃罗汉菜者多是引车卖浆、贩夫走卒，一碗"冒儿头"米饭，一碗罗汉菜，荤素营养搭配，热气腾腾，快速就餐，不亦乐乎。

上后街马蹄街口、大北街口各有一个烧腊摊，相互对望。入夜，烧腊摊燃亮着小桐油壶，卤鸭肠带一根根挂在烧腊摊木架上。我用积存的压岁钱买上一根，摊主用刀切碎，将小竹筒的辣椒面、花椒面抖撒其上，用草纸包裹，我与小伙伴们细细品味。烧腊摊其他卤菜，没有收入的小伙伴不敢奢望。

老达县城在20世纪四五十年代，还有一种独特的小吃"炒米糖开水"：即炒米与红糖用沸开水冲泡而成，酥脆清爽，纯甜适口。在寒冷的冬夜或清晨，喝一碗炒米糖开水，一股热气直贯中肠，浑身透着温暖，寒意顿消。寒风凄冷的夜晚，卖炒米糖开水的老人肩挑着担子，一侧是炭炉和水壶，一侧是木桶，里面摆放着炒米、红糖、粗瓷大碗、汤勺等，穿行于大街小巷，有时会在上后街停留，拉长了声调吆喝：炒米(儿)糖开水——40年代还有打更人的声音：更夫通常一手拿锣，一手拿竹梆，边走边敲，"笃笃——咣咣——"，不时喊叫："天干物燥，小心火烛"。此时，凤凰山半山腰白岩寺钟鼓响起——咚咚，与卖炒米(儿)糖开水、打更人的声音相互交融，成为达城人安然入梦的催眠曲。

上后街有不少街摊小贩：20世纪七八十年代，上后街常见一个卖油炸粿老阿婆伛偻的身影。她脸上满是皱纹，端着盛满了油炸粿的面盆，遮盖着白纱布，头戴白护帽，腰系白围裙，串走在大街小巷，叫卖着"油炸——粿……"她那沙哑的声音将"粿"字的尾音拖得特别细长，充满了期盼。她和一个老爷爷相濡以沫，没有儿女，家住大西街一对石狮子老城墙下面。老爷爷身有残疾，在家负责制作油炸粿。写到这里，忽然觉得心酸，很是内疚。那时，我虽会偶尔购买她的油炸粿，但也只是1个或2个。为什么我不天天购买，为什么不是10个20个！今天，不知道她在哪里，达城已经很久没看到过她的身影了。推算起来，她的年龄已过90岁了。

老达城的味觉记忆——川北凉粉

李从军

第一次吃"川北凉粉"的尴尬场景，至今仍记忆犹新。

"川北凉粉"门面是一间低矮的小瓦房，位于达城荷叶街。那天中午我刚好路经此地，兴许是正值饭点，我的眼睛不由自主地朝店内瞄了一眼，这不看不知道，一看吓一跳：只见店内一方桌上的佐料竟密密麻麻挤得满满当当。我立马觉得舌间生津，被吸引了进去，对老板说，来一碗凉粉。只见老板利索地用勺子将佐料（有红油、花椒油、芝麻油、酱油、香醋、姜汁、蒜汁、油炸碎黑豆豉、白砂糖、味精、葱花等）一一舀入一碗凉粉中，待老板将一碗色香味俱佳的凉粉端到我面前时，我略感不足地对老板说，再添点红油吧。老板怪怪地看了我一眼说，小伙子，辣得很啰。我底气十足地对老板说，莫来头，四川人不怕辣。老板似赌气般又给我舀了满满几勺红油，见眼前一碗红油油的凉粉，我顿觉味蕾大开，便大快朵颐起来。一筷子凉粉刚下肚，第一感觉便是辣得叫人爽，不是一般的爽！可待我过完嘴瘾刚出门，顿时觉得口腔内似有一团火在熊熊燃烧，好在对门便有一家卖凉白开的，我眨眼功夫灌了五杯方觉把"火"压了下去。

回到宿舍刚躺下睡午觉，忽觉肚子一阵阵剧痛，刹那间全身衣服便被汗水湿透，此刻我才真正感觉啥叫"汗如雨下"。我立马换了衣服，忍着剧痛向职工医院赶去，可还未拢医院，肚子竟一点也不痛了。我找到了职工医院一医生朋友，他仔细地询问了我发病前吃的啥子，又给我把了一阵脉后说："辣子的强刺激引起的，已缓解，莫事了。我吃'川北凉粉'只要一丁点红油都觉得辣得遭不住，你整了几勺，我一听脑壳都大了！"

四川人有句老话叫"宁可屁股流脓，也不让嘴巴受穷"，说白了，就是"吃货"宣言。我恰好有幸成"吃货"一员，自然得身体力行宣言，尽管第一次吃"川北凉粉"出了洋相，可我还是得把"吃货"的架势绷起，多次光临小店。可能我有了免疫力，洋相的悲剧终再未重演。老板每每见我现身，不由分说便会将红油使劲往我那碗凉粉舀。临走时，老板那眼神分明在告诉我：这小伙子吃辣子好凶！

前几年我朋友驾车载我到成都街子古镇去耍，我见古镇有卖"伤心凉粉"的颇有些不解。朋友给我释疑说，凉粉很辣，一进口便会辣得眼泪水直流，看起来就像"伤心"的样。我颇感兴趣地进店尝了一碗，别的不说，单说那辣味就远不及"川北凉粉"辣得爽辣得巴适，期望值顿时降至冰点，我还真有些"伤心"呢！

眼下荷叶街的低矮小瓦房早已被高楼取代，"川北凉粉"亦早已没了踪影，成了老达城人消失了的味觉记忆。消失了的味觉记忆还有马蹄街口的酱肉包子，独特之处在于包子蒸好后葱子的颜色一点也未变，吃起来满口的酱香和葱香。西街的大王包子个大皮薄馅多，味道也还不错，不知何时也消失了。院棚街巷内猪油炸的千层酥饼，咬一口满嘴是油且香甜可口，眼下也早已不见踪影。正街与东街拐角处过去有一家麻辣面馆子，吃起来又辣又麻特爽口，可也不见踪影了。还有清水醪糟，一道很平民的小吃，解腻止渴，过去满大街都是，现在哪还

有卖的？

我在成都时认识一位身家颇丰的老板，他经常驾豪车到红牌楼的小巷子去吃渣渣面，还得有一小碟四川泡菜助兴。他给我说，他打小就好"这一口"。可不可以这样说，所谓饮食文化，实质上就是不同地域的人们打小就植根于记忆深处的饮食习惯，这些习惯像一道道亮丽的风景在饮食文化长廊熠熠生辉！

眼下食材之丰富令人眼花缭乱，东西南北中的各地大厨正使出浑身解数创新，以满足人们日益增长的味觉需求。可在创新的同时，也不能忽视传承。近来达州电视台辟有一"食在达州"栏目，真想栏目会令传承得以发扬光大，让"川北凉粉"等达城老味道重出江湖，令我等大饱口福的同时找回那失去的青春岁月！

久违了，记忆中的"川北凉粉"！

苟十味

郑显银

我是苟家邻居，上学放学都要路过，苟家面馆那一档子活计，自然看得一清二楚。

苟师傅五十开外，是出道江湖的老把式。他爹民国初年曾在县城的大馆子三新堂掌勺，人称苟大厨，近20年间，挣得一笔不菲家产，不幸后来染上恶疾沉疴，家道破败，遂坠入贫穷渊薮。子承父业，轮到苟师傅这一辈，自立门户，只开了一家不起眼的小面馆。

苟家面馆与众不同，不卖炒菜蒸肉，也不卖烧腊白酒，专卖面条。同行皆取笑苟老板：冤枉活了大半辈子，他这种生意，就是滑石板上单打独斗，哪堪经受风吹浪打？他这人，就一个字，蠢。

苟师傅听到这番小觑言论，一笑了之。摊子铺得大，来钱门道广，固然可多赚钱；蜻蜓点水，浮光掠影，大，也有大的难处。尺有所短，寸有所长。一家就四口，婆娘加儿媳，人无三头六臂，处处事必躬亲，谁能忙得过来。苟师傅暗自掐算，倘若以一当十，做好做精，说不定卖面的小生意，也能闯出点名堂来。这烹饪之技，本有门道，得于心而显于形，外人是难以领会的。

苟家店铺逼仄，门店一丈多开间，门口支张案桌，上面堆满碗筷佐料，外罩严严实实纱布，不沾尘埃。灶台三只鼎锅，一只管煮面，一只专熬大骨汤，还剩一只烧开水备用。屋内仅够搭三张柏木八仙桌和十二条长凳，古拙整饬，碱粉擦洗后，通体金黄。墙壁和屋顶也刷得雪白，地面早就铺上"三合土"，便于清扫。苟师傅有句口头禅，穿在悦人，吃是为己，进嘴的饮食尤其要弄得干干净净。初识字的苟师傅并非这吃穿哲学的发现者，不知他在哪个场合拾得，且铭记于心，并时时提醒家人。灶台下，捅火通常烟尘斗乱，污染面条。苟师傅说，那面条既无卖相，又会败坏食客的胃口，非在灶孔外挂一布帘挡灰不可。

苟师傅眉宇间总带一丝喜悦，逢客便颔首致意，自称从父亲那里学来的"见面礼"。他腰板笔直，夏天，一件白色短袖单衣；冬季，对襟罩棉衣，披白围裙，一条毛巾搭在肩头。利利索索，干干爽爽，绝无一般膳房的油腻腌臜。举首一望，这敢比那些弯腰驼背、满面灰尘、围裙龌龊、嘴里常叼叶子烟杆、吐得一摊口水、说话啰啰唆唆、沿街叫卖的小贩，着实顺眼多了。

苟师傅起得早，六七点钟，屋里就响起锅碗瓢盆撞击声。我吃过早饭上学，路过面馆总爱站一会，朝内张望。

"学生不上学，在这里看个啥？"苟师傅关切地问我。

"还早呢。"偷师学艺，总得找个借口，将来万一考不上大学，不如趁早学门手艺，一来可找碗饭吃，二来养活老妈，所以，一招一式，我都不肯放过。看的次数多了，好奇心驱使我问这问那。

"哈哈！你这小孩头脑还灵光——煮面的这苦活儿，有啥好看的？"苟师傅咧嘴大笑起来。

我上学与苟师傅采购同路，看他背上背篓，先是去肉摊上买回几斤鲜肉、大骨和大肠头，然后去菜场转悠，专挑那盆里活蹦乱窜的黄鳝，督其斩头剔骨去尾，打理得干干净净，最后寻得一篓鲜嫩蔬菜，冬春选莴笋叶、豌豆尖，夏秋买白菜秧、蕹菜苗。他明白，没有时鲜蔬菜的"裸面"，食客肯定要揶揄老板抠门。

苟师傅卖面，就两种，切面和抄手，切面又分素面和臊子面。素面与臊子面均同样操作，绝无半点马虎。

臊子面独卖三种：炸酱面、鳝鱼面，另加肥肠面。人说黄鳝营养丰富，但清洗麻烦；肠头肥而不腻，却难除异味。苟家人用心良苦，与众不同，一会儿用面粉挤压，一会儿加白矾揉搓，十八般武艺轮番上阵，倒腾好一阵子，把鳝鱼和肠头打整得干干净净、清清爽爽才肯罢休。煮面的蔬菜自然要洗净才下锅。

智者千虑，未必不失。那年夏季这天，食客在面条里竟然发现一条不小的肉虫，责问何故，苟师傅一脸错愕，连赔不是，倒掉面条，立马另煮一碗双手奉上，且不收分文，算作补偿。

苟师傅一向讲究卫生，对瞒天过海、蔬菜买来就下锅的厨艺最为鄙薄，斥之丧尽天良，不知为啥自己今儿个也大意失荆州，留下切肤之痛。

当晚，苟师傅面带愠色，对儿子儿媳俩狠狠训了一顿："我们做小本生意，开张那天就约法三章：一凭良心，二讲诚实，三要卫生。这江湖上昧着良心做蠢事，哪能指望回头客？捧着的饭碗也会被自己砸烂。"话虽不多，两人一惊，低头无语。苟师傅罚两口子禁食一餐，闭门思过，并立下店规，日后淘菜必须三回为准，先加盐浸泡，第二、三回清水淘洗干净，不许再出半点差池。

世人吃面，品的就是那齐全的佐料，讲的是那地道的川味。苟家面馆桌上摆满碗碟瓶罐，我站一旁，细细点数，猪油、精盐、辣椒、酱油、陈醋、蒜泥、姜水、胡椒、花椒，一共九味，另一味，罐内装

的褐色粉末，怎么也看不明白。

苟师傅煮面，先把九味作料置入碗内，再舀半勺高汤。那高汤源于猪大骨慢火熬成，呈乳白色，与九味佐料相融一体，入口便有震撼之感。

食客跨入面馆，食指朝苟师傅眼前一扬，他不问也明白七八分，要的是素面一两。苟师傅手疾恰如蜻蜓点水，动作犹如白鹤亮翅，码足九味作料，手指粗细的长筷在碗内轻轻搅匀，右手捞出面条，掂了掂分量，抛入鼎锅，约莫一两分钟，夹上几片菜叶，投入沸水，上下翻动，捞起面条，倒在碗内，动作连贯敏捷，一气呵成。

手头宽绰的，多选炸酱面。食客进门一瞥，就吐出两个字：炸酱。苟师傅心有灵犀，一声吆喝：炸酱一碗——那"碗"字拖得格外悠长，颇有韵味，既是回应食客，也为店铺增添几分热闹。顷刻间，煮好的面条摆在桌上。七分精瘦肉三分肥肉，配以芝麻和秘制豆瓣炒制的炸酱，深红透亮，宛如红玛瑙闪亮。微微荡漾于红汤，翠绿的菜叶和葱花与浅黄面条点染，红黄绿三色相映成趣，吸足了食客的眼球。刚一入口，麻辣鲜香顿时皆出，一股回甜味飘浮舌尖，只觉得味蕾俱裂，香透脏腑，钟鼓齐鸣，芬芳四溢。食客频频惊叹，一家普通面店竟能做出这般诱人美食！

肥肠肥而不腻，浓香扑鼻；鳝鱼细嫩味甘，滋润爽口。人来客往，苟师傅心中有数，唯独臊子面，才会另加珍稀的第十味作料，丁点足矣，那面条的味道刹那间更上一层，道不出的无穷奇妙。冬天里有满嘴浓香温暖，夏日里是全身酣畅痛快，余下半口面汤都要"咕噜咕噜"喝得精光，搁下面碗，逸兴遄飞，方才踱出店门。

"慢走！"送走食客，拭去脸上微汗，苟师傅才算忙完一单生意。

味道好，价位低，素面一两五分，二两八分，臊子面另加五分，大街小巷都知道明码实价。逢二五八赶场，苟家面馆格外热闹。西门城门口市场的乡民，卖完手中粮食、鸡鸭、背篓、簸箕、蔬菜，几步跨进面馆，花点小钱，打个点心，舒服一回，算没有白赶一趟场，值得。晌午时分，面馆人流涌动起来。

"来客里面请！"一声招呼，温情应声而至。

"二两素面，干溜带黄。"

"来碗肥肠面，免红。"

"我要鳝鱼面，多点红油！"

"一碗抄手，宽汤！"

"要得，要得，马上就来！"

应答声此起彼伏，店堂内热气升腾，三张桌子早已坐得满满当当。

苟师傅此刻方亮出绝技：左手持两碗，之间另叠一碗，架一品字形，手疾眼快，如流星划空，似碎玉落盘，九味佐料一一飞入三只碗中。三碗一组，少许工夫，八九碗佐料一并码齐。苟师傅忙而不乱，舀去锅中白沫，添上煮沸的开水，所以，再多的面条下锅，那汤也是清清亮亮的。

那年暑假，我想去"打掌盘"，端面收碗涮洗，挣几个钱子儿的学费，顺便偷师学艺，过筋过脉之处，看个仔细。苟师傅说我体弱力薄，托不起掌盘，还是去读书的好，卖面这活，心思要细，身板要硬朗才拿得下来。

苟师傅坦言，三张桌子，不能与国营食堂相比，接不了大单，但天天细水长流，经年累月，单养家糊口，还是过得去的。

我暗中发现，苟师傅单持一套怪章法，除赶场天外，每天只卖30斤面条，生意再好，也不叫面房续送，卖完就收摊。我悄悄问苟师傅，明摆着的赚钱生意为啥不做？苟师傅说话意味深长："饮食，吃欠不吃

厌，做生意，也是如此。"苟师傅话中的趣味道出一大秘诀，像陈述中庸之理，原来，挣钱之门道，天地玄黄，包含了这样多学问。

来过多次的老饕客，踏进面馆就想到那最后一罐的佐料，隐藏多少玄妙，多年朦胧未彻。是馥郁之味，还是清香之味，是浓情之味，还是温馨之味，是独具一格，还是兼而有之，味道丰盈，感觉舒坦，终究难以言表。听高人指点，第十味乃几味中药研磨合成；到底是哪几味，我仍一头雾水。问之，苟师傅乃笑而不答。

洁白墙壁上无一称赞的文字，面馆内却是唱和应答，宾主往来爽快甚欢。回首一望，苟家店面门楣一无招牌，二无匾额，呼来唤去，总觉不便。食客商议少顷，直呼苟师傅大名，委实不恭，索性唤作"苟十味"，且与"够十味"合辙，众人称道"顺口""精准"，有溢美之妙。日子一长，西门这家苟十味，终传遍小城内外。

后来，苟师傅年岁大了，他儿媳嫌那活太累太苦，不肯承接父业，苟十味面馆只好歇业。苟师傅那种技艺，那种淳朴，那种精明，那种执着，在心中沉淀多年，至今，依然鲜活可人，我怎么也无法忘却。

庖汤肉

杨仁明

一年一度的冬至节又到了。这是一年里白昼最短的一天，也是冬天步入最寒冷时候的节点。

冬至节，应该是故乡吃"庖汤肉"的时节。蓦然回首，我感觉到自己已经很多年没有吃过家乡山村隆冬里的"庖汤肉"了。时不时地，心里便泛起远去岁月里吃"庖汤肉"那种温暖而热闹的场景。

所谓吃"庖汤肉"，其实就是巴山乡下宰杀年猪时，烹饪刚宰杀的新鲜猪肉，以之招待家人、亲戚和邻居。

在我的记忆中，吃"庖汤肉"，如阳光般灿烂、似鲜花般生动，缕缕萦绕在无数个思乡的梦里——虽然我无法去考证吃"庖汤肉"这个习俗起于何时，又经历过多少变迁。它却像故乡的好山好水一般，真实而鲜活地铺成了我青少年时代的一段人生，烙进了我的灵魂。

我很小的时候，还是集体生产，因为粮食的紧缺，乡亲们自家养的猪都不大，也不肥，杀年猪的气氛不浓。况且，杀了年猪后，还要拿一半去上交国家，而且是硬任务。所以，乡亲们只好限于家庭里"吃庖汤肉"。记得1975年，我父母养的年猪，宰杀后的总重量只有不足80斤。可想而知，那头年猪是不大的。这还是不错的，很多家庭是

没有年猪可杀的，似乎是养不起年猪。

始自20世纪80年代初期，农村实行土地包产到户——联产承包责任制，在所有乡亲们的勤劳和奋斗中，家家户户的粮食丰收了，实现了仓廪丰盈，吃上白米饭了，便开始以玉米、红苕、萝卜、老南瓜、碎米等余粮养猪，普通家庭一般要养三五头猪，至少都会有两头。粮食的富足，肥猪便越养越大、越养越肥。一般情况下，家门家户都可以卖一二头肥猪，自家吃一头肥猪。

于是，吃"庖汤肉"就渐渐在巴山乡村普及起来。杀年猪的人家，除了要宴请自家父母长辈、兄弟姊妹、侄男侄女，还要邀请邻近的亲戚、关系很好的邻居，一起热热闹闹分享，好比过一个小型的节日。吃"庖汤肉"真应验了"仓廪实而知礼节"这句古训。

我的故乡，似乎自古就有宰杀年猪的风俗。杀年猪，主要是为迎接新年的到来，家家户户把喂养肥硕的猪，在冬、腊月的时候请杀猪匠宰杀，而以冬至节前后为甚。之后，再腌制腊肉，以便保存。

杀年猪时节，东家都会与杀猪匠预约。时间到了，杀猪匠就背着工具前来。那些工具包括：磨得雪亮的杀猪刀、砍骨头刀、剃肉刀，刨猪毛的刨子、挂猪剖腹的铁钩（又称为挂环）等等。最显眼的莫过于杀猪匠拄在手里的那根铁挺杖，足足有近两米长，成人食指一般粗。

东家要首先备好烫猪的大黄桶，烧满满一大铁锅开水。一切就绪之后，便从猪圈里把整天吃了就睡、睡了又吃养得肥裸裸的、走路都极度蹒跚的肥猪赶到院坝里来，似乎是放风一般。几个壮年男人一起动手，有的揪住猪耳朵，有的逮住猪尾巴，有的提住猪的前后脚，生生地将肥猪抬按倒在特制的宽大木板凳上。肥猪声嘶力竭的嚎叫声，凄厉地回荡在山村的天地间，以至于把猪圈里的其他猪都惊吓得乱蹦乱跳，甚至于翻圈而出四处躲藏。

肥猪的嚎叫和挣扎是毫无用处的。在人类面前，它永远处在人类食物链的下端。也正如人类的戏语，"人怕出名猪怕壮"。猪，一旦肥到了极致，也就是生命的终点。

说时迟那时快，杀猪匠右手拿着寒光闪闪的杀猪刀，左手捏住肥猪嚎叫的大嘴，迅速用力将刀从肥猪的咽喉部位刺入心脏。瞬间，殷红的、冒着热气的鲜血，从刀口里喷涌而出，倾泻到早准备好的、盛有盐水的盆子里。很快，猪的嚎叫便奄奄一息，四只腿无力地踢蹬几下，一切就平静下来。

也许，这就是我在书中所读到"屠杀"的真实含义吧。那就是绝对强者对毫无还手之力的绝对弱者的宰杀。不过，人类辛辛苦苦喂猪的唯一目的，就是为了吃肉。不论寒来暑往，人类都在照顾猪的饮食。猪，饿了喂食，病了求医，肥了被宰，似乎一切都顺理成章，理所当然。猪，也许永远不会明白：这世界，没有无缘无故的付出，也不会有无缘无故的回报，只是方式的不同罢了。

肥猪咽气之后，杀猪匠便用东家给他的一张草纸，沾上猪血，让东家拿去贴在肥猪身前的猪圈栏上。它的意义是什么？是在告慰猪的在天之灵？还是在进行什么祭祀？我不得而知。

紧接着，杀猪匠用锋利的刀，在肥猪的后腿脚颈处划开一道小口，熟练地操起长长的挺杖，从小口直插进去，由后向前，一直插到猪的颈子和耳根，换着方位反复插，而后再将猪翻过来插另一侧。插完之后，杀猪匠便双手拿住猪蹄，口对那道插挺杖的小口，反复用力吹气，其满脸胀得通红。同时，须有另一个人用木棒不停地敲打猪身。几分钟后，整个肥猪便被灌入的气体膪胀起来，四只脚也伸得笔直。吹完气后，再用一根小麻绳将小口紧紧系上，以防漏气。

几个壮男人便将肥猪抬起来，头朝下放进准备好的大黄桶里。一小桶一小桶舀来铁锅里滚烫的开水，一遍又一遍淋烫猪身，杀猪匠就开始拔猪毛，并将猪鬃收集起来。随后，再把猪调过来，把猪的屁股放进开水里，不断摇晃，确保烫尽全身。

杀猪匠便用刨子快速地刨去猪的毛皮。很快，那头毛茸茸的肥猪便赤身裸体，一丝不挂，呈现异常的干净洁白。这也许是猪一生中最干净的时候。

之后，便将刨得干干净净的猪挂起来，开始进行剖腹，一刀划下去，猪的肠肝肚肺都显露无遗，甚至还冒着热气。

这或许就是我后来在中学课本中读《庖丁解牛》的真实版本。杀猪匠那熟稔而老辣的肢解动作，真如行云流水一般酣畅淋漓。

卸掉内脏之后，挂着的肥猪，只剩下躯壳，那是鲜活的猪肉了。再将这外壳放在搭好的门板上，一块一块地卸成小块，放在篮子里冷却。此时，东家便让杀猪匠割下一块肉、一叶肝、一块心、一块肺交给厨房，进行紧锣密鼓的烹饪。

杀猪匠很快就完成了整个工作过程，便脱掉庖衣，开始一边吧嗒吧嗒地抽起烟来——一般都是巴山农村常说的"叶子烟"，其实就是土烟，一边聊他近来宰杀的哪家哪家的肥猪如何的肥，膘是如何如何的厚，杀了的猪净重达到多少斤。

杀猪匠是比较喜欢吹牛和摆龙门阵的，而且他见得的新鲜事似乎也比较多。记得1990年冬，我家杀年猪后，杀猪匠给我讲了一个故事。他说：某某村的一户人家，儿子婚期到了，请一个张姓杀猪匠去宰杀三头肥猪，备办大喜之席。张屠夫是一个老屠夫，杀猪无数，经验丰富。张屠夫很顺利地杀了前两头猪，可是在烫第三头猪的时候，大黄桶的桶底突然掉了，猪没烫好，便又直接放到开水铁锅里烫。烫好之后，挂起来准备剖肚时，挂铁环的木梯子又断了，只好重新搭架子再剖。张屠夫暗自思忖：这就奇怪了？杀猪多年，还是第一次遇到这种情况。东家觉得很蹊跷，似乎有某种不好的预兆。张屠夫把一切都收拾利索，准备休息时，平时身体很健康的东家的老母亲，在屋内帮助"搉火"（给火堆里加柴让火旺起来），刚坐下来，打了一个哈欠之后，突然死了。于是，东家第二天，既为母亲办丧事，又为儿子办婚事。杀猪匠讲完后，补充了一句：别看杀猪，也是有道行的哦。我也无法去求证这事的真实性。后来，便慢慢觉得：事物之间的联系，是必然还是偶然，决定的因素很多。而农村的乡亲们，却往往赋予很多神秘或迷信色彩。

闲谈归闲谈，此时厨房里紧张地蒸煮，在燃得红浪浪的柴火之上，进行得热火朝天，肉香四溢，萦回在整个屋内。不一会儿，便有新鲜的回锅肉、土豆瘦肉丝、萝卜瘦肉丝、酸辣猪肝、海带炖排骨、萝卜炖心肺、白菜血旺汤等等，辅以其他菜肴，一同端上桌来。香喷喷、热腾腾的美味佳肴，直让小孩子口水直流，垂涎欲滴。

无论如何，这是山村严寒冬天里最温暖、最丰盛、最具有诱惑力和食欲的一顿饭。这顿饭就是以"庖汤肉"为绝对核心的"庖汤饭"。在成长的过程中，我似乎逐步明白：吃"庖汤肉"，其实就是在喜庆丰收，在证明收获，在融合亲情和沟通感情。山村的整个冬天，因为有不断的你来我往的"庖汤肉"，便少了清寂、严寒和隔膜，多了热闹、温馨与交流，让小山村沉浸在"庖汤肉"的芳香之中。即便严寒日盛，但因整个山村接连不断地宰杀年猪，却也浓郁地彰显出新年日近的韵味。山村的空旷气息中，似乎总是飘着悠悠的肉香。

待猪肉冷却后用食盐腌制，腌过一周左右，将猪肉挂在火炕上面架好的架子上进行烟熏，十天半月之后，就成了正宗的"巴山腊肉"，可放置到来年杀年猪的时候，那就是真正的"巴山老腊肉"。这些烟熏

腊肉，按照其部位名称，可分别称为腊猪头、腊猪耳、腊猪舌、腊猪蹄、腊排骨、腊猪肝、腊猪心、腊猪腰子（猪肾）等等，熏制的香肠叫腊香肠。

山村的家家户户备有腊肉，若遇客来，或逢喜事，便拿一块腊肉制品，让客人饱一回口福。特别是正二三月，春暖花开，万物复苏的时节，吃上一回巴山腊肉，那当是美不胜收、荡气回肠的美事。

自从我结束学生生涯，告别老屋参加工作之后，吃"庖汤肉"的机会渐渐少了。到城里工作和生活近二十年了，更难得吃上一顿纯正的"庖汤肉"了。

不知老屋乡亲们时下吃"庖汤肉"又是怎样一番景象。是否还有我儿时那种热热闹闹、轰轰烈烈的场面？不过，老屋所在的山村，大多年青一代，或外出务工、或异地求学、或乔迁场镇城里，村中多为白发苍苍的老人在守楼护院，养猪的人少了，买肉过年已经绝对多了。记忆中的"庖汤肉"，似乎越来越遥远，甚至逐步变得陌生或遥不可及。

吃"庖汤肉"，也许仅仅是一种乡土情牵，也许是对那片土地、那个岁月的无限留恋。它确是我内心深处，对老屋乡村无法泯灭的怀念。特别是在严寒冬天长夜的月光里，这种怀念愈发深切，也愈发温暖。

到开江,吃格格

武礼建

到开江,吃格格!看到如此直白的广告语,作为地道的开江人,对格格有太多的感情,也凑广告趣,向天下所有人显摆显摆,希望全中国的人都到开江吃格格!

开江人吃格格吃得独特,不是用它来下酒就餐,因此它不会出现在餐馆的菜单上。吃汽水格格只有去小食店,所以称为小吃。一笼格格倒进面食里,风味格外奇特。面食里分明有了味道强烈的面臊子,还得加上一个格格,可谓肥上加膘,锦上添花。

开江人吃羊肉格格上瘾,一日不食就像魂魄离身,坐卧不安。外地游客来开江流连忘返,全因为蒸汽萦绕香味四溢的羊肉格格,一位风趣的食客说,我一向把家乡的粉蒸五花肉视作命,吃了开江的羊肉格格,我命都可以不要了。

开江羊肉格格何以有如此大的魅力呢?其一,开江地理条件独特。开江县位于四川省东北部大巴山南面,全县面积1033平方公里,地形台升高平,四面环山,中间低平,属冲积平原,以丘陵、平坝为主。平坝以农业为主,产粮食,丘陵农牧并举,产粗粮,养牛羊,以羊为主,因此开江人民自古以来喜欢吃牛羊肉,以羊肉为上。其二,开江民俗独特。开江自古地僻人稀，生产条件低下，生活水平落后，人口根性粗放简朴，还不失野性，吃东西亦然，不追求形式，不讲究排场，一碗饭蹲在树荫下三下五除二，几扒拉就下了肚家坝。吃羊肉格格很对这个路，一碗面一笼格格，既简捷又实惠，既果腹，又不耽误功夫。直到今天我们还常常看见，吃格格的人还在食店门口就一声吆喝："老板，七个格格七碗面。"初来乍到的人听见这么吆喝，保准会吓一跳！撑死呀！其实，开江土话把吃说成七，如果在外地，这七字一出口，四周的人都异口同声："开江老儿！"等你一落座，食店的小妹儿就送上来一杯老荫茶，漱口解渴，格格、面条旋即上到面前，几扒拉下了肚家坝，爽！其三，历史渊源独特。相传，樊哙屯兵峨城山，因四方悬崖峭立如壁，山峰突起，独径通天，真是一夫当关，万夫莫开。樊军纪律严明，为了不扰民，樊哙下令，寨门外一切食物、用品、用具皆不得掠用。军中食具缺少，于是就地取竹子编制成蒸笼，羊肉拌粗粮上笼清蒸，食之，缓解了军中的暂时困难。后来聪明勤劳的开江人就广泛地采用这种方法烹制羊肉，经过千年繁衍发展，形成了今天独具特色的美食。

开江羊肉格格的特点用一个"小"字最恰当。其一，小食具，格格儿，小蒸笼儿也，用开江本地的竹材，楠竹、水竹、斑竹等，这些竹材的韧性好，质地硬，香型清且甘甜，还有清热、解毒、润肺的保健功效。用其篾片编成的小蒸笼儿，只有小孩子的手掌心大，直径7—8厘米，不超过10厘米，因其小家什，一格一格地扣在一起，能扣10到15格，一只蒸锅上可放5摞，一次上笼好几十格。这样的格局最适合小食店、大排档经营。一般食店临街而作，层层叠叠于蒸锅上，犹如宝塔般参天，又如石林般壮观，清雾缭绕、香气四溢，其情其景，蔚为壮观。其二，小分量。一笼格格盛不到一两肉，再加上几粒蒜瓣几片姜，因其小分量，蒸汽上来，只要10来分钟，香味四散，肉便熟了。如今人们进大餐馆用大餐，消费不菲，入小食店吃羊肉格格，大众消费，所以受百姓欢迎。其三，小工艺。只要会做粉蒸肉的都会蒸格格，但是会蒸格格不一定会蒸出开江羊肉格格的味儿来。开江羊肉格格的小绝活是从来不传外人的，譬如新宁镇的周记、普安镇的颜记，这两家蒸出来的羊肉格格就是与众不同。他们两家的绝活又各不相同，一是在用肉上特别讲究，一是在配制佐料上自有妙招，有人提起这事儿，两家的老板都会守口如瓶。

与时俱进，现在开江羊肉格格的品种增加，除以羊肉为主打外，还增加排骨、肥肠、猪肉等；味道的类型也丰富起来，包括麻辣、微辣、咸鲜、回甜等多种风味。开江人吃格格，有不同的喜好，有喜欢格格的味道——麻、辣、鲜、香；有喜欢吃格格的气氛——随性洒脱。格格洋溢着浓郁的市井气息，它不像中餐那般高贵正式，也不如火锅那般热烈缠绵。它的闲适、率性甚至豪爽，深受欢迎。虽然各家格格店各有妙招，但共同的烹饪规律万变不离其宗，共同的做法基本一致：1. 精选食材，羊肉、猪肉、兔肉，也有蒸鸡肉的；配料姜片、蒜瓣，也有配少许红苕、土豆的；佐料包括豆瓣、炕花椒粉、胡椒粉、十三香、料酒、冰糖、葱姜水、盐、鸡精、混合米面等。2. 具体做法：①羊肉洗净切指条，码入料酒、盐、豆瓣等调味料。放入适量混合米面，加高汤拌匀，使之沾肉不掉且紧握不出水为宜。②低温放置入味待用。③垫底后装入小竹笼，叠码猛火蒸10到15分钟即熟。④出笼刷香油、撒花椒面、放香菜。

2016年，开江羊肉格格成功申报达州市第五批非物质文化名录，更加声名远播。

揣辣子

侯　峰

立秋后，故乡就渐渐地拉开了秋雨绵绵的帘子。一场秋雨一场凉，多喝暖水加衣裳。应对这寒凉的季节，除了喝暖水、添加衣物外，故乡一种应节气的开胃菜也开始端上人们的餐桌——揣辣子。

何为揣辣子？就是将新鲜的辣子（辣椒）烧一下，放在揣钵（一种深凹形的硬质器具）里，放上盐巴、大蒜、花椒等调料，用一根揣棒使劲地上下砸揣，揣碎揣烂后就可以食用了。用一双筷子轻巧地夹一坨，放在嘴里，那叫一个安逸：满口的生辣、蒜香、椒麻弥漫其间，仿佛整个世界就是她了。忍不住的还要赶紧舀（盛）几碗饭吞下，其他的满桌山珍海味都不重要了。

揣辣子要做得好，食材很关键。二荆条，长而细，辣度适宜；胖海椒，短而肥，甜而微辣；朝天椒，紧致而高傲，辣至火爆。这三种食材选择二荆条的居多。从地里摘来，洗都不洗，放在火坑的柴火上爆烧，烧至起泡、泛黑、炸皮，再来个猛龙翻身，直至一股辣味满屋子乱蹿，主人禁不住打几个喷嚏。这时候，才用火钳从柴火里取出，不用水洗，拈在手板里吹几吹，再用干净的洗碗布擦干净灰尘，就可以放在揣钵里砸揣了。"啵啵啵"的声音在屋里脆响不停，主人会说：

"你闻到没？好香！"当然，有条件的时候，也可以抛点柴火石在火坑边上，再把辣子瓮（埋）在柴灰里，焖几分钟后，刨开柴火石，就闻到一股辣子熟透的香味了，也可以揣。

后来，家家户户用柴火少了，把辣子弄熟就缺少手段了。有的放在烧热的铁锅里干煸、炕熟，或者放在煮熟的米饭上蒸，或者放在燃气灶上烧，都不及柴火烧的辣子够味。直到有一次，家里买了微波炉，看见说明书上说可以烤肉，就试想一下：肉可以烤，那辣子得不得行呢？一想到这儿，揣辣子的味儿就满口生津，想吃得不得了。于是，就试着烤了几根二荆条，结果，味道还行。终于，找到替代的法子了。

除了食材，揣钵也很关键。以往，石质的揣钵较多。巴山之地，多石材，能工巧匠也多。递上一根烟，招呼一顿饭，热心的石匠花上小半天的功夫，就会给你弄出一个揣得"啵啵啵"响的揣钵。当然，木质的揣钵，街上也有卖，机器弄得圆溜溜的，很规整，但是声音不脆响。铁质的揣钵就很少了，铜质的揣钵我就没见过了，想必和药房里的差不多吧。

值得回忆的是，我家里也有一个铁质的揣钵，并且还是环保型的（是利用废弃材料做成的）。记得有一次暑假，父亲跟六九六电厂的工人去放线立电杆（拉电线，立电线杆子）挣零用钱。晚上回家后，父亲就拿着一个黑不溜秋的铁砣砣给我看，"猜猜？这是啥子？"父亲有点得意。

"铁砣砣，卖废铁吗？"

"不是。这是一个废弃的电瓷瓶，只要我把它这样一道弄了，就是一个揣钵了。"看到父亲一阵比画，我也是满脸的疑惑："得不得行咯？"

"去，你去瓦厂坝坝你姑爷（姑父）那里借一个钢锯来就行了。"

　　一阵小跑，我借回钢锯后，父亲就在堂屋前的空坝，借着微弱的灯光，驼着背，一手按住小桌子上铁砣砣的一端，一手握着钢锯，认认真真地锯起来。我就蹲在旁边看，时不时递个东西，打下手。经过近两个小时的拉锯，中途断了2根钢锯（我跑了两趟瓦厂坝坝），满头大汗的父亲终于把底子锯平整了。尽管这个揣钵的底子有点偏（倾斜），但是揣起来可以听见一阵"啵啵啵"脆响。其实这个铁砣砣中间已经是空的，只是底端向外冒出来，像个灯泡的形状，搁不稳当。父亲当时就想到了怎么摆弄它，于是就向工人师傅拼（要）了一个，把它拿回来了。看着累得气喘吁吁的父亲，我当时就想，父亲真会想办法！

　　从那以后，家里揣辣子的活路就是我们三兄妹的事了。"啵啵啵"揣辣子的声音就像一首歌，陪我们走过了幸福的童年。后来，父亲得了脑溢血，不幸早逝。

　　揣钵还在，但一转眼，父亲离开也有30年了。

　　入秋后，家里人时不时也会揣一钵揣辣子，和上一个松花皮蛋，那个味道硬就值得留恋，只是与小时候自己揣辣子相比，感觉入口即化，还是缺少点脆响的回味。

菌菇记忆

潘凤妍

父亲不止一次地说过想要回故乡看看，他的这种念头在夏季雨后，松菌生长的时节最盛。那时，农人采了山里的野生松菌赶早来城里卖，他们将装满松菌的背篓或者篮子摆在菜市口的边缘处，尽管是不起眼的角落，也很快会有人前来问价购买。给顾客盛装蘑菇的袋子通常不如长年摆摊的摊主提供的袋子崭新整洁，而大多是农人平时积攒的塑料口袋，黄的、绿的、红的、透明的团聚在一起，五颜六色、皱皱巴巴。

野生蘑菇满足了大多数人的口腹之欲，也有极少数的人，因误食有毒的野生蘑菇，而不幸中毒，甚至丧命。多年的山村生活经验早早地教会了我们识别不同种类的蘑菇，虽然久居城市，已然忘却了多数蘑菇的名字，却仍旧能够准确辨认出那些无毒的品种。况且我们家里的人都十分谨慎，从不捡拾不熟识的野生蘑菇。

每年松菌初上市时，价格都高乎寻常，但城里人络绎不绝，丝毫不减将之购买回家的热忱。万源城里许多人，尤其是年纪稍长的，大都有着多年的乡村生活记忆和味觉体验，他们热爱乡村的饭食，热爱山林的浆果与野菜。

菜市口因松菌在雨后仆仆赶来而增添橙红的亮丽色彩，人们也因此获得追忆故乡的载体和契机。那些来自山林的精灵，带着泥土的芬芳，满足了无数人的口腹之欢，也给予了无数人心灵的慰藉。

我们家除父亲外，也都十分喜爱这生长于山林间的野生松菌，每每松菌新生，摆上家里的餐桌，父亲便会怀念起生长在故乡的其他菌菇。父亲总说，松菌口感干柴，不如秋季生长的扫把菌细腻，不如千葡萄爽口，也不如大山深处的牛肚子菌晒干后炖汤浓郁。那些菌菇的名字是川东山区特有的叫法，至于学名，还需要斟酌。

扫把菌因形似小刷子而得名，又名珊瑚菌，颜色多样，种类繁多；千葡萄是簇生蘑菇，呈暗沉的白色，因为年岁久远，我已无处考证其科属姓名；牛肚子菌是深褐色的，冠硕大，面上粗糙，有暗灰色肉齿，我查阅资料才知晓其学名叫黑虎掌菌。

2020年春，受新冠疫情影响，各行各业都不景气，父亲的工作也多少受了影响。一向工作忙碌的他，也变得清闲起来。他说等疫情缓和了，寻个时间回老家的山里捡蘑菇去。母亲说山路艰险，人迹罕至，不必为了吃几顿蘑菇往山里去。母亲的担忧自有她的道理，城市里人来人往、车水马龙，每一个路口都有指示灯，每一段道路都放置了路牌，甚至每一处僻陋的街巷都被妥善命名。这样贴切的指引，是很难让一个人迷失其中的。而大山高而远，荆棘丛生，虫蛇踪迹不定，向来是危险重重。

只是我们都忽视了昔日漫长而从容的山村生活经历。那时候，不论是一个小时，还是两个小时，多远的山路我们都走过，多么僻静的山坳、沟壑我们都去过。如今那些让母亲心生畏惧的遥远山林，在许多年前，却是我们砍柴，找野菜、蘑菇，放牛的熟悉之地，它们构成了我旧时的生活环境。毋庸置疑地，那些昔日熟悉的一草一木、一山一物皆是我故乡印记的重要部分。父亲总说那些日子苦，而在我的记忆中却闲适又满足。

山村离集市远，家里很少买市场上时兴的菌菇。更多的，家里人都是顺应季节更迭，到山里去捡拾不同的可食用蘑菇。那时候，祖母尚在人世，家里有关餐食的一应事宜，总是她在安排打理。烹炸煎煮于她而言都是手上的寻常事，那些鲜嫩的野生蘑菇总能在她的处理下，变得可口怡人。那时候，家里佐料单一，不过有些盐巴、醋，辣椒和花椒都是自家种的，味精和酱油都是很久之后才买来吃的。也因此，餐桌上的蘑菇拥有了更质朴和天然的风味。

在蘑菇被做成菜肴端上餐桌之前，它生长在山上未知的角落里。

于是，采蘑菇成了我十分热衷的事，似乎对我而言，采蘑菇不仅是寻找一份端上餐桌的菜肴，而是获得更丰沛、更富足的童年时光。

往林中去本身就是一种探险，如果带着某种目的，就有了更多的热忱与期待。我们去的往往是高处的山林，仿佛低处是人居的环境，不会有更多新颖的植被生长。吃过早饭后，背着小背篓，便要去山里了。因是往上走，也就费力些，但是我自小穿行在田间地头，似乎也不觉得疲累。只是许多年后，我身处城市环境中，四肢变得懒散，当我爬山、奔跑的时候才会很快觉得疲累和呼吸困难。

一路上都是吸引人的事物。春有映山红，夏有刺莓、牛奶果，秋有八月瓜、猕猴桃，都是渴望在我舌尖舞动的小精灵。那些酸涩、甘甜，都长久地存放在我的味蕾记忆里，忽视了流淌的时间和遥远的迁徙。至于冬天，万物萧条，草叶稀疏，我们一心玩雪，也就不会想着找什么野菜和蘑菇了。

到了林中，就没有通畅的小径可走了，我们需要躬身匍匐，穿过大大小小的荆棘丛。背篓和筐篮一类的东西就变成了累赘，袋子一类的装载器物倒是十分灵活的，却经不住丛林的刮擦。为了满足自己的口腹之欢，我们也不得不"负重前行"。捡蘑菇得心细眼尖，因为林中光线稀疏，暗淡，地上又多是落叶和草茎，要从中找到低矮的蘑菇，并不是轻松的事。手中拿一截树枝，不时要拨弄那些层叠堆积的草叶或者突兀鼓起的地方，也许就会有喜人的收获。

找到蘑菇就得辨认品种是否有毒。熟识的无毒蘑菇就会被捡入背篓，而那些陌生的、有毒的种类，大人们是无动于衷的，但是我却喜欢采来当作玩物，在手中玩得厌烦了，就随意丢弃在林中。幸而我的顽劣也仅限于此，毁坏庄稼之类的事情从不敢犯，也就无人呵责我。多年后我回想这些事，不时生出过多的怜悯之心，因旧日之事生出歉疚之意；有时又觉自己多虑，世间万物处于各自的生命轨迹，彼此之间有着独特的联系，有些选择，无关"生杀予夺"。

除了识得几样可食用的蘑菇，我并没有从祖母那里习得更多辨认蘑菇的本领。也因此，在许多年后我写下这些记忆时，对那些在祖母口中出现无数次的名字印象模糊，无从下笔。每次在林中遇到新奇少见的蘑菇，都要问过祖母才放心，她一生的山村生活经验应对这些问询实在游刃有余，在我幼年的印象中，祖母仿佛一本"植物百科全书"，有着我难以企及的智慧和见识。长大后才知晓祖母兄弟姊妹众多，家里穷困，她并未上过学，也从未去过遥远的异地他乡。年轻时上过几天识字班，却连自己的名字也不会写。但这丝毫不影响她这一生识人断物，智慧地活着。

露水菌生长在怎样的环境里，鸡枞菌要如何做才好吃，鸡蛋菌在未长开的时候采摘更鲜嫩……如此种种，她都如数家珍。也正是这些诀窍与经验，我们才与菌类建立了长久而默契的关系。只是菌菇不像林中的树，岁岁年年，在同一块土地上生长、坚守。蘑菇有着更活泼的性子和流淌的命运。今年在此处遇到的蘑菇，或许明年就不见踪影了。

我们和蘑菇唯一的相似之处也在于此，于是我们会向往别处的世界，期待遥远的际遇。当山里的一果一物不足以使一家人的生活更加富足优渥时，父亲便决定了背井离乡。虽说只是进了城，在地理位置上离得并不算远，我们却再未有时机重回旧时的家园。

时至今日，父亲也没有再回到故乡去捡拾他念念不忘的牛肚子菌。或许母亲和妹妹的劝说起了一些作用，或许是他到底没有抽出足够的空闲时间，又或许是那份执念在光阴的追逐下日渐消减了。他也信誓旦旦："今年我赌咒发誓都要腾出时间来，回去捡些蘑菇，看看屋旁的竹林长势如何。"只是当一切涌动的想法要成为一个确定的计划，要被安排在某一天的行程上时，他便泄气了。

母亲十分乐见这样的结果，她的那些忧虑也就自然而然地烟消云散、不复存在了。有时候去市场上买些可口的蘑菇，或者外祖母从乡村给我们捎些野生蘑菇来，母亲便十分满足了。她不似父亲和我，对胡家梁上、龙神溪、大面山有着更深的眷恋、更多的不舍。

经历过辗转迁居，岁月流转，许多事我都遗忘了，只是屋旁的梨树、挂在墙上的蓑衣、后山的荒田……都久久留存在我的记忆中，时隔多年，我都能清楚地记起。或许这一生我都在回想与怀念，但是这一生，道阻且长，都难以溯洄从之了。

家乡的"下饭菜"——红豆腐

侯 峰

过完年，体重又增加了不少，看着日益圆润的脸庞，自己都觉得面子大。妻子总是恨恨地盯两眼，一阵子唠叨："好大的烟哥巴踩不熄嘛！看你那肥头大耳的样儿，难看死了，各人家有矿吗？吃，吃，吃，吃个'三高'我不得管哦！"

是呀，过年，就是大鱼大肉地吃，天上飞的，山上跑的，海里游的，都成了大家餐桌上的家常菜，如果管不住嘴，不吃胖才怪呢！我就是典型的经不起舌尖上的诱惑，谁让我们中国人的日子好起来了呢！

吃过大鱼大肉，我最难忘的还是家乡的一道"下饭菜"——红豆腐。

老家万源，是一个山清水秀的地方。那里家家户户上了年纪的人都会在春节前做一道居家必备的下饭菜——红豆腐。红红火火，四四方方，以图吉利。虽说都会做，但公认最好吃的还是大竹河的红豆腐。一是那里水质好，清澈甘冽，二是地处秦巴富硒带，本地豆子富含的微量元素也与别处有差别。每到春节，大竹河红豆腐就很畅销。因为红豆腐不仅味美而且方便，适合做下饭菜，可以刮刮油腻，而且方便贮存，一般放个四五个月也莫问题。外出打拼的朋友经常会带几瓶红豆腐到旅居地，既可解馋，又解思乡之愁。平常时节，有想吃家乡土特产的朋友，也常会让家里人寄一些做好的红豆腐。

"寄的红豆腐收到了没?"

"收到了，好香哦。好好吃哦。"

"好，好，喜欢吃就好，二回我多做点。"

电话两头的对话仿佛就在眼前，亲情进一步浓缩了距离。

万源四季分明，本地冬季原先少有新鲜蔬菜，交通便利过后，冬季菜品十分丰富，但是家家户户还是保留了做红豆腐的习惯。一是一道吉利的红豆腐正好可以中和大鱼大肉带来的剩余营养，刮一点肚里的油腻，二是味道鲜香，省时省事。做红豆腐也算是家乡的一种非遗文化的传承吧。

母亲也爱做红豆腐。买来新鲜的本地豆腐，切成三四厘米见方的块状，挑选田间地头的谷草，清理干净，打整成一尺来长的小捆，平铺放在纸箱子里。然后，把切块的豆腐，一坨一坨地摆放在干净齐整的谷草上（有时也用松树枝丫代替的），每块之间留一定距离，盖上纸箱（也可蒙上一层薄薄的方布），放在阴凉的地方，让它产生霉变。几天后，白白嫩嫩的豆腐块儿上已经长出一丝丝毛茸茸的白霉。等上半个来月，白霉开始倒伏的时候就可以拌佐料了。先在土巴碗里倒二三两苞谷酒，备用，再在盆子里撒上红辣椒面，细姜丝，食用盐，花椒面，鸡精，不停地搅拌，和转，均匀了就可以给一块块的豆腐穿衣打扮了。此时的豆腐块，很松软，需轻脚轻手地用筷子"抬"到土巴碗里，用白酒浸泡一下，洗个澡，杀个毒（灭菌），然后再轻放在拌好的佐料盆中，用筷子轻力地翻几下，周身裹满佐料就可以移驾到早已洗净的瓶瓶罐罐里了。这时一定要小心翼翼，稍一用力就会夹成两块，不齐整，影响美观，划不来。拌完佐料，还要将剩下的佐料都装进瓶中去，再倒上剩余的苞谷酒，盖紧盖子，等待它们充分融合入味。

红豆腐一般在一周后就可以食用了。家里也有性子急的，等不到三五天，按捺不住的心就逼使自己去揭开盖子挑一坨看看，解一解嘴馋。半个月后的红豆腐才算是入味了。打开瓶盖子，酒香，豆香，姜椒的辣味，在盐的综合下，勾得喉咙里的口水直打转转，夹一小块，乳白细嫩，新香诱鼻，再夹一小块，细腻爽口，余味无穷，忍不住还要夹一块，惹得旁边的大人说："莫忙大，等会儿，你吃完了别人吃啥子？放在席桌上，一个挑一小砣，都尝点嘛。"

是啊，大家都尝尝，多么朴实的话语。一块红豆腐，是母亲的付出，也教会了我懂得分享。

春节期间，朋友家满桌子大鱼大肉，山珍海味，最吸引人的还是那一小碟色泽红艳的红豆腐。看见它，嘴里就不由得回味起清香爽口、醇厚悠长的味道，也让我想起了春节去舅舅家的场景。

舅舅是地道的万源人，每回去定会煮一顿铁罐饭，刮几个黄心洋芋，煮好后再煨成锅巴，用地道的铁罐饭和红豆腐招待我们。土鸡和老腊肉就不说了，红豆腐配上锅巴洋芋，更是我心中的美味绝配。揭开铁罐，舀几个洋芋，捣烂成小块块，挑一坨红艳艳的红豆腐拌在上面，鲜香味和着热气腾腾的洋芋、米饭，简直就是一个"干饭人"，非得干上两三碗米饭，你说，能不长胖吗？

朋友，到万源时，我用红豆腐和铁罐洋芋饭招待你，你不会不喜欢吧？

秦妈油团香飘竹城

莫小君

竹城是个有很多著名小吃的城市，有月华的东汉醪糟、东柳的席醪糟、双拱的香椿、观音的豆腐干，还有人见人爱的凉虾，以及我的最爱——秦妈油团。我每次在东湖公园锻炼遇见秦妈摆摊时，都要吃上一串她的油团。

"来一串，老规矩。"我还未走到秦妈油团摊边，就向秦妈喊道。

"好，锻炼呀。"秦妈爽快地与我打招呼。她老公快速地把串好的油团递给我。

"疫情来了，可能你们也不能摆摊了。"我边扫微信付款边与秦妈聊着天。

"就是，这疫情太害人了。为了大家的健康，我们牺牲点生意也没什么。"秦妈对疫情可能带来的损失一笑而过。秦妈负责制作油团，她老公负责卖油团。她老公把一个一个的油团串在一根竹签上，那速度之快，位置之准确，没有几年的功夫是难以达到的。他左右手各拿一根竹签，左手的竹签竖起拿，右手的竹签横着拿，左手插着一个油团，提起来，右手横拿着竹签，放到油团的底部向上轻轻一推，油团就到

了它该到的位置，第一个油团在离人们手拿住竹签约四五厘米的地方停住，第二个依次排列，最后一个刚好停在竹签的顶部。他只需每个油团右手向上推一次就准确到位，动作精准，速度很快，串上5个一串的油团只需五六秒。

竹城疫情管控结束之后，我第一次上街吃东西，没有先解馋火锅，也没有先到面馆吃上久违的大竹面，而是到东湖广场那个上角边吃小巧剔透的秦妈油团。

熟悉的秦妈油团摊在东湖湾出现在我眼前时，也出现了同样熟悉的排队。当轮到我买油团时，来了一个插队的孕妇向秦妈的老公问道："还有油团吗？"秦妈的老公手中拿着一串，用征询的目光望着我，想知道我的答案。我奇怪她老公为什么拿着油团望着我，我一看保温箱里没有了油团，他手里是最后一串。我赶紧对秦妈的老公说："请先给她吧，我等下一锅。"在我等待油团出锅时，我见秦妈笑脸依然，疫情没有阻挡她对生活的微笑。

春暖花开，我品着秦妈油团，漫步于逐渐恢复正常的东湖广场，天晴了，人笑了，孩子们奔跑了。疫情过后，竹城灯火辉煌的商店、店铺，惬意的东湖公园张开了它的怀抱，以饱满的热情拥抱着竹城的人们，人头攒动的景象又回到了疫情前美丽的竹城。

在山花烂漫的春天里，秦妈的笑脸依然，秦妈的油团依香，重新复工之际，我们依旧生活在竹城这个永远充满活力的城市，拥有一如既往的充满积极的乐观情怀。

以前爱用文字写秦妈油团，因爱吃也爱写，所以对秦妈油团也钟爱有加。每当走过秦妈油团总会吃上一串，边吃边想油团的故事。吃多了写多了，就想用另一种方式来表达对秦妈油团的钟爱，用另一视角来让更多的人了解秦妈油团。

我想到了抖音，于是拍了很多秦妈油团的视频发到抖音里。有一位朋友看了视频，专门穿城前往买了一串尝，说："真的很好吃，你没有骗我。"

特别喜欢看秦妈油团她老公串油团的样子。有一天我又到秦妈油团摊边，拿着手机准备拍他串油团，却没有见他像以前那样快速准确地串油团。原来还没有到生意的高峰，没有了客人的等待与催促，他把串油团的节奏放慢了下来。我想拍下他串油团的精彩视频，叫他加快速度，他也加快了速度，无奈没有排队客人的催促，他怎么也快不起来。

秦妈主要是炸油团，不管排队有多长，不管客人反复催问"还有好久"，她都不会提前捞出，总要油团在锅中变成她满意的模样后才捞出来。秦妈油团在东湖公园的一角，一个电动三轮，几个平常的"秦妈油团"字样，普普通通地散发油团香，两边是卖菜的小贩。

自从疫情后，秦妈戴上了口罩，甜甜的微笑从口罩中微动而出。口罩上方两只热情的眼睛似她锅中的油团一样，甜甜的，圆圆的，软软的，会笑的，温暖的。秦妈油团依旧在锅中变得成熟，被日子一串一串地串起，一个一个走进人们的生活。每天，东湖公园广场的老人、小孩、时尚的小姐姐们吃着秦妈油团，享受广场的闲暇时光。

我近距离看过秦妈油团在油锅中欢舞，体验过秦妈口罩上方那温情含笑的眼睛，接过她老公五六秒一串的油团，还聆听过秦妈友善地对客人说"排下队"。还专注过油锅中滋滋作乐的油团。就像电影中的特写镜头一一感受过。排队的秦妈油团像电影中长镜头里风景，已是东湖广场一角的小风景。

清明菜粑粑

彭明凯

眼下，清明节要到了，家乡的人又在忙着侍弄清明菜粑粑了吧！

所谓清明菜粑粑，顾名思义是掺和清明菜做成的粑粑。据《本草纲目》记载：清明菜又名鼠曲草，一年生草本植物，通常从基部分枝，叶子互生，匙形或条形，有柔软的白毛，头状花序，花黄色。茎和叶可入药，有镇咳祛痰等功效。

在我们川东农村，每逢清明节前后，家乡的田边地角、房前屋后到处都生长着清明菜，胖胖的，嫩嫩的，经过一夜露水一浸染，煞是可爱。

那些年，家乡人户户都穷得叮当响，人们一年四季只要能吃上一顿干白米饭就算了不起的享受了。所谓"一年之计在于春"，每年的清明节便是乡亲们忙农活的时候了。顿顿喝那清得可见碗底的稀粥或面糊糊是难抵挡那繁重的体力活的。于是家乡人不知从何年开始，一到这时节，便纷纷发动自家孩子到野外掐摘清明菜。清明菜掐回去后，主妇们便将它洗净切碎，然后烧上一小堆稻草灰，再将刚烧出的灰装入箐箕里过上适当的清水，将过出的灰水和切细的清明菜拌上适量的盐巴煮上几分钟后，再将其和入预先准备好的玉米面里搅拌均匀，搓揉成粑粑，再沿着锅边贴上几圈儿，粑粑搓完后再盖上锅盖密封好蒸上一阵，这时便有一股香喷喷的气味扑鼻而来。待蒸熟起锅后咬上一口更是满嘴的香，惹得旁人也馋得流口水。那时，只要母亲将锅盖一揭，早就守在灶边的我，就会伸手从锅缘上抓起一个清明菜粑粑，顾不得热气烫手，迅速地往嘴里塞。总惹得母亲好气又好笑地骂。

当然，那时的家乡人是不会知道清明菜的什么药用的，他们只是认为它又好吃又耐饿，而且能节约粮食。只要早上吃上一顿清明菜粑粑，那一天干活就有了精神。为了节约玉米面，主妇们往往把清明菜和得很多。因此，清明时节，家乡满坡遍野都是背篓挎篮的小孩子在寻找清明菜。童年的我也加入了掐清明菜的队伍。好在家乡的清明菜多，而掐过的清明菜隔几天又会长出一茬。家乡的清明菜是掐不完的，家乡的清明菜粑粑也是永远吃不够的。只是夏至一过，清明菜便少了、老了，家乡人便没那份口福了。

如今20多年过去了，我也早已离开家乡身居城市了，只是每年临近清明时节，我便仿佛闻到那清明菜粑粑的香味了，总想再尝尝那味道。

一次上街，忽然听到"买清明菜粑粑——买清明菜粑粑"的吆喝声。循声过去，才发现一个小商贩踩着一辆小三轮车，车上是一摞高高的蒸笼，有四五层，每一层蒸隔里都码满了小笼包子大小的清明菜粑粑。一问，要五角钱一个，比小笼包子贵一倍多。管他的，还是买来尝尝吧。可一入口才知是用糯米粉揉成的，而且菜少粉多，又是加了糖的，甜得腻人，一点也没有昔日的那种香味儿了。

神 豆 腐

王发祯

在大巴山漫山遍野的灌木丛林中，有一种落叶灌木斑鸠树，又名臭老婆、臭黄荆、神仙豆腐树。其树干如荆条，质脆易折，枝杈互生，甚有规律，叶呈心形，翠绿细嫩。从海拔 500 米到 1000 米的荒坡上、沟谷里，无论土壤肥沃或瘠薄，都长有这种树。每天春末夏初，便开始吐芽绽叶，绿叶泛碧，细嫩可口。农民将嫩绿的斑鸠叶采摘回家，淘洗干净，拌上米粉，蒸熟食用，清香可口，很受人喜爱，特别是生活困难的年代，既是充饥的食物，又成了餐桌的美味佳肴。

仲夏时节，墨绿的斑鸠树叶长满枝头，在微风中不停摇摆，乡间村民便前往山中采摘斑鸠叶做神豆腐自己吃或出售。集体生产时，只要中途干部一喊休息，一些妇女就钻进林中采摘斑鸠树叶回家做神豆腐以补充粮食的不足。这些勤劳的农妇将摘回的斑鸠叶洗净放入木桶，加入一些草木灰（或火坑红灰）当碱，然后用筷子快速不停地搅动，将叶子搅得越烂越好。当水温降到 40℃左右时，用滤布将其过滤，将布内渣子倒掉。下降到 25℃左右时，便凝固成碧绿如玉的"神豆腐"。也可以将洗净的斑鸠树叶，放在盆中捣成浆糊，倒入铺上几层干净棕片的筲箕中过滤，点入澄清了的适量的草木灰水搅匀。澄清片刻，便神奇地成了颤悠悠、嫩绿的"神豆腐"。人们将做好的"神豆腐"切成小块，拌上盐、椒面、油辣子等佐料，便成了色香味俱全，晶莹剔透，养眼爽口的美味。

神豆腐因吃在嘴里嫩嫩的、凉凉的，清香细腻、口感润滑，十分受人喜爱。特别是城里人和老年人更是喜欢"神豆腐"。在炎天盛夏，将买回的神豆腐放入凉水中浸一下，再捞出切块拌上蒜泥、辣椒等佐料，既清热解暑，又开胃饱肚，颇受人青睐。

住在乡间的农妇看到城里人爱吃神豆腐，认为是一个挣钱的门路，斑鸠叶不投资，而且资源广泛，操作简单。勤劳的农妇将斑鸠叶采摘回来，将柏树枝烧灰代替草木灰，因柏树丫灰做的神豆腐更碧绿鲜嫩，养眼爽口，买的人多，一瓷盆神豆腐要不多久就卖完。我们也常因斑鸠叶含果胶高，蛋白质丰富，还含有多种氨基酸，营养价值高，是一种保健食品，夏天经常买回食用，很受青睐。

中秋回家揣糍粑

陈登权

　　我的老家在原达县南外镇杨柳垭，一个典型的川东丘陵小村。家乡一带自古民风淳朴，过年过节很讲究仪式感。小时候过什么节吃什么代表食品记忆深刻：过年吃元包（很大的汤圆），端午节吃粽子、喝雄黄酒，八月十五吃糍粑。我们家乡一带八月十五不兴吃月饼，而是吃糍粑。那时刚刚收获完新稻谷，把崭新的韭（糯）米揣成糍粑庆祝丰收，作为农民庆贺丰收的节日我觉得比吃月饼应该历史更为久远，也更贴切节日的初始含义。母亲在世的时候，什么节日必定拿出相应的节日食品来。自母亲去世后，父亲年纪大了，没有母亲承头，家里的节日便越过越简单了。登嫂是个比较喜欢家庭热闹氛围的人，今年中秋叫嚷着回老家过节，听说了揣糍粑的传统后，便强烈要求今年要揣一回糍粑。于是头天便打电话回老家让张罗一些揣糍粑的工具。

　　过去揣糍粑是比较讲究的。首先米要今年新收获的上好韭米，泡好后在蒸笼里蒸得烂熟，然后把熟米放到碓窝（一种用石头打造的专业工具，可用来舂米和揣糍粑），用碓窝棒揣。由于糍粑很糯，黏在碓窝棒上扯不掉，所以揣糍粑是一件十分费力的事情。

　　糍粑有好糯，有个俗语可以形容，"猫抓糍粑脱不了爪爪"，可以想象一下揣成后的糍粑糯的程度。然后或用红糖，或用白糖就着鲜糍粑吃，那美味一直珍藏在童年的记忆里。有条件好一点的家庭，把芝麻白糖一起炒了作佐料吃糍粑，又香又甜，另是一番滋味。但正宗的吃法还是就白糖生吃，冒着热气，散发着清香的鲜糍粑，加上白糖的高甜，一口咬下去，满嘴醇香。不过几口吃下去，人自然而然地会发腻。古来规矩，糍粑吃腻了，要求喝冷水解腻。我们小时候一律依法炮制，到水缸边，舀一瓢冷水咕咚咕咚喝下去后，糍粑的腻味立解。吃不完的糍粑就用面粉打成圆形的糍粑饼，或收藏，或送礼，待以后的宴席上或蒸、或油炸，就是一般席上都能吃得到的糍粑块了。

回家后，80岁的老父亲亲自上山指导我砍糍粑竹，那是一种农村叫苦竹又叫糍粑竹的竹子，除了揣糍粑就只能用作栽种藤类植物的"站站"。

砍好糍粑竹，除去竹叶，竹子外边的一层竹皮也必须仔细去掉，每一个竹节都必须精心剔除干净竹刺，不然揣糍粑的时候，会掉落细小的竹皮或竹刺进糍粑里去。糍粑竹削好后，在竹头抹上清油（预防糍粑粘连）。过去的碓窝已经没法使用了，只好用一个金属盆代替。蒸好的韭米倒到盆里后，大家兴高采烈地在金属盆里乱揣一气，害得掌盆的人连续换了两三个还是按不住。因为糍粑太糯了，每提一次糍粑竹，盆便往上跑。

大家吵吵嚷嚷的好容易才把一盆糍粑揣好，没吃过鲜糍粑的小辈们争先恐后地抢着吃，结果几口下来便被腻得吃不下了。凉水万万是不敢让小辈喝的，只得又跑出去拿车里准备的矿泉水，吃不完的糍粑依旧按规矩打成圆饼，小辈们把打糍粑饼当成游戏，又是在桌子上一阵乱拍乱打，直把一个个小鬼弄得灰头白脸的。

长辈们端着碗慢慢地咀嚼着碗里的糍粑，仿佛细细地品味着丰收

的滋味。我和登嫂忙了一气，特别找了白糖就着生糍粑咬下去，或许滋味并没有变，但是我却怎么也找不到童年白糖就生糍粑吃的感觉了。看着一家老小其乐融融地吃糍粑，心里倒像是拌了白糖的糍粑，甜漾到了。

传统技艺

CHUANTONGJIYI

炒米麻糖

杨仁明

在风雨之中，总把许多美丽的情节，牢牢锁进我的心灵。

20世纪六七十年代，山村孩子无一不向往着过年，我也不例外。等着、看着和跟着大人们备办过年的食物，是迎接新年必不可少而重要的仪式一般。

在物质生活十分匮乏的特殊时期，完成这些过年准备，更显得艰难，更具有特殊含义。

制作小吃"炒米麻糖"，既是其中最为烦琐、最考手艺的活儿，也是所有乡下孩子最美的童年记忆之一。

顾名思义，炒米麻糖，包括了炒米和麻糖这两种基本原料。而如何制作炒米和熬制麻糖，才是基础。只有将制作好的炒米和熬制好的麻糖合起来，才能制成传统的炒米麻糖。

制作炒米，不是所有家庭都可以的，第一是要有制作技艺，这是前提。第二是必须使用糯米——大巴山人习惯称为酒米，很多家庭难以储存酒米。因此，有条件制作炒米的家庭，一般意义上都是相对比较讲究的人家。

具备炒米制作的家庭，大都选择在腊月中下旬这个阶段，启动炒

米的制作程序。

先用柴火将灶台上的一大铁锅清水烧到冒泡，再用撮箕装上酒米放进去，反复淘洗，确保酒米被清洗得干干净净。而后，用木甑子进行蒸煮，蒸熟后再用簸箕摊开来，盖上白纱布制作的"包帕"，让其冷却和"发汗"，两天后，再用晒席进行晾干。不能暴晒，暴晒后，炒制的米粒会断裂为两截，称为"断腰"，米粒断腰后的炒米就不完整，外观也不好看，被视为工艺不好。这时的米粒又称为"阴米"——阴干的蒸熟酒米。与此同时，要准备大巴山的黄色泡沙石，打成砂石粉，加入适量的桐油，用铁锅进行翻炒，直到砂石粉变成黑色为止。而后，再按照比例，一次次将晾干的阴米放进去，一同翻炒，直到阴米爆开成米花。待米花爆开完后，再用筛子进行筛滤，将沙子全部滤掉，剩下泛着芳香的米花——就成了习惯意义上的炒米，可以直接吃，十分香脆。米花制作好，用塑料口袋或陶罐类容器密封起来，防止米花受潮失去香脆口感。

麻糖的制作，比较于炒米制作，其工艺的复杂程度是不相上下的。

大巴山乡下百姓熬制麻糖，主要原材料包括红苕、玉米、大米、南瓜、甜萝卜等粮食或玉米秆、高粱秆，因为大巴山很少种植甘蔗。红苕、玉米、南瓜作为最主要的原材料，而尤以红苕为甚。其主要原因应当有两个：一个是大巴山稻田有限，坡地居多，坡地种植红苕、土豆、玉米、高粱，收益稳定，首选红苕，所以红苕是那个年代农村人最主要的食用物资。二是挖掘过程中，红苕的损伤大，集中挖掘红苕在霜降前后，损耗多，吃不赢，且红苕容易烂掉，乡亲们便用之来熬制麻糖。

凡是挖掘时没有损伤的红苕，乡亲们会小心筛选，将最好的红苕放进每家准备的"红苕坑"，精心保存起来——虽然也会烂掉一部分，甚至烂掉一大部分，那是乡亲们即便痛到心尖也没有办法改变的事情。

熬制红苕麻糖，必须将红苕清洗得干干净净，放在大铁锅里煮熟，捞起来冷却后，用手将红苕揉碎，越细越好。再放进清水锅里和水搅匀，而后放入麦芽粉一同煮，直到锅里的水慢慢变清，紧接着将锅里的混合物舀起来用滤帕进行过滤，去掉渣滓，再将滤下的汤水放回干净的铁锅里，用柴火进行熬制，慢慢让水蒸发，越到水少的时候，柴火就越小，慢慢烘烤，否则，熬制的麻糖就会有煳味。直到锅里留下的麻糖可以用瓢或筷子粘起来，形成晶莹剔透的精丝为止，麻糖算是熬制成功，冷却后再用干净的瓷器或容器装起来，进行密闭保存。

熬制红苕、大米、玉米等粮食原料的麻糖，工艺差不了多远，都必须使用麦芽粉。但使用甘蔗、甜菜、玉米秆、高粱秆熬制麻糖，却不需要麦芽粉，只要切短碾碎，就可以熬制和过滤。

麦芽粉，就是用小麦进行发芽，到其芽两三厘米的时候，再切细用石磨磨成的粉。

熬制麻糖，需要很长的时间。在完成必要准备（如柴火准备、原料清洗等）的时候，基本上是今天早晨五六点钟开始，一直要熬到明天早晨。

小孩子的主要任务，一般都是往灶孔里加柴，死死地盯住火的大小。

直到现在，我都难以理解：我们精明的祖先，是怎么知道和发现熬制麻糖必须使用麦芽粉这个介质的。

记得我小时候陪着大人们熬制麻糖的时候，我奶奶经常给父辈们和我的兄弟姊妹们讲一件她经历的怪事。她说：在山村获得解放那一年前的腊月，她的娘家父母熬制麻糖，当熬制得基本要成功的时候，锅里的麻糖突然一下子全部蒸发到房梁房柱上去了，锅里一点都没有了，让家人既目瞪口呆，又莫名其妙。那一年过年，便没有麻糖，更没有做成炒米麻糖。谁知道，紧接着就解放了。而我奶奶的父亲、两位堂叔和一位堂兄，在紧挨着的土改运动中，被以地主的身份执行了枪决。奶奶说"那就是预兆不好"，家里要出大事情。

现在，我父亲还经常向我和家人讲这件怪事，言之凿凿。当然，我是无法去评价这个故事是虚构还是真实，抑或其可信度如何。

从生产过程，可以确定，应当是麻糖制作在前，炒米制作在后。

当炒米制作好了的时候，将炒米放在簸箕里，再把盛于容器里的麻糖倒出来，用火加热使之成液态，再用瓢舀起来慢慢地淋在炒米上，炒米麻糖就真正成功了，很大一饼。冷却以后，可以用手掰一块来吃，也可以用刀切成一小块一小块的，再用塑料口袋或容器密封起来。

新年到来，凡是家里来客了——大多是姑表姨舅或左邻右舍的人，就拿出来给客人和亲人们品尝，一起感受分享劳动成果，一同感受新年气息。

到20世纪70年代末80年代初，农村中出现了专门炒制爆米花的机器，那中间圆鼓、两头细小的家伙，在木柴火上翻转烧烤，炒到一定程度后，炒米花的人从柴火上拿下机器，用麻袋裹住一端，以一只脚踩住麻袋，熟练地用一根铁棍用力一撬，"砰"的一声，一团烟雾散去，爆米花就在麻袋里了。

小孩子虽然惊奇，特别是要"砰"的时候，全都跑得远远的，但这种爆米花的味道，却远远比不上传统炒米的味道。而最直接的检验和比较在于，传统的炒米，用开水泡吃，一粒粒米花都会很饱满，很独立，不会溶解。但机器爆出的米花，遇到开水，很快就被稀释为米粥样子。

这种区别，在我的记忆中，一直存在。

现在回想起来，炒米麻糖，在那个年月，应当是比较奢侈的食品或小吃了。它应该是真正意义上的绿色、环保、健康的食品。即使现在有各式各样的米花糖，却没有一样可以和传统意义上的炒米麻糖进行口感较量。

而今，巴山农村的乡亲们，绝少制作炒米麻糖了。这项技艺正离我们的时代慢慢远去。但每到春节回故乡，我心里都会泛起小时候陪着大人们制作炒米麻糖的场景。

每年正月，我都会回到老屋，一边祭奠逝去的先人，一边慰问乡亲，一边亲近故乡的山水。我常常会徘徊在老屋周围，目睹曾经熟悉的一切。特别是看到渐入暮年的乡亲们，就想起那个年代来。尤其小孩子们过年时，那一句"拜年拜年，没有炒米麻糖就拿现钱"的新春戏语，依旧那样亲切而天真，淳朴而温暖地回荡在记忆底层，始终让我感觉到童年的鲜活和明亮。甚至于从心灵深处，走向一幅永不褪色的画卷，感受着那些袅袅的炊烟，咀嚼着那些传统的美丽，复原着那些清新的场面，沉浸于那些逼真的岁月。

于是，我在心底里一次次祈祷：炒米麻糖，能否再给我一次奢侈？能否再让我一次重温？

裁缝田国信

邱一彪　谯　继

如今，要穿新衣新裤都有现成的出售，因此，曾经很吃香的裁缝师傅在达城已很难寻觅。昨日，我们在达城西外憩苑小区外，无意间看见一位老裁缝，戴着老花眼镜为过往市民缝补衣物，在方便他人的同时，也"缝补"着自己的幸福晚年。

这位老人叫田国信，家住达川区桥湾镇白鹤村，今年76岁，是一个有着50年精湛手艺的裁缝师傅。田师傅原来居住在农村，现在随小儿子进城住进了漂亮的小区，闲来无事，就搬出老旧缝纫机，给市民缝补衣物。

田师傅告诉我们，50年前，他26岁，刚成家立业，当时想学门手艺养活家人，便拜当时公社缝纫社有名的文德奉先生为师学裁缝。通过几年的学习，他很快掌握了衣服裤子的剪裁技术，后就在家独自缝纫衣服。20世纪六七十年代，缝纫师傅十分吃香，请的人很多。平时淡季，他就在家接活。若遇冬腊月旺季，许多农户家庭都要请他到家裁剪衣服，或做身过年新衣服，或做嫁妆新衣服，生意忙得搞不赢。尤其是1972年和1973年，他连续两年都没在家过年，因为衣服没有做完，房东老板硬要师傅除夕夜加班，以便新年第一天能穿上新衣。有时走村串户一家就要做四五天，因为那时家庭人口多，晚上还要加班做。

据田师傅介绍，20世纪六七十年代，国家布匹紧张，实行定量供应，发布票。1961年，每人发1.8尺布票，要结婚的，凭结婚证发1.2丈布票。后来逐步增加。到20世纪70年代时，每人发1.5丈布票，尽管那时人们的物质生活贫乏，但逢年过节和婚嫁迎娶都还是要做新衣服的。因此，有他这样手艺的人，在那个年代相当受人尊敬和欢迎。那时的"五匠人员"，也要将收入的工钱交生产队集体评工分，做一天收工钱1.5元，上交生产队1元，评工分10分。那时他们那里每个工日（10分为一个工日）值0.40元，平时在家缝纫衣服每件收0.3元到0.4元工钱。

对于当时衣服的布料，田师傅说，那时买的布都是棉布，有花布、蓝布、阴单布、劳动布、宽白布（自己买膏子染料染布），最好的就是华达呢和灯芯绒。进入20世纪80年代，改革开放后，衣服布料越来越好，各大商场销售的服装琳琅满目，人们开始买衣服穿，他的缝纫手艺逐渐被冷落。但几十年来，经他剪裁的衣物数以万计，看见市民穿着他制作的漂亮衣物过年添彩时，他也感到十分幸福。

我们看到，老人使用的老式缝纫机已显得"陈旧斑驳"。田师傅说，这"铁疙瘩"是他一生的宝贝，至今都舍不得丢弃。"想当年，缝纫机产得少，购买缝纫机还要托人走后门。"他的第一台"飞人牌"缝纫机是1972年提着自家土鸡蛋，通过缝纫社师傅在区供销社托关系买来的，花费140元。1981年，他又换了一台"解放牌"缝纫机，一直跟随他到现在。连同他的裁剪工具——尺子、线包、画片，还有熨斗（老式的，里面生炭火）、剪子等，都已成为他生命里最喜爱的东西，伴随他走过了50余载。

进入20世纪80年代后期，随着成品衣服的增加，缝纫衣服的人逐

渐减少，缝纫生意一落千丈。田师傅说，虽然现在很少有人打衣服了，但缝缝补补还是需要的。平时没事时，田师傅就推着自己加工做的带轮子的缝纫机，摆在路口接点缝缝补补的活。儿子叫他在家享享福，他却不干，说一天不摸缝纫机就不舒服。田师傅说，他要继续缝补下去，在方便顾客的同时，也在修补中度过幸福晚年。

打石匠

刘 强

石匠，在川东北一带叫"打石匠"。常言道："养儿莫学打石匠，天晴落雨在坡上，讨个妹儿怪不像。"意在石匠这门手艺不受人待见，因为常年在野外作业，日晒雨淋，条件十分艰苦，见识稍微远一点的人都不愿学这门手艺。

石匠最辛苦的活，莫过于野外开山采石。裸露的大石一般都在悬崖边，要想把一块大石破开，变成大小不一的条石，不是几锤几錾的事。首先是观察石头的长势，看是"立山"或是"困山"，再选择打石开眼的地方，划线下锤；其次是做好开山采石的准备，在石头上錾出几步人梯，方便施工作业。

破石的基础工作是挖"楔眼"。挖楔眼却是一门技术活，外大内小，间隔20厘米一个，眼深至少要10厘米，眼要正，不能歪斜，否则会影响石头的破裂线。楔子是钢筋做的，小孩手臂粗细，长20厘米。楔眼挖好后，将楔子一个一个嵌入楔眼内，然后使大锤用力往里打锤，以达到把石头崩裂破开的目的。

抡大锤，是一项体力活，更要几分胆量。站在悬崖边上，要抡起三四十斤重的大锤，并举过头顶，然后准确无误地锤打在每一个铁隙楔上，不是学三两年手艺的人所能为的。抡大锤的一般都是石匠师傅，并且是经验丰富的人。

抡锤时还得呼号子，不然就叫打"哑巴锤"。呼号是为了舒缓气血，蓄积抡锤的力量。但没有固定的语句，大多是见物说物，见人说人。

如对面路上有个牵牛放的老头，抡锤师傅就会喊："对面老头牵着一头大水牛哟……嗨……"

如果桐子开花，抡锤师傅就会来一句："桐子树开花朵朵艳哟……嗨……"

如果看见年轻夫妻过路，随兴会来一句："水中鸭儿嘴碰嘴，路上两口子手牵手哟……嗨……"

如果天热太阳大，随口便是："太阳大，天气热，打完这锤就收工哟……嗨……"

总之，号子的内容变化无穷，信手拈来，号声似歌又似词，音调悠扬，时高时低，听起来别有一番韵味。

不过，抡大锤这活带危险性，稍不注意，脚下踩虚，或用力不当，就会人随锤走，栽下崖去。有经验的石匠师傅在抡锤时都会手眼合一，放锤时屁股要往后蹲，借以消减放锤时前坠的惯性。如果地势险峻，腰上还得拴上一根粗麻绳做保护，以防万一。

在野外开山打石，石匠师傅都会带着风箱炉子，铁砧钝了好及时加工"锻制"，锻制铁砧重要的是"淬火"，这得看火候。将烧红的铁錾放在水里去火，火淬硬了錾尖遇石头就会断，火淬软了錾尖就会卷。看火候全凭经验，这都是在实践中体会出来的，毫无诀窍可言。

每逢野外开山打石，主家都会把饭菜送到打石处来吃，一来节约回家往返的时间，二来看管工具，吃饭的家伙可丢不得。

石匠这门手艺虽然不看好，但逢修房造屋，石木二匠同桌，石匠坐上席左首，木匠坐上席右手，席桌上的规矩，左为大。因为石木二匠的祖师爷都是鲁班，石匠是师兄，木匠是师弟。

再说，万丈高楼从地起。石匠不下石安基砌墙，木匠就无法上梁搁领，况且，这个是祖师爷传下来的，谁也不敢坏了这个规矩。

修房造屋，一般都要找风水先生（阴阳）选良辰吉日的，而最看重的是"下石"，这是石匠师傅的活了。下石前，石匠师傅选一块石头，用铁錾錾出一只碗儿状，在房基中堂门槛石位置下挖一个小坑。时辰一到，石匠师傅点燃香蜡纸烛，左手提着一只大红鸡公，口中念念有词，用力掐开红鸡冠，把鸡血涂抹在石头上，扯下几根鸡毛粘在鸡血上。然后，对天对地对祖师爷来几个长揖，将石头放在坑里掩上土，就大功告成了。不过，这趟"法事"不是白做的，要给石匠师傅红包喜钱的，大小看主家的大方，一方一俗，一般都是约定俗成的。

石匠还有一份手艺，就是修石磨。20世纪80年代前，家家都有石磨，用于推汤圆磨麦面。自然，刀钝石头磨，磨钝石匠修。做磨子的石头，要质地坚硬，否则一磨就钝了。石匠师傅修磨大多是以天数计工钱，主家还要负责招待吃喝。

修磨子的铁錾呈扁形，在磨堂到磨沿錾出的一条条槽沟里，敲击打磨，直至磨出锋边来。上磨石有一个石眼，是粮食进入磨堂的通道。

修磨这个活，看似轻松，实则要靠手艺，特别是打理磨堂最关键，修不好，面磨不细不说，还不进食。所以，修一台石磨一般要花一天的功夫。

石匠的手艺也算五花八门，打水缸、猪槽石、狗槽石、挖粪坑、砌地坝边、修桥补路，样样都能干，从不挑工厌工。在解放初期和农业学大寨那些年，修堰塘、水渠、坡地改梯田，处处都有石匠忙碌的

身影。

随着科技的发展，社会的进步，家用生产生活用具进入了寻常百姓家。修房造屋全是钢筋橡胶，不用一块石头了。更可惜的是过去人们赖以生存的石磨、石碓窝，已弃之不用，成了垒土砌坎的废石。

乡村石匠的失业，让我联想到这门手艺的失传，沿袭几千年的技艺，将逐渐从视线中淡出，不由得心生几多失落和忧虑。

铁匠庞启建

邱一彪　谯　继

在人们的印象中，"热浪炙烤，尘灰满面"的铁匠是一个不太逗人喜欢的职业，而他们挥舞铁锤制作的镰刀锄头等工具，却给世人带来了方便。过去充满叮叮当当敲打声的铁匠铺，在城乡的街头巷尾随处可见，然而随着时代的发展，打铁匠逐渐淡出了人们的视野。近日，我们有幸在通川区复兴场镇一个低矮的瓦房里，发现一位传统打铁手艺的坚守者——庞启建。36年来，他见证了铁匠行业兴盛衰败的发展历程。

1964年5月，庞启建出生在通川区复兴镇一个平常农家，由于祖辈都是打铁世家，所以从18岁开始，庞启建就跟随父辈学习打铁，一生与火、铁结下不解之缘，至今已走过36个年头。

我们采访的当天，看见庞启建正在挥汗劳作。他说刚接了一个订单，是一家公司需要定制一批铁锤，他正在赶工，叫我们先随便坐。环顾四周，庞师傅的打铁家当映入眼帘：一个方形的铁砧，稳稳地坐在半米高的铁管基座上，铁砧表面的光亮见证了主人打铁的时光久远。另一边是一个烧铁的小火炉，里面的炉火烧得正旺。供淬火用的水缸安静地躺在地上。一大一小、有些斑驳陈旧的两只木柄铁锤随意地倒在屋子中间。看见我们对这些"老古董"感兴趣，庞启建说，30多年来，这些家当不但成为他最亲密的伙伴，也陪伴他度过人生的风雨。但如今，这些落后工具他基本不用了，只留着当纪念。他新添置了空气锤、鼓风机、砂轮机、电焊机等设备，采用半机械化作业，为农民兄弟加工锄头、铁锤、斧头、弯刀、镰刀等农具。

"过去打铁是一门吃香的手艺活，打铁匠相当受人尊敬。那时，人们的日常生活中谁也离不开铁匠，农家人耕田种地的锄头、铁耙等都喜欢到我们家的铁匠铺来买。谁家的农具坏了都拿来修补或打新的。"庞启建说，因为庞家铁匠打铁手艺好，方圆十多里的村民都找上门来，农忙时节，农户常在铁匠铺门前排成长队，一天能接上百件活。逢赶场和旺季，为了方便农户，他们还主动将打铁火炉用车运送到农村固定的村社就地盘炉，定点为农家人现场加工农具。"火炉闪烁、锤子叮当作响，孩子们好奇地围着炉火欢跳，农家人热心地帮忙拉风箱、干杂活，红火的加工现场好不热闹。临近吃午饭时，早有农户备好酒菜热情招待，这难忘的情景，恍如昨天。"回忆起过去的红火岁月，庞启建满脸的笑容。.

"我18岁就跟父亲学习打铁手艺了。"庞师傅擦了擦额头上渗出的汗珠说道。由于悟性好，庞师傅很快便成了一名打铁好手，一直跟着父亲在自家铁匠铺里打铁。

改革开放后，土地下放到农户，农具需求旺盛。1985年春，复兴镇（当时叫乡）根据农民需要创办了社办企业：复兴农具厂。年仅21岁、打铁手艺精湛的庞启建被聘为厂里的铁匠师傅，直到2000年农具厂因生意冷落解散。之后自谋职业时，庞启建再次重操旧业，在复兴镇开办了自己的铁匠铺。

气锤声声，火花飞溅，通红的铁器放进水缸里，"哧"的一声，冒出一阵青烟……这个隐藏在复兴场镇里不起眼的铁匠铺，不时以叮叮当当的捶打声刷着存在感。

摆谈中，庞启建感叹过去打铁的艰辛，因为那时基本上是人工作业，风箱要人拉扯，农具毛坯得人工抡锤敲打，一天到晚在铁匠铺里转，热浪炙烤，灰尘满面，尤其是夏天站在火炉前，热得人遭不住，一年四季没穿过干净衣服。现在没有徒弟和帮手，庞启建花钱配置了空气锤、鼓风机、砂轮机、电焊机等机械设备。

庞师傅说，现在打一把斧头连成本90元。打一把锄头30至40元，比20世纪80年代收入高，那时打一把锄头只要三四元。每天工资师傅1.5元，徒弟1元。

如今虽有半机械帮忙，但打铁依然辛苦，庞启建身上的衣服满是铁屑烧成的孔眼，满面尘灰。他告诉记者，打铁艰辛，工序也复杂。简单的一般要经过五六道工序，复杂的要经过十多道工序。他边说边演示，"行外人误认为打铁只是卖力气的苦活，其实打铁是有门道的技术活。打造一件工具，有选料、烧火、捶打、成型、淬火等工序；烧铁的时候要注意火候，既要将铁烧熟，又不能烧化，判断火候的标准是看烧铁的颜色，当铁烧红到一定程度后就代表'熟'了，如果烧得泛白，就说明铁被烧化了；在打铁过程中，淬火和回火技术十分重要，火候掌握非常关键。"打铁几十年，每道工序庞启建都烂熟于心，正因为如此，他打出的铁具质量非常好，深得用户喜爱。

庞启建中等身材，肤色黝黑，体格健壮，粗糙的双手布满了老茧。虽已年过半百，却很少生病。照他的话说，"世上三行苦，撑船打铁磨豆腐"，而自己做的营生恰恰就是"三苦"之一的打铁匠。

有人认为，铁匠的职业病是肩周炎、腰酸背痛，但庞启建却说："铁匠真正的职业病却是眼疾。铁匠做工全凭一双眼睛，凭眼睛看火候断定炼铁温度，打造衔接农具时凭眼力判断适宜温度后，快速将其紧密契合。打磨农具会溅出火花，对眼睛造成伤害，长此以往，导致我们铁匠的视力越来越差，四五十岁出现老花眼的情况在铁匠一行中相当常见。因此，眼睛酸痛、视力减退是最大的职业病苦恼。"

如今，为了坚守这份职业，减少火花对眼睛的伤害，他经常需要佩戴墨镜。

庞启建说，由于现在铁匠铺少，行业竞争性不大，因而自己的生意还过得去。在他30多年的打铁生涯中，他每天都要从早上7点忙到下午5点，超强度的工作量，不但患上眼疾备受煎熬，还得了"腰肌劳损"的职业病。"因铁匠铺是自己的，所以敲一件是一件，多敲多得嘛"，尽管劳累，但每天有事做，有一定的收入，庞师傅还是挺高兴的。

随着城镇化进程的加快和外出务工人员的增加，种庄稼的人越来越少了，加之机械农用器具的普及，现在很少有人专门去找铁匠打镰刀锄头或者修补铁制农具了。

在谈到打铁手艺的传承上，庞师傅很是感叹，复兴以前除了（公）社办企业的农具厂，民间共有二十几盘炉子打铁，现在因为生意冷清，很多人都放弃传统打铁手艺，外出务工或者另谋职业，如今只有他一人还在坚持做。庞启建告诉我们："前些年有几家还在做，但后来都外出打工了。我舍不得丢了这个手艺。"

我们问他为何不收个徒弟时，庞启建无奈地说，传统铁匠铺至少有两个人，一个师傅，一个徒弟，师傅用小锤，徒弟用大锤，大锤捶形状、小锤捶细节，徒弟的大锤都是跟着师傅的小锤锻打。"但因生意差，很多人已看不起铁匠这个职业了，莫说在达州，就是在全国都没几个人愿意做这个脏活累活，连自己的后人都不愿意，哪还去收得到徒弟哦！"

　　"铁匠这个职业正在慢慢淡出人们的视野，用不了多久，打铁手艺就会失传。如果有愿意学这门手艺的人，我还是乐意无偿传授，祖祖辈辈传下来的手艺，我舍不得让它就此消失。"庞师傅希望，他能坚持下去，留住打铁匠的根。

　　灰墙、火炉、铁屑、日渐变老的打铁人、油光透亮的胸膛、结实有力的臂膀……庞启建的铺子里传出的叮叮当当的打铁声，似乎在努力挽留着远去的时光。

瓦窑匠王邦锡

王邦锡/口述　　王邦雄/整理

我本名王邦锡，生于1951年，年号辛卯。我前面有一个姐姐，因病离去，所以我在家排行老大。我住在达州市江陵镇草庙村七组，原属达县管辖，后划归通川区。我家祖辈务农，到我这一代才开始念书。可是解放初期，生活经济都很贫困，我念完小学就辍学了，回到家里，跟着父母一起劳动，共同照顾家庭和几个弟弟。

我父亲王安燕，生于1927年，2005年去世。解放前夕，父亲20岁时，拜师到同族堂叔王国楷名下学做瓦烧窑的手艺。那时家里穷，没钱交学费，师傅看他憨厚朴实，是把干活的好手，就让他帮忙打杂，还管吃管住。寒来暑往，约莫一年时间便出师了。出师后，他便在方圆十里八乡操起了自己所学的手艺，做得很出色，因而"王瓦匠"家喻户晓，颇为出名。

我从1968年起，就跟着父亲一起外出，一来帮他打杂，二来自然也是学艺，先后到周围邻乡的火底碥、胡家坡、朱家沟、横山寺、点兵山、马蹄场、铧尖碥、大垭口、桂家碥、石窖台等地做瓦烧窑。近处两头摸，披星戴月，即去即回。远处一去好多天都不能回家，驻扎在主人家里。后来生意越来越好，我和父亲便分头行动，各奔一方。直到他年纪大了，不便外出，我就孤军作战，单打独行。1970年，我参加〇六四搞了两年基建，1972年回家又重操旧业。

平心而论，做瓦烧窑是一项体力活儿，玩来玩去是块泥巴，始终与泥巴打交道，将它加工，变成产品；但是也称得是一项技术活儿，因为必须掌握泥巴的干湿和性能，要依附专业的工具来完成很多道工序，才得成品。做瓦那套工具我至今还完好地保存着，有车盘、弯板、刮弓、推耙、瓦桶、瓦衣、刮扦等等。

做瓦的程序既劳累又烦琐，首先是到一块收完稻谷的田里选点，然后用锄头铲去表面的谷桩、杂草和泡泥，在一个直径1丈多的圆圈里挖刨1尺余深，再发些水使干湿适度，牵来耕牛反复踩踏，一直到泥巴糯实黏稠，不软不硬为止，就用泥弓切成一块一块，发动男女老少，用背枷或花篮，往家中院坝搬运。搬回家的泥巴再用人工边踩边堆砌，码放成一座圆圆的土堡。紧接着又用泥弓切割泥巴，搭砌成略成弧形的一人多高的泥墙，并反复修切，使之棱角分明，以备取材。与此同时，在另一端安装好一个由固定木桩撑起的可以旋转的车盘，车盘上放着穿起瓦衣的瓦桶，瓦桶房摆放一个铁制弯板和一桶水。这时，用一个绷着钢丝的推耙在泥墙上取来一指厚的泥片，双手围捧在瓦桶上，右手持弯板，左手掌泥坯，一边转动瓦桶，一边沾水拍打，使泥坯光滑圆实，浑然一体，然后用刮扦在上端切除一圈弃泥，被称为"瓦屎"，捡开瓦屎，遂将瓦桶提放到空坝处依次有序摆放晾晒。

待瓦桶半干后要进行对合翻砌，合二为一形成一个高鼓状，再等所有瓦坯晒干后，进行拍击瓦坯（一个瓦坯桶拍出四匹瓦），整齐摆放，下一个工序就是将瓦坯码上高脚凳搬往瓦窑码装和烧制。

七八十年代燃料紧缺，做瓦烧窑算得上是农村家庭的一桩大事。凡是准备干大事，必须提前几个月砍柴。一般情况，一个瓦窑可烧四五千匹瓦，就要砍五六十捆柴。松树和柏树的枝丫是主要燃料，其他

如杂树、刺藤、秸秆、稻草等也可作辅助燃料。燃料半干或全干均可。

当干瓦坯全部送至瓦窑，就准备装窑。装窑是掌窑师的活路，要分辨大小头，装码是小头朝下大头朝上，先是外圈放成环形，至中间要变换方向，横竖交织，既要码放实在，又要留一定空隙，既要注意稳固紧密又要注意通风通气。瓦坯全部装好后，顶上要用破碎的条形瓦坯遮盖瓦窑，以应闭窑所需。

接下来伙夫就开始烧火，他们分成三四个组，一个组两个人，每组一个小时轮流换班。我作为掌窑师，自始至终不离左右，忙上忙下，观察窑中火势，根据窑顶火苗分析窑内瓦坯烧制状况。

烧窑一般要13至15个小时，如果烧过了火，不但浪费木柴，还会把瓦烧成"猪耳朵"；如果没有烧到位，瓦就是半生熟，呈现出红黄色，那样的瓦主人也不会收货，自己会白干，还要给手艺打脸。所以火候的掌握是关键，俗话说"烧火的是徒弟，看火的是师傅"。

一般情况，第一天傍晚五六点钟烧火，第二天早上七八点钟就可以闭火（即闭窑）。闭窑时，上方要掩盖泥土，先倒一些松软的土泥，然后加到半尺深，做成一个圆田状，再加些装窑时破损的生瓦坯，用推耙推成一个小水田，灌满水，把瓦窑密封，三天后出窑，揭开泥土，开始出瓦。如果一窑没烧完，出瓦后马上又装第二窑，或者这家一结束，那家又跟上。

从田里的泥巴变成房上的瓦片，要经过选点、挖泥、踩泥、拌和、制瓦、晒干、码瓦、烧窑、出瓦等一系列工序，连前带后，要用20多天甚至一个月。如果遇上雨天，就要耽误更长的时间，既苦了主人也苦了匠人。我在那些年，一天要做七八百个瓦桶，收工下来，脚耙手软，腰酸背痛，平均工资一般是四五元。如果计件，35元一万匹瓦，要2500个桶子才一万匹，计成品不计损耗，做瓦和烧窑一包在内，可见瓦窑匠这种职业的辛劳。

　　而今，农村改革开放步伐加快，很多人涌向场镇街道和城市，住房变成了闲置房，有些在乡下居住的又逐步改为预制结构房，加之一些机制瓦和琉璃瓦的相继生产，宣告了瓦窑匠职业的终结，这些遮风挡雨几千年的小泥瓦，除了部分留存的已逐渐消失，曾经的瓦窑匠就只能定格成一段永恒的历史。

泥水匠

刘　强

在川东北一带，乡村泥水匠所从事的活计，一般都是与泥、沙、石灰、水泥打交道，也是重体力活，在外风餐露宿的时候多，显然不让人看好。但时至今日，随着城镇建设步伐的加快，学这门手艺的人多了起来，队伍也越来越庞大。他们走南闯北做手艺，在改造和装点城市乡村的同时，也得到了社会的承认，收获了应有的回报。

过去的乡村泥水匠，做的活不多，砌灶安炉，粉刷墙壁，翻盖房瓦，平整屋面。他们的行头也很简单，一把砌砖刀，一个吊线坨，一把卷尺，一把抹灰刀和一个盛灰板，用一个篾巴篓一装，提着就可以出门做手艺了。

"淤泥糊十指，日晒风雨淋。房无半片瓦，夜无御寒墙"，这是对旧社会泥水匠困苦生活的真实写照。但是，他们却是乡村离不开的手艺人。那时的房屋一般都是穿斗木排立，用竹篾片或高粱秆夹的壁子，用混合有稻草节或麻皮的稀泥糊上，待晾干后，请泥水匠进屋，在面上粉刷上一层白石灰，看起来既光鲜又美观。

乡村泥水匠干活非常认真仔细，拉线，砌墙严谨得好比大师谋篇布局。他们挥舞起手里那把劲道十足的砖刀，手拿吊线坨，左眼眯缝扫描偏正的余光，检验墙体的歪斜度。泥瓦匠师傅把厚实的土砖，方方正正、稳稳沉沉地放踏实，为别人修建成一堵堵遮风挡雨的墙。在修建高楼时，泥水匠好比电影里的蜘蛛人，轻盈地在脚手架上闪转腾挪，如在平地上干活一般。

每当新房落成上梁之际，泥水匠非常自信和高兴，他们站在砌好的砖墙边，用自己多年来积累的民间俗语，用清亮高亢的嗓音，将酝酿好的祝贺段子脱口而出，赢得前来庆贺的亲朋好友骤雨般的掌声。紧接着木匠上房扣梁，同样是一段四言八句的祝贺词，在一片喝彩声中，空中便会飞来木匠师傅抛来的糖果、包子之类"财喜"。

但逢新屋落成，主家便会大大方方地把红包送到泥水匠的手里。而这天，石匠、木匠也会到场，一样都有喜事红包，而且还要开双工资，一天算两天，一年难遇几回，因为修房造屋是大喜事，主家是不会吝啬这些钱的。

扣梁仪式结束，泥水匠和其他几大匠人一样，都会被主家安排到主席位，接受主人敬酒。都是鲁班祖师爷的徒弟，相互师傅来师傅去地谦让一番，然后你来我往，推杯换盏，几杯酒下肚，便不分张王李姓，沉醉得他们不知归途。此时，他们才体会到男儿"有艺在身"的妙处。

改革开放后，乡村泥水匠的职业悄悄地发生着变化。修房造屋的材料由过去泥土，变成了红砖水泥，钢筋彩瓦，建筑高度由原来的一二层，演变成三层以上，泥水匠的艺名也转换成砖匠。而从事这门手艺的人也越来越多了，由原来的走乡串户修农家房，到跑州过县，走南闯北外出务工，从事高架外墙贴瓷，室内装修，城市下水道建设。不仅见识了外面的世界，增长了人生阅历，而且还赚取了应得的收入。

特别是近些年，不少乡村泥水匠，凭着自己娴熟的手艺，在外省干得风生水起，承揽一些建筑小工程，买了车，购了房；有的举家外出做起了小生意，日子过得有滋有味。也有家乡意识强的泥水匠，把挣了的钱回报家乡故土，修桥补路，捐资慈善，发展产业，带动一方乡亲致富。

不过，少数乡村泥水匠仍然固守着乡村，一把砖刀，写尽人生秋华。在家附近打散工，按天结账，房屋完工扣梁，一分一厘绝不拖欠，不像在外务工，时常为工资拖欠而担忧。当把一沓沓钞票一分不少交到妻子手中时，一种男人的尊严和担当尽显。

还有一些精明的泥水匠，凭借自己八方人缘，购置一套吊桩、脚手架、砂浆罐等简单施工设备，揽括一些师兄师弟和邻里乡亲，组成一个施工队伍，在邻近乡镇施展自己的才华，或包工，或包工包料，在建设美丽乡村的同时，收获了一方人气，也揣鼓了自己腰包。

泥水匠和乡村其他匠人一样，古道热肠，重情重义。只要是答应了的事，就绝不推三阻四，接了的活就会尽心尽力地去做好，如果出现了纰漏，不要主家说，无代价地返工，为的是"诚信"二字，话不能让别人说，事情必须做好。

说实话，在乡村匠人中，乡村泥水匠这个职业不仅活重，还存在着高危风险。但市场前景看好，建筑重心也从农村转移到了城镇。一个又一个新兴城市的崛起，一幢又一幢高楼大厦的矗立，不知凝聚了一代又一代乡村泥水匠多少辛勤和汗水。

不得不说，如今的乡村泥水匠，是城市乡村建设的主力军。此种美誉，当之无愧。

弹花匠

山 溪

"弹棉花，打棉絮哦⋯⋯"每年的正二三月或十冬腊月，一向沉寂的山乡，就会传来弹花匠招揽生意的吆喝声，语句抑扬顿挫，带着男人的磁性，回荡在山岭沟壑间。

七十二行手艺中，乡村弹花匠是不可或缺的重要行当之一。一副木制的弹花弓，长两米左右，前端弯曲如钩，仿佛农家屋檐下石磨上推磨用的磨钩一样。弯曲的弹弓下方，有一根牛皮筋将弹花弓两头连接起来，还有一个带把的木制的手锤，手锤的形状看上去就像一个手榴弹。另外还有一张四四方方的用木板做成的绷床，可收缩，便于确定棉被的宽窄，绷床四周插满了小竹签，用于固定棉被上下网线。另外还有一个圆形的云盘，像厨房里的切菜墩，是用一节粗树截成10厘米厚，直径在60厘米以上的圆盘，用于碾压棉被让其塌实。

乡村弹花匠，一般都是上门入户做手艺。根据主家棉花多少确定棉被的宽窄和厚薄，一床棉被至少要5斤以上。第一道工序是弹棉花。弹花匠戴上纱布口罩，在腰间捆上一根布带，将一根大拇指粗细弯曲的斑竹棍插在身后的布带内，斑竹棍顶端垂下一根绳子系在弹弓中间的弓背上，伸张有弹性。将弹弓的弦放在棉花上，然后用木槌敲击牛皮筋弦，形成弹力，再运用弹力弹击地上的棉花。随着弹花锤时快时

慢的敲击，弓弦一张一弛、时左时右地在棉花上游走，原先裹得很紧的棉花便开始膨胀蓬松开来，变成了一座白白的小雪山。

说实话，弹花匠弹花时，像古筝演奏家一样，"嘣嘣嘣，嘣嘣嘣"的弹花声，很有节奏感，仿佛在弹奏着一曲激情四射的乡村歌谣。时而高亢激昂如奔腾的河流，时而低沉雄浑如海水在喷涌咆哮，时而婉转低回如秋风拂过心房，时而如泣如诉似高山流水，让人听起来有如痴如醉的感觉。

弹完棉花开始上绷床。将绷床拉开至所需要的宽度铺底网线，棉花织成被主要靠上下网线固定，一床棉被用的时间长短，关键看网线铺得好坏，所以这道工序很重要。铺网线一般要两个人才能完成，将网线穿在木篾片上的一个小铁环内，一人用左手将线网在竹签上，右手将篾片递向对面，对面那个人用手指勾住网线套在绷床的竹签上，如此这般反复，只片刻功夫底网线就铺好了。

这时的弹花匠将地上的棉花抱入绷床铺开，又站起来弹起弓弦，将绷床上的棉花弹个遍，将四大角填满铺平，大致均匀后，又开始铺上网线，铺线完成后，将绷床边的上下网线连接，松开绷床，用针线把棉被缝成豆腐块状，目的是增强连接性和网线的受力度，一切就绪后，云盘上场。

用云盘在棉被上来回蠕动，为的是把棉被压实，盖在身上贴身暖和。这道工序，看似轻松，其实很费力气的，必须用尽全力，有时弹花匠双脚还会站在云盘上，在棉被上来回旋动，才能把棉被压实成一张饼。由此，相比其他工序，用的力气自然就要多一些了。

弹花匠亦农亦艺，农忙时和妻儿老小一起在家侍弄庄稼，那才是一年收入的大头，家中有粮，心里不慌，即使弹花生意不好，不愁没饭吃。闲时，便出门做手艺挣点打杂钱。主家结算工钱，有按工天算的，也有按床数算的，反正捆倒绑倒差不多，相互不吃亏。如遇家中嫁女娶媳妇，就得请弹花匠进门置办嫁妆。乡下人善良纯朴，待匠人如上宾，拿出家中的好吃好喝，生怕得罪了手艺人。一遇到这等好事，弹花匠会更加尽心尽力，不但活儿做得更加精细，而且还会在织好的棉被上用红毛线绕出一个大大的喜字，或"新婚快乐""幸福美满"之类的祝福语，以示吉祥。

其实，弹花匠这门手艺也非常累，灰尘大，上了年纪会得哮喘病，长期弓腰驼背地干活，腰椎颈椎犯病是常有的事。由于用手拿锤敲打牛筋弦，撕扯棉花，手掌手臂龟裂，一遇冬天，开裂淌血，异常难受。因而，父承子业的说法，在弹花匠这行业基本是一句空话，愿意学这门手艺的人也越来越少了。

改革开放后，思维灵活的弹花匠，转变了经营理念，到乡场上租住或购买门市，从事弹花做棉被这门手艺。同时，批发回棉花做成棉被出售，间或对送上门的棉花加工和旧棉被翻新，收取一定的加工费，挣不了大钱，养家糊口还算没问题。

近些年，本地年老的弹花匠不做了，没有人愿薪火相传，弹花做棉被的人越来越少了。偶尔从外省来的做棉人，弹花用机器，全是半机械程序，虽然做工快，做出的棉被也精致，但没有传统的手工弹花，做出来的棉被总觉得用起来不那么舒服。

曾经风靡一时的乡村弹花匠悄然隐退，没了那"嘣嘣，嘣嘣"的弹花声，内心陡然间像少了点什么一样，徒增了些许失落和伤感。

杀猪匠

山　溪

在乡村，杀猪匠这门手艺属季节性职业，没有固定的收入，以农为主，只是在每年的十冬腊月替人宰杀过年猪时，方显英雄本色，一把锋利的杀猪刀写尽他们的苦辣酸甜。

儿时记忆里，乡村杀猪匠是一个很让人羡慕的职业。只要杀猪匠进屋，就意味着可以沾腥打"牙祭"了。没办法，在20世纪六七十年代，生活十分艰苦，一年半载沾荤吃肉的机会少之又少。计划经济时代，什么都靠国家凭票限量供应，难得吃上一餐像样的饱肉，所以，杀猪匠进屋有肉吃，成了一个固定的概念。

那时的乡村杀猪匠，一个村最多只有一两个，一到十冬腊月，特别是"冬至"节前后，就成了"抢手货"，家里要杀年猪，得提前预约，他给你定时间在某天，上午或者下午，并交代你准备好什么东西，以备杀猪时用。

杀猪匠进屋后，首先是准备烫猪的锅灶。一年到头杀回猪，厨房的锅灶小了，加之烫剐不方便，一般都是在屋当头或地坝边临时挖一个土灶，把煮猪食的大锅扣上，就可以点火烧水烫猪了。

准备好了锅灶，杀猪匠来到圈前，打开圈门，揪住猪耳朵，拉出圈来。旁边打帮手的人便逮脚的逮脚，拽尾巴的拽尾巴，将猪侧按在一条宽板凳上。杀猪匠左手用力向后封住猪嘴，右手紧握杀猪刀，挪一挪地上的接血盆，用刀对准猪喉处使劲刺了进去。

这时的猪前后腿直蹬，无奈四脚被人控制，反抗也是徒劳。伴随着"哼哼"的惨叫声，杀猪匠抽出杀猪刀，一股殷红的鲜血喷涌而出。待血流尽，猪也停止了哼叫和踢蹬，静静地躺在板凳上。杀猪匠用刀在血盆里搅动几下，一脚踢开舔食地上猪血的小狗，然后自言自语地说道：血财旺，来年吃穿有希望。

杀猪匠抽了几口主家男人递来的叶子烟杆，休息几分钟后，便提起一只猪后脚，在脚丫处划开一条口子，把挺杖棍从脚丫破口处插入，在猪的肉皮内来回穿插十几下后，抽出挺杖棍，用草纸擦几下破口处，双手捏住猪脚，用嘴对准破口吹气，一吹一放，帮忙的人用木棒敲击猪体，让气流贯通全身，只一袋烟的功夫，一头大肥猪便吹得鼓胀了起来，然后用麻绳拴住猪脚，以防漏气。能吹胀一头猪，可见杀猪匠的肺活量之大，不得不让人佩服。

给猪吹完气，杀猪匠来到锅边用手试一下水温，看差不多了，便在锅中间横放一根木棒，将半个猪身搁在上面，用水瓢舀起锅内的水淋在猪身上，边淋水边用剐毛刀剃毛，一头猪剃毛净身要半个多小时。不过烫猪剃毛也有些门道，还得有人打帮手才行，而最关键的是掌握好水温，高了会把猪皮烫熟；低了毛剃不干净不说，肉皮内还会残留一些断毛。

接下来是剖边。用铁环钩住猪后腿，将猪倒挂在屋檐下，把凉水淋在猪身上，用剐刀去除上面没剃干净的猪毛和泥污，拿出剖边刀从猪尾处下刀开口，一刀到猪头，呈一条直线。接着便是开膛破肚，挖肝取肺，倒出猪肠内的粪便，将猪肉放在案板上划成无数个大小不等的块状，剔除四大骨，把灌香肠的瘦肉分出来，杀猪的活才算结束。

对于杀年猪，主家十分看重。一般都是选择手艺好的杀猪匠，以免在杀猪时出现差错，"预兆"不好，让人心理上产生压力。杀猪时要一刀断喉，如果长时间不咽气，或补第二刀就不行。再则，抽刀后血要多，代表血财旺；如果无血，来年必定不顺畅，所有这些就得看杀猪匠的手艺了。

乡村还有一个风俗，抽出杀猪刀猪血流尽后，主人会拿出几张草纸，让杀猪匠在猪喉刀口处糊上猪血，拿去贴在猪圈门上"祭圈神"，为了来年"六畜兴旺"，这个细节是少不得的。如果主家忘记了，你大可放心，到时杀猪匠也会提醒你的。

其实，乡村杀猪匠在人们眼中是很吃香的，特别是在生活困难那些年。那时，无粮食也无饲料添加剂喂养，一头猪喂一年才一百多斤，杀了边口净肉只得几十斤重，并且还要交半留半（杀了年猪交半边到公社食品站，用于计划供应那些端"铁饭碗"吃商品粮的人）。所以，这时杀猪匠的一把刀，掌握着吃肉"大权"，在剖猪分边时，巴不得他刀走偏锋，为自己吃这半边多划一点肉过来，让一家几口人多沾几次油荤。说实在话，那些年生活条件差，几个月吃不上一回肉是常有的事。所以杀猪匠进屋，得有烟有酒伺候着，一点也马虎不得。

但乡村杀猪匠心地非常善良，人好了杀头猪算帮忙，招呼一餐饭食就行了。如果要收工钱也是象征性的，如果没钱给，割个一两斤肉，或给几坨血旺、猪肝什么的也行。都是乡里乡亲，相互帮忙的时候多，大可不必放在心上。不过，随着物价上涨，近些年杀猪匠收入还算可观，杀一头猪八十至一百元的工钱，手艺好的杀猪匠一天可杀三四头，仅冬至节前后两个月时间，就能挣个一两万元，一年的打杂开支钱就不用愁了。

也有个别乡村杀猪匠，变单一的杀猪为摆摊卖肉，或进城、或在乡场镇的菜市场，寻一隅租个摊位，走乡入户收购农家粮食猪，肉一上案，不放刀就卖去一大半。土猪，没喂过添加剂，生意一直看好，积攒了很多固定客户，凭诚信和良心，既赚了钞票，也赢了人心。

乡村杀猪匠，用一把刀作笔，在人生这张大画布上，刻画着一座座山、一泓泓水；书写着一个时期、一方水土和一方人的故事。

骗 匠

胡兆兵

20世纪七八十年代甚至更早，农村的小路上隔三岔五地会有一个人不紧不慢地走着，看到有院子，就把拿在手中的号角吹了起来，也没有什么特别的曲调，只是表达一个意思，听到的人都晓得，那是骗猪的人来了，家里有笼子猪（仔猪）的，就到路边去招呼他。在农村，有的人家喜欢养母猪，养母猪来钱比养肥猪快，只是麻烦些。母猪产下的崽崽在卖出之前，一般会做结扎手术，书面语叫去势，方言叫骗。我小的时候，我们家就养过一头母猪，纯黑毛的，也叫本地猪，那个时候还没有良种白毛猪（本地黑毛肥猪的肉比良种猪的肉好吃），那个时候，我父亲是村支书，经常开会下队，母亲很能干，庄稼做得顶呱呱，屋头母猪也养得顺风顺水。

那个骗匠姓蒋，跟母亲一辈的，我们家的笼子猪都是他来骗的。母猪一般两年产五次崽。骗猪的过程相当暴力。逮到一只小猪，就把它放倒在地，一只脚踩住小猪靠地的后脚，另一只脚踩住小猪的头，小猪纵有乾坤大挪移的绝世神功也无法施展，等到小猪强弩之末不再反抗时，骗匠取下事先用开水消了毒之后衔在口中的刀子（刀子是纯铜的，十分锋利），开始工作。如果是骗公猪（方言叫鸭猪儿），就从两后腿中间下手开口子，割掉睾丸，然后在公猪小解的地方挤几下，一般要挤出几滴尿液，完工。如果是骟母猪（方言叫奶崽儿或奶尖儿），就从后肚侧边下手开一口子，一只手的大拇指按住口子，另一只手用带钩的工具从肚子里钩出儿肠，然后割断。骟猪的过程又血腥又暴力，但大人们心安理得见惯不惊。说也奇怪，也没打麻药，小猪被骟了之后，也没消毒，照样活蹦乱跳，也没见感染。蒋骟匠给我们家骟猪的时候，我专门把他的那只号角拿来观摩了一番，有成人手掌那么长，有一点点弯，颜色淡黄淡黄的，我们问他这是什么角，他说是黄牛角。骟匠这个职业比较小众，会的人很少，学的人也很少，方圆十里八里一般就一个人，细水长流的活儿，不是天天有，反正有做的。

　　轻飘飘的旧时光就这么溜走，转头回去看看，时已匆匆数年。前不久，我在乡场上看到蒋骟匠，他有些老了。我跟他打招呼，他不认识我了，这也不奇怪，母亲过世快30年了，我们也就有这么多年没养母猪了，加上我外出打拼，和他就没什么交集了。我说了我父亲的名字，他一下子记起来了。我问他还在做这个手艺吗？他说还在。我问他偶尔还会吹号角吗？他笑了笑说，早就没吹了，现在有手机了，很方便的，再一个，赶场的每一场，他都会在这个固定的地方，需要骟猪的人都会来找他。我问他，你那个号角还在吗？他说还在还在，要好生保管起来，毕竟跟了他几十年，是他做手艺的象征。我又问他你现在还吹不吹得来？他说吹得来，那又不是啥子高难度的活儿。我问他生意怎么样？他说以前还可以，猪场多，每个猪场每次都有好几抱小猪，加上散户的，还过得去，但是自从闹非洲猪瘟以后，猪场不让外人进了，猪场老板自己也学会了骟猪，生意就孬了好多，只有散户的了，但是抽烟喝酒是没得问题。

　　他问了一下我的家庭情况，我就告辞了。要是有一天，老家的水

泥路上再响起那也算悠扬的号角，那种只有养了母猪的人家才会格外在意的号角，那不是现场直播，那一定是在梦里。我们这一辈儿时记忆中的号角声，就这么消失了。

剃头匠

刘　强

"剃头啦，剃头啦！"一声声吆喝，伴着几声犬吠，院子里的大人小孩便会跨出门槛，循着吆喝声走去。一眨眼工夫，剃头师傅身边就围了一圈人，递叶子烟的，划火柴点火的，端板凳的，忙个不停。剃头师傅摸摸这个小孩的头，扯扯那个小孩的耳朵，打趣逗乐子。待一袋叶子烟燃尽，拿出小木箱里的刀剪，拴好遮挡碎发的围帕，开始替人剪起头发来。

这是我小时候亲历过的情景。川东北一带把理发师叫剃头匠。剃头匠这个职业，算不得高尚，也不算低贱。反正有艺在身，天晴下雨不得出工干农活，走到哪吃到哪，不愁饿肚子，很是让人羡慕。

大集体生产那些年，手艺人外出挣钱得给队上交工分钱，又称为口粮钱，年终将钱折算成工分，才能分到粮食。那时的劳动价值低，一个劳动工日只有几角钱，一个人一年的剃头钱八角左右。一般一个大队只有一个剃头匠，负责所有生产队近千个男人剃头剪头，年终每个队按人头结算剃头费。剃头师傅除了上交队上的工分钱外，手中还略有结余，在那个年代，兜里有几个现票子，也算是"富甲一方"了。

土地承包下户后，剃头费也发生了变化，一般采取包年的方式，年终剃头师傅上门到每家每户自行收取。随着改革开放的不断深入，乡场上的理发店如雨后春笋般地多了起来，青壮年大多外出务工去了，剃头匠生意淡了许多。不过学了这门手艺，丢了不做不划算。好在包年费逐年在递增，做，总比不做好。

俗话说：剃头挑子一头热。过去的剃头匠都挑着一个担子，担子的一头装着一口小铁锅，下面有炉灶用木炭生着火，专门烧洗头用的热水，另一头则装着脸盆、剃头工具等。解放后，剃头匠的行头就变得简单多了，一个布袋或一个小木箱，一块磨刀石和几把刀剪，挎在肩膀上，入院串户就轻便多了。

剃头匠这门手艺，很有一番讲究。小孩出生满月或满百天剃胎头要请剃头师傅，需提前几天找他掐算选日子。剃胎头那天得烟酒侍候着，还要给"喜事"红包，一元二、十二元、一百二十元不等，根据主家的大方和经济状况而定，剃头师傅也不会去争究，只要过得去就行。剃头师傅将小孩头上剃下来的胎毛放在手中揉捏成团，如果成圆形，则标志着小孩好带，无病无灾。团好的胎毛用线串着挂在梁柱上，意思是小孩长大后会远走高飞有出息。所以，凡是农村上了年纪的老人，对这项仪式都很看重。

要是谁家的老人去世了，也得去请剃头师傅上门，为死者剃头净身穿衣，称为"白事"。必须得给红包"冲喜"，一般离不了"三"，一元三、十三元、三十三元，或者一百三十元。凡是白事，往往都是上了岁数的剃头匠才接这些死人活。在为死者剃头净身时，剃头师傅还煞有介事地用手比比画画，口中还念念有词，一为生者避煞驱邪，二为死者亡灵超度。

乡村剃头匠最让人看好的手艺，就是刮胡须，是城里的理发店和发廊无法比拟的。刮胡须前，剃头师傅将毛巾在温水中浸湿后挤干，在你的脸上轻轻地反复揉搓十几次后，随即拿出剃刀在胶皮上反复抹几下去汗渍，便左手撑住你的头，右手刀走偏锋，从你的脸上、嘴上、额头、后颈、背沟和耳后轻轻划过，一阵轻微的"唰唰"声响起，你的面部神经就会自然松弛，一种舒服感透过全身，让你顿时神清气爽。

乡村剃头师傅最擅长的还是掏耳，这岂止一个"绝"字了得。他们没有医院五官科的凹透镜设备，也不需要手电光照明，全凭感觉在操作。掏耳前，剃头师傅将你耳朵轻按几下，随后用剃毛刀在耳朵内转一圈，去掉耳毛后，才开始掏耳。当细长的耳匙刚伸进你的耳内时，瞬间有种"嗡嗡"的声音响起，尔后耳匙在耳内上下左右蠕动，顿时，一种酥麻感遍布全身，让你欲罢不能。再用柔软的耳刷来回搅动，清扫耳垢，最后又轻按几下耳朵，掏耳就结束了。剃头师傅掏耳的手艺精就精在拿捏适度，既舒服又不伤耳膜，手到垢除，一点没有疼痛感。能达到如此境界，可见非一日之功也。

随着城镇化进程步伐加快，农村人进城买房的多了，居住在乡村的人越来越少。加之乡村剃头匠手艺青黄不接，年老的不能做歇了业，年轻人不愿学也不愿做，而今的乡村，已很难再见剃头匠的身影了。

尽管如此，但乡村剃头匠走村串户的吆喝声，早已镌刻在儿时记忆深处，此时想起，仍然感觉是那么亲切。

打耍锣

李 建

打耍锣，是渠县民间传统的地域文化艺术瑰宝，既是一种休闲娱乐形式，又是一种凑热闹的击打音乐表演形式，因为耍锣不受场地、时间等诸多限制，即兴而玩，即兴而乐，所以叫"耍锣"。

据德高望重的老一辈耍锣艺人讲述：渠县耍锣始于唐末宋初，最先是为道教超度锣鼓帮腔助兴。因为超度锣鼓要磕头作揖，这不符合耍锣的初创宗旨，所以，后来不与道教联手而独成体系，自编耍锣引子(曲谱)，在漫长的发展过程中逐步完善，兴盛于民国，复兴于十一届三中全会以后。

传统的渠县耍锣引子30余个，以"圆圆"最简单，以"白蛇志"最为复杂也最好听，以"闹店、拗马居、顺过街、白莲花、过仙楼"等引子最常用。

传统的渠县耍锣，有红事锣鼓和白事锣鼓两大类。红事锣鼓也是喜庆锣鼓，如歌舞、狮灯、婚嫁等。

渠县耍锣有山地锣的高亢激昂和平坝锣的舒缓流畅之分，又有传统的启蒙锣和创新的带用锣之别。

渠县耍锣由鼓、大锣、镲子、包锣、大马锣(勾锣)、小马锣等六种乐器组成。一般五六个人演奏。鼓统全局，大锣当家，镲子打恰恰，小马锣和包锣打引子节拍。大马锣声音最好听，打花样拍子。

渠县耍锣击打技艺讲究音正拍准，干净利落，清脆响亮，起槌落槌的轻重缓急须拿捏得当，恰到好处。同样一曲耍锣引子，各套耍锣班子演奏的听觉效果很不一样。参加表演的乐手们忌边打锣边念谱，被鄙为"喫引子"。

鼓打全场，俗话说"无它不起，无它不落"，击鼓要做到一个字一锤。个别手巧的乐手有些字可以打两锤。例，起鼓："朵度朵度，朵不啰朵度朵度"，右手棒棒起鼓，左手按"度"字音要清楚。

大锣当家，大锣多打一锤或少打一锤，都会造成混乱造成乱套，必须打出高、中、低音，做到押音、敞音、双音清楚明白，例："嚓嚓挡，嚓嚓挡，嚓挡嚓挡嚓嚓挡"，可用技巧打成："嚓嚓挡挡，嚓嚓挡挡，嚓挡嚓挡嚓嚓挡挡。"

镲子助音，拿镲子必须两手松紧适度，两手用力相等。如敲打高音、沙音时，左手稍微握紧镲子，右手放松镲子，例："嚓嚓挡挡，嚓嚓挡挡，嚓嚓挡嚓挡嚓挡挡，嚓嚓挡挡，嚓嚓挡挡，嚓(高音)挡，嚓(高音)挡，嚓(更高)挡。"

大马锣打穿引，大马锣也是耍锣中的重要组成部分，拿大马锣不能吊在手心下面打，要用指头顶住锣的内边，大拇指握住有松紧、有技巧地敲打。例："挡挡嚓嚓，挡挡嚓嚓，挡嚓挡嚓，挡挡乙挡，挡挡嚓(高音)挡。"

小马锣打点节，小马锣一般在手指下吊起打，打敞音不能押音，如玩车灯也有独打点子的特色。

包包锣打节点，敲打起显点、映山，个别引子也有独打的特色。例，"双龙头"敲打锣心部分："咚嚓挡嚓，咚嚓挡嚓，咚嚓咚嚓，咚

咚乙咚，咚咚嚓(高音)。"

敲打耍锣的人员一般是耍锣爱好者，为了把耍锣敲好打好，六个人要做到三和要素，即"心、口、手"合一，心里锣引子记得清，口里读得准，手里打得明。

渠县打耍锣蔚然成风，特别是在丰乐乡李家坝更是堪称"耍锣窝子"。但凡正月敬香、清明挂坟、新店开张、婚姻嫁娶，或是排街祝寿、族会、举丧等都要用打耍锣来凑热闹。解放前偶尔也有扯棚子赛锣艺的活动。

据老一辈讲：民国初年新春正月，水口庙一干信众带一套耍锣班子去犁头寺敬香，敲锣打鼓从村里某家院子对面的大路经过，这里的家族老一辈大多幼习鼓乐，也不乏个中高手，见有锣队在自家门口喤当喤当敲打而过，以为是在叫板挑衅。习艺之人大都好强，遇见对手，机会不可错过，耐不住手痒痒，一声吆喝，一套班子快速搭建便和对门大路上锣队招呼起来。一曲"闹新年"礼貌地扔了过去。对方不想惹麻烦，又不得不还礼，以一曲"顺过街"回应，意思是想早点儿赶路办正事。这边却直奔主题，又一曲"闹店"示之。对方已听明白自己是被误会了，暗忖今日不见分晓，很难脱身。习艺如同习武。谁甘服软呢？但毕竟远道而来，时间有限。再一曲"过仙楼"以示谦让。这边不依不饶，一曲"二世改代"要你认输。于是锣来鼓往，你叮咚嘎嗍儿脆，我喤当嘭嚓儿响。什么"白莲花"呀，"竹叶青"呀，什么"吊三锤"呀，"吉三秋"呀，"拗马居、鸡啄米"，"龙赛志、马过桥"，"马儿过河、凤凰搭桥"，玩得不亦乐乎。

耍锣引子音韵优美，如仙乐缥缈，锣鼓点子声调清越，似珠落玉盘。再加上乐手们玩兴浓时，配以提膝搂肘、扭腰弯背等滑稽搞笑动作，让围观看热闹的乡民们免费享受了一场击打音乐盛宴。也不知是对方技逊一筹还是急于赶路，先收锣而去，于是人们手舞足蹈，雀跃相庆。

改革开放以后，渠县耍锣得到当地政府的重视。挖掘、整理、创新、编辑的渠县耍锣引子演变为一百多个，部分引子增加了唢呐伴奏、琴音和鸣，使渠县耍锣击打表演形式更具渠县地域文化特色，更具川东山歌音乐效果，更具典型性和代表性，也更加喜庆祥和。

据《渠县志》1991年版载，渠县耍锣引子(曲谱)已收集整理约135个。据2009年版的《渠县志》载，已谱曲收集入书的耍锣引子(曲谱)约167个，可见渠县耍锣文化传承之久远深厚，传承之广泛普及。

盲人按摩师邱罡

严衡玡

　　"油灯能驱走黑暗，也能夺走光明，但是什么都无法夺走信念，钢铁与男人怎样炼成，浴火重生、风雨无惧，视障又何妨，双手推开窗。"这是达州市首届"十大自强之星"评选时邱罡的推荐词。童年失明的邱罡自力更生，努力学习，用自己的双手创造出幸福的生活，不但创办了500多平方米的邱式按摩中心，还为300多名盲人改变人生指明了道路。

　　1970年，邱罡出生在大竹县观音镇一户普通农家。"我7岁那年，家里还是用的煤油灯。一天晚上，我躺在床上看小人书，没有想到煤油灯爆炸了。"为了给邱罡治病，父母跑遍了大竹的各个医院。虽然面部的伤治好了，右手上留下了一块疤痕，可眼睛却再也看不见了。父母坚持培养他自立，喂猪、推磨、煮饭、洗衣服。7岁的邱罡开始在家里帮大人做家务。

　　"那时我爸还教我在家里生豆芽。因为看不见，没有办法掌握重量，他就跟我说用碗称，一碗就是一斤，每个坛子可以装两斤，先将豆子泡水，再倒进坛子里天天浇水。每斤绿豆可以生六七斤豆芽，每个坛子可以生10多斤，卖一毛钱一斤，一天可以挣两块多钱。"邱罡说当时盲人只有几条路可以选，要么是算命，要么是跟别人学吹唢呐拉二胡，要么去乞讨，要么就跟着农村里的那些人织背篓、筲箕。但是邱罡的父母却不希望他就此过一生。

10岁的时候，家庭条件好了一些，父母就把邱罡带到重庆去检查，看有没有复明的机会。"治眼睛的时候教授就问我在家里做些什么，我就跟他说我在家里可以做饭、喂猪这些家务，教授就说这个孩子虽然眼睛看不到，但是嘴巴会说，你可以去读盲校学盲人按摩嘛。"通过教授的引荐，邱罡来到重庆南岸区的盲校学习。

在盲校学习的时候，偶然间他通过收音机听到了《钢铁是怎样炼成的》这本书，"人的一生应当这样度过：当一个人回首往事时，不因虚度年华而悔恨，也不因碌碌无为而羞愧……"这段话给了邱罡很大的触动，觉得残疾人不要因为残疾就废了，自己只是眼睛看不到，但是其他的器官是好的，可以用双手为大家服务，获得相应的报酬。在往后的艰难的日子里，这段话都在激励着邱罡继续前进。

1982年，邱罡到重庆南岸盲校读书。1989年毕业后，去成都四川盲人按摩中心学习。1991年回到大竹创业。

"我们盲人学按摩的时候是看不到穴位的，老师就在针灸人上插上大头针，让我们慢慢去摸每个穴位，骨架也是一节一节摸熟，课后同学间也要相互按，每天被按得浑身酸痛。"邱罡说自己选择回大竹创业，是"因为我的父母都是医生，知道按摩对治疗脊椎腰椎等慢性病比较好，也知道这种店只有开在城里才有生意"。

一个门市，一台电风扇，一张按摩床，几把椅子，邱罡开始了自己的创业之路。"第一天开张，亲戚给我介绍了一个落枕的客人。我按完这个客人后他说你按得还是可以，就开始帮我介绍熟人过来，慢慢就打开了门路。"虽然当天只挣了几块钱，但生意好起来之后每天可以挣十几块，每个月可以挣五六百块钱，这在当时来说算是很高的收入了。邱罡至今还保留着第一个客人给他的钱，虽然只有5角，但很珍惜，将它过塑，随身携带着。

1992年，邱罡的按摩店生意越来越好，每天都有30多个客人，从早上6点多一直要按摩到晚上10点多，"一天下来腿都是肿的"。邱罡邀请了两个同学来大竹帮自己，并在老电影院附近租了一个更大的门市，按摩床增加到了6张。上天不会亏待努力的人，邱罡的爱情之花也开始悄悄绽放。

"我们店里很忙，都是请人给我们做饭，有人就跟我说请人帮你不稳定，你要找个助手协助你一辈子。当时我姐姐就给我介绍了一个卖衣服的女生，也就是我现在的老婆杨萍，我姐让她来跟我学按摩针灸，来的时候并没有直接说耍朋友，在后来的接触中就产生了感情。"邱罡笑着说，"因为我看不见，出门的时候就必须有人牵着我，所以第一天见面的时候我就牵了她的手，她还很不好意思，我说我不但要牵你的手，我还要牵一辈子。"

回忆起第一次见邱罡，杨萍坦言自己当时是很嫌弃他的，因为他的眼睛看不见，但是没想到邱罡洗衣做饭都很在行，就连水龙头坏了也能修理好，杨萍在心里慢慢地开始接受邱罡。1994年，两人结了婚，并生下了一对龙凤胎。有了家庭后，邱罡的干劲更足了。

1995年，两个同学回了重庆，邱罡开始开办盲人按摩培训班。1999年，他拿出自己8年的积蓄10多万块钱，再跟父母和朋友借了一些，在大同街买了一个80多平方米的门市。2009年，邱罡投资了200万元在大竹买了500多平方米的房子（二楼）。在残联的帮助下，邱罡花了90多万装修成现在的邱式按摩中心。目前，有职业按摩师16人，已经培训了300多人，实现了百分百的盲人就业。在众多徒弟中，与邱罡感情最深的就是江波。江波的父亲离世的时候希望邱罡把江波当作自己的孩子。如师如父的关系把两人拉得更近，在江波的身上，邱罡看到了自己20年前的影子，他通过言传身教，让江波看到了希望。如今的江波也有了幸福美满的家庭，有了儿子，也通过自己的努力买了房子和门市。邱罡希望通过自己的努力改变一个观念，就是残疾人不是社会的拖油瓶，盲人也能通过自己的双手创造自己的未来。

"市残联的赵理事长跟我说过，你一个人富不算富，要带动更多的盲人致富。"从去年开始，每年都有60多名盲人来邱罡的按摩中心学习，邱罡不遗余力地教他们。如今的邱罡是达州市和大竹县的盲协主席。"我们都是盲人，都不容易，所以我作为盲人更能体会盲人的需要，毕竟是要靠自己的劳动换来收入，才能有一席之地。眼睛是心灵的窗户，因为盲人的心灵的窗户被关闭了，但是我们自己心里要明亮，要自食其力，要自己养活自己。"

2017年，邱罡获得了四川省按摩技能大赛二等奖，拿到了国家职业医士证书。作为一个盲人，他的成功来自自己的努力与坚持，但他并不满足于已有的成就，每年都要去全国各地学习进修，不断提升自己。按摩这条路，他要一直走下去。

办大席

杨仁明

办大席，作为故乡20世纪八九十年代的重要风俗之一，既承载着土地联产承包制之后，巴山农村充满时代感的生活场景，也承载了一个家庭的重大事件和经历的时代变迁。在婚丧嫁娶、兴房起屋、升学乔迁等重要节点，乡下都要举办宴请亲戚、朋友、近邻的宴席以表庆贺，被习惯称为"办大席"。其规模是以宾客数量和事件延续的时间而估算和确定。

办大席，除了突发事件（如有人突然病故或意外死亡）之外，都要提前一年或两年来筹备。那时，办大席的所有原材料，主要靠自家种养积累和有计划的储藏。比如，结婚的男女双方，至少在一年前就要进行协商，约定结婚时间。双方家庭就进行"办大席"的物资筹备。养几头猪，喂多少鸡鸭，准备多少粮食、油菜籽，种植多少蔬菜、瓜子和做豆腐的大豆等，都是自家作出安排。除海带、粉条这两样需要购买之外，其余所有材料都靠自己种养。即使是简单的面条，也是用自种的、靠石磨磨出来的小麦面粉，到场镇的面条加工房进行加工，或者直接用小麦去调换面条。

这个过程中，还有一项更重要的事情，就是进行用柴储备。每个家庭都有固定的自留山，那是储存烧火用柴的主要基地。每到家中要"办大席"，就要请父老乡亲中的十几个或二三十个壮年劳动力，帮忙到自留山砍柴和背柴。若遇结婚、建房、乔迁等喜事，还要请读过书、有文化的老先生写对联，贴在各个门框上，而且承担不同职能的房间，其门上的对联是有明显表现的。

其实，这才是真正意义上的自己动手、自力更生。乡亲们依靠自己的双手和亲人、邻居的帮忙，完成了一件又一件家庭大事的筹备、办理，实现了一个又一个心愿和应对了那些令人沮丧的突发事件。

"办大席"的基础筹备完成后，就进入实质性的办大席阶段。首先，要确定帮忙的人员和进行有序的分工。除了明确谁当"支客师"，谁当礼宾师（负责接收、登记客人送的礼品、礼金），谁主厨，谁杀猪宰羊，谁宰鸡鸭，谁管灯火照明，谁管生火加柴，谁管煮茶倒茶，谁管撮火上炭之外，还要确定哪些人借还桌子板凳、锅碗被子，哪些人挑水抱柴、迎来送往，哪些人负责饭厨房，哪些人负责菜厨房，哪些人负责"打掌盘"，哪些人负责"添粉子"（为客人盛饭称为"添粉子"。在老家，为避讳问客人"你要不要饭"，而称为"你需不需要添粉子"）等等。

一切都是有安排、有节奏的，也是有秩序的。在一般情况下，每一家办大席时，都要请上五六十人来帮忙。左右邻里，或远或近，都会自愿自觉地将自家种的蔬菜给"办大席"的人家送来，表示祝贺。

那是一个多么浩大、多么热闹、多么壮观的乡村场面。而我对办大席的几个关键人物，保持着清晰的记忆。因为，它们决定着所办大席的质量。

第一个是"支客师"——"办大席"的总调度、总指挥，受东家的委托，全权调遣帮忙的人员。"支客师"必须具备良好的个人素质：

嗓门要大、声音要高；有一定的知名度、影响力；个人品质要好，深受邻里的信任；说话要有水平，不能对前来帮忙的人员和客人有得罪；工作要有责任心，对每一个环节进行掌握和管理。因此，在每个家庭"办大席"的时候，所邀请的"支客师"，都是第一个出场最后一个退场的人。

第二个是主厨——"办大席"的真正操盘手，他自己的一些基本的设备要一起搬来，如特制的竹制大蒸笼、蒸粉蒸肉和烧白的土碗、切菜的大菜刀。以精湛的厨艺做出精美可口的菜肴，让所有客人一饱口福并获得交口称赞是主厨的最大追求。所谓"办大席"之"大"，就是一般都在五六十桌，有的超过一百桌，而这都要靠主厨的功夫来完成。当然，还要给主厨配备几个帮手，主要负责搭配菜品、调料。根据东家办多少桌、每桌多少菜品的要求，主厨对东家提供的原材料进行精心安排。比如，每桌的肉类菜品几份，汤类菜品几份，蔬菜类几份，都要了然于心，成竹在胸。还要根据每一轮开席的数量进行备办。在我记忆里，每轮开席一次最多的二十张桌子，最少的也是七八张桌子。乡下人习惯说"一轮开几席"。

第三个是"打掌盘"的人，被称为"掌盘"。"掌盘"就是一个人用木制的托盘，将已经做好的菜品从厨房托举到桌子前，再由负责桌面的人员端放到桌面供客人享用。一般情况下，"办大席"的掌盘有二至三人，若场面大、客人多，每一轮开席多，会增加人员做"掌盘"。因为客人多，很拥挤，所以，"掌盘"一路上都会高喊"让哦，菜来了"，或者喊"注意哦，汤来了"。

第四个是掌灯师。那个时期，农村的用电没有普及。家庭照明主要靠煤油灯、马灯。很多贫困的家庭还用桐油或松油木枝。遇到办大席，就只好请会使用"油气灯"的师傅来帮忙。油气灯燃烧时，发出很强的亮光和很大的声响。只要风不大，油气灯都不会闪动，而且通宵照亮整个院坝。油气灯，是我最早见到的最亮的照明工具，并对它充满好奇。

直到现在，我都感到奇怪：那个时候"办大席"，为什么不会发生食物安全事故？

办大席，用石块或砖头垒起一个临时的灶台，将蒸饭、蒸菜的大铁锅放上去，风干的木柴火在下面燃得旺旺的。吃饭的席桌，一般都摆在院坝里，很开阔，光线好。如果遇到雨天，就用多张农村晒粮食的、大约每张有20平方米的竹晒席作遮雨棚，后来逐步改为工业生产的篷布了。

办大席，在巴山农村还处于"交通基本靠走，通讯基本靠吼，保安基本靠狗"的特定历史阶段，的确生动而内涵地彰显了人与人之间最朴素、最纯真的情感。乡亲们既要帮忙跑路，还要大背小背地把自家种的蔬菜自愿地送来。他们都是义务的，不会谈及也不可能谈及报酬，是最纯粹的"亲帮亲、邻帮邻，你帮我，我帮你"。

那是一种很美丽、很洁净的情感载体和相处方式。

其实，办大席，就是现阶段人们常说的巴山"农村坝坝宴"的前身。只不过，已经有了本质的区别。办大席，主要依靠自家的物资储备，它呈现的菜品没有格式化，只要有什么原料就办什么菜品，热菜多凉菜少，肥肉多瘦肉少，因为那时的人们还特别喜欢吃肥肉。

往事回眸

WANGSHIHUIMOU

20世纪50年代达城的文明景象

龙中奇

去冬今春以来，达州市民把持之以恒地努力创建全国文明城市的活动推向了一个崭新的阶段。欣喜中的我自然而然地回忆起了50年代塑造城市文明的若干往事。

井然有序的放学队伍

50年代，我在达县城关镇第一中心小学读小学。每天中午和下午放学，全校六个年级千余名学生，在听到集合钟声（钟是一块扇形铁制器具，上方有一小圆孔，被铁丝吊在学校中部的教师办公室外一横梁下，由值周教师按特殊的节奏敲打成声）后，纷纷快步由各自的教室汇集到学校操场，不是按班级，而是按家庭所在的街道，按事先编好的位置，入列呈纵字形队站好。即家在一个街道或一个方向的各级各班学生，站在一个纵行里。每一个纵行都选得有正副"路长"各一人。他（她）俩分别站在这一纵行的最前面和最后面。队伍中中、高年级的学生绝大多数都佩戴着红领巾。当全校学生在校值日的口令下站整齐并由值周老师简单讲一番话后，在口令声中，在路长的带领下一个纵队一个纵队地有序离开学校的大门，朝自己家所在的街道方向走去。（那时街上的机动车很难见到，几无车祸隐患；街上的行人也少）虽然离了学校，没有老师跟随，但同学们依然十分遵纪地呈一字纵行地走在回家的路上。先到家门的同学，离开队伍时，转过90度，向仍行进在队伍中的同学们（是少先队员的）行队礼。然后彼此都挥手说"再见"。虽然60多年过去了，但那种纪律良好的放学场景至今都还历历在目，难以忘怀。

把防范安全隐患和搞好清洁卫生搞得深入人心

在50年代，在每晚的居民小组的学习中，居委会的干部（有时也有民警到场）宣讲得最多的就是防火防毒，不断提升居民们的安全意识。在我的记忆中，家家户户都挂有几大包（用沙子装进布口袋制作而成的）沙包，以备不慎着火时扑灭之用。一次，邻居家一位中年级的小哥哥将一盏未吹灭的（敞着的）煤油灯放进一实木做的并关上门的柜子里（那时电灯照明尚未普及使用），其父知道后，把他狠狠地揍了一顿。这从一个侧面看出当年的安全意识已深入人心。与此同时（尤其是在1958年），在县和镇各级政府的倡导、推动和组织下，达城居民（含学生）也开展起了大搞环境卫生的持续活动。为了不留死角，我的母亲把扫把绑在竹竿上，遮着头发，去打扫墙壁和天花板上的阳尘，而且家家户户皆是如此。清扫过了的人，仿佛是从煤窑中钻出来的一般，彼此付诸一笑，却也开心。作为小学生的我们，在学校做清洁，那劲头也不亚于大人。为了去掉老校舍教室门框、窗台和书桌的陈旧污迹（其上的漆早已不复存在），大家用湿帕反复擦洗还不算，对有些老迹印，还用小刀子去刮，甚至露出木质的本色。通过全城人民的共同努力，在清洁卫生方面古老的达城果然焕发出了青春。

用文明方式去督导吐痰入盂习惯的养成

50年代，旧社会遗留下来的有痰乱吐的行为还时有发生。为了树立爱清洁、讲卫生的良习，从1958年的春季起，在达城每条街道的两边，间隔一段距离，便设置起了木制有盖的痰盂，附近还贴有劝告用的警示标语。如果仍有人不自觉，那身着白衬衣，胸前佩戴着红领巾的小学生就会出现在他的面前。我当年也有幸参加了这样的活动。"执勤"时，我们手中都拿着用厚纸折成的漏斗状纸包。一次，一个正从翠屏路南门河坝挑起一担水往上走的伯伯（当年还无自来水），我发现他咳了两声嗽，正要伸起脖子吐向街面，我急忙快步跑到他跟前，把纸包递到齐胸处，并说："伯伯，请把痰吐进纸包里来！下次请别乱吐哦！"毕竟是一个少先队员很有礼貌地在规劝他啊！他脸顿时红了。放下担子，走了几步，把痰吐进了痰盂里。不能不说，这种文明劝导的方式在当年，在树新风、除陋习方面，还真发挥了不小的作用。爱清洁、讲文明是我中华民族自古以来的美德。从解放不久的50年代，一直到当今，我们达城居民也都一直努力在这个不断创新的目标中。我衷心祝愿我的家乡达州市在申报国家级文明城市的奋进中成功。

李依若和他的《康定情歌》

贺正华

一首《小河淌水》，成为云南省十大文化品牌之首；一曲《康定情歌》，让世界知道了康定。可以说，在中国，在海外华人世界，无论是精英还是百姓，谁不会哼哼"跑马溜溜的山上，一朵溜溜的云哟，端端溜溜地照在，康定溜溜的城哟……"

在康定，很久以来，人们都知道张大哥、李大姐的爱情憾事：康定城的汉族姑娘李大姐在内地求学并与同学汉族青年"张家大哥"相爱。两人一起来到李大姐的家乡康定游玩。躺在跑马山宽阔的草坡上，望着蓝蓝的天上飘着白云，青青的草地上马儿悠闲地吃草……美景，美人，美好的爱情，使极具才情的"张家大哥"心中优美的旋律油然而生，旷世的《康定情歌》就这样产生了……然而，美好的旋律并没有旋转出美好的爱情果实。由于种种原因，"张家大哥"和李家大姐最终未能走到一起，"张家大哥"遵母命回家乡四川宣汉娶妻，李家大姐也无奈地回到康定……

半个多世纪过去了，《康定情歌》一直以四川民歌的形式出现在各种歌坛、舞台，享誉世界，很少有人知道它的真正作者是谁！"张家大哥"又是谁？1996年5月，《甘孜日报》月末版悬赏万元寻找《康定情歌》的作者。随后，有四川轻化工学院教授宋方信和自贡市的知名文化人熊仲文考据，发表文章，提出了《康定情歌》的作者是达州宣汉县人李依若。

宣汉县政协委员欧阳鹤龄看到宋、熊的文章后，即向宣汉县作协和文联的朋友建议深入李依若的家乡马渡乡和县内外进行调查、取证，得出正确的结论。不久，《达州日报》发表了于蛟等记者的专访文章，说明《康定情歌》原叫《跑马歌》，是李依若20世纪30年代初在成都读大学时与康定李家大姐同学相爱所创作的歌曲。

但是，关于李依若是《康定情歌》的作者的论证却遭到一些人的质疑。有人说《康定情歌》是康定本土自然产生的，根本就没有具体的作者，更不是什么文人才子创作的。持这种观点的人说"如果是文人写的，怎么会始终出现一个错别字'照'呢？因为云本身是不会发光的。应该是笼罩的'罩'字才对头，文人是不会发生这种常识性错误的。而恰恰相反，文人不会把自己比喻成乌云去笼罩美女化身的康定城，具有太阳反射光的彩云却可以用'照'字，这正是文人的点睛之笔。"还有人说到康定雅拉沟一带有人是这样唱的："跑马溜溜的山上嘛，一朵溜溜的云嘛，端端溜溜地照在嘛，朵洛大姐的门嘛……"他们说这就是《康定情歌》的原始唱法。因为他们康定有一位漂亮的藏族姑娘，名叫朵洛，是一位卖松光的，当地人称"松光西施"。事实果真是这样的吗？

之后，欧阳鹤龄在相关部门的大力支持下，多次到马渡乡及宣汉、达州、康定、成都、重庆、绵阳、简阳各地，开始了长达15年的调查、走访、考证，获取了大量的文字、图片等资料和证据。

其间，欧阳鹤龄邀请本县志办原主任何平和刘梓权、粟登鳌等人前往马渡乡，在李依若的旧居百丈岩李家大院采访了原李依若家长工李仕达、鲁中立等人，又一次证实李依若在成都读大学时与一位康定的同学、姓李的女子相爱，因同姓遭父母反对，并因此与继母魏氏翻脸，不给李依若学费和生活费的情节。还说李依若后期全靠康定李大姐的帮助才读完大学。由于封建伦理观的影响，李依若和康定李家大姐的恋情终无圆满结局。李依若为了纪念这段恋情创作了《跑马溜溜的山上》这首歌，当地人叫《跑马歌》，他们最爱唱，并说是李依若亲自教他们唱的。有人质疑溜溜调似乎只有湖南才有。殊不知，溜溜调在宣汉民歌、山歌里的运用很多，这在达州尤其是宣汉文化界，是众所周知的事。

在李依若的档案中，欧阳鹤龄查到李依若在自述里记载了自己青年时代在成都岷江大学读书时风流浪漫的事，与谁浪漫没说明。同时还积极投身革命，为反对蒋介石的独裁统治发表了《反法西斯蒂》《杨杏佛之死》《恐怖线下》等文学作品。他在重庆任市政府秘书科员，做《新蜀报》及成、渝、达、沪等多家报刊画刊文艺副刊编辑，以及后来回川东在达县专署任秘书，在女子中学教书，回乡任乡长，在担任庆云、马渡、隘口三乡联合小学校长期间，与一个女子相爱受挫及解放后从事文艺工作等情况。

在重庆，欧阳鹤龄通过市文化局王处长，查到了李依若解放前在《大江报》上发表的多篇文章。在江津，他无意中发现中国著名白屋诗人吴芳吉20世纪30年代前做北大教授时发表的一首长诗《婉容词》，其中有"世间的女子任我爱，世间的男子任你求"的句子，有一种欣喜若狂的感觉：原来李依若创作《康定情歌》最后一段是在这里借用的呀！这与李依若多次爱情受挫的心态多么合拍，可想而知他对自由幸福的爱情是多么的渴望。吴芳吉30年代初在川大做教授，李依若此时也在成都求学，此诗句被他引用是顺理成章的事。吴芳吉的恋爱观正好迎合了李依若当时的心态。李在《情歌》里加上第四段应是在40年代，这第四段歌词的引用充分说明《情歌》是文人所为，只有爱情连连受挫的李依若才写得出如此风流浪漫的情歌。凭李依若的才华和音乐天赋，他创作的歌曲是无须别人修改完善的，如著名音乐家时乐蒙就全曲引用李依若创作的民歌《苏二姐》作为《英雄们战胜大渡河》的曲子即是明证。

2002年，欧阳鹤龄开始撰写"《康定情歌》的真正作者是李依若"一文，相继在《四川政协报》《西部潮》《湖北科技报》和《四川党政网》《知识产权网》《因特网》等多家媒体发表。2006年，该文陆续在《中国文化报》网站和《四川文化报》《四川音乐》和"网易""百度"等多家媒体发表，又一次引起轰动。

欧阳鹤龄15年的艰辛，用大量的证据证明：《康定情歌》的歌词引用了宣汉方言土语及宣汉山歌溜溜调作为衬词；《康定情歌》的风格与宣汉民歌《苏二姐》《绣洛阳桥》《十把扇子》等一致，是李依若惯用手法；歌词表达了作者爱情受挫对自由幸福爱情的渴望；第四段歌词引用了老师吴芳吉的诗句；此歌纯系李依若这样风流浪漫的文人所创作，没有来自康定民间的痕迹；1950年9月李依若以县文联名义主编的民歌集32首中第1首《苏二姐》和第2首《跑马溜溜的山上》即署名李依若（此书出版500册，在书店发行300册，文联内部发行200册，宣汉不少人都拥有此歌集）；李依若家乡马渡关和相邻的乡镇众口皆碑，一致说李依若与康定李家女子婚姻失败后创作了《跑马歌》，并亲自教大家唱；著名女高音歌唱家喻宜萱等传唱《康定情歌》并将其推向世界，功不可没。

2011年3月7日，欧阳鹤龄看到了"欢乐中国行魅力珠海"中，《康定情歌》的词曲作者显示为李依若，兴奋不已！这一时刻，年过六

旬的老人流下了激动的泪水。如今，李依若是《康定情歌》的作者已无疑义了。

　　李依若（1911—1959），原名李天禄，宣汉县人。先后就读于达县绥属联立中学、成都岷江大学。曾任重庆《新蜀报》副刊诗歌编辑、达县《月季花》杂志编辑、达县女中国文教员、宣汉民众教育馆馆长、宣汉文联主任委员、川北民歌研究委员会委员。

巴山背老二

韩 奕

背二哥是蜀道艰难的产物，是秦巴山区不畏艰难险阻的劳苦大众的代表。他们的历史是一部秦巴山区独特的运输史，是一曲农耕时代繁重体力劳动者的悲歌。在万源官渡、梨树一带，背二哥被称为背老二。

20世纪50到70年代，万源城至大竹河未通公路，沿线的官渡、梨树、蒿坝、皮窝、庙坡、大竹河、田坝（后临河）、紫溪、庙子、白果、钟停等10余个公社的盐巴、布匹、西药、煤油、锅罐、农具等生活必需品，全部由背老二背进去，再把各公社生产的茶叶、核桃、药材、油桐、生漆、猪鬃、棕片等土特产背出来。那时，公路虽然通到官渡，由于汽车稀少，偶尔有少数马车、牛车运货到官渡，运输的主力还是背老二。50年代，万源和大竹河两地都成立了运输社，以大竹河居民为主力，少数万源城里居民参与，成立了一支一两百人的运输队，行走在万源至大竹河的路上。

那些年，万源城至大竹河的里程习惯计算为：万源至官渡30华里，官渡至梨树15华里，梨树至荆竹坝25华里，荆竹坝至皮窝25华里，皮窝至庙坡40华里，庙坡至大竹河15华里，合计150华里。普通行人，清晨出发，天黑前到达。身负重物的背老二，需要三至四天，因为从万源出发，一过梨树公社，就全是羊肠小道，道路在悬崖峭壁间穿过，头上青天一线，脚下水流湍急，空手行走，令人胆寒，负重跋涉，倍加艰辛。尤其是翻土垭子，山高坡陡，如遇风雨，分外难行。隆冬时节，土垭子还经常起桐油泠，道路又陡又滑，更是险上加险。

当时，沿途的梨树、偏岩子、徐家碥、荆竹坝、皮窝、庙坡，都有居民开的幺店子，专门住宿背老二，住宿费每晚一角钱，背老二可根据自己行走的快慢，分别在上述几个地方住宿。

背架。背老二最主要的工具。木匠们选用重量轻质地硬的木材，先把两根一米多长的长木刨制成弧形，分别打五个榫眼，再把五根数十厘米长的短木做榫头，把两根长木敲打结合在一起，做成背架。背架中间略宽，两头略窄，尾部那块短木粗而方，供打杵支撑，其外形与玄奘到印度取经所背的背架子大致相同。

背系。用质地坚韧的青篾条编成，是背架与人体相结合的物件。

背夹。用棕片缝制，外形像男式背心，只是没有前胸那一幅。背夹有双重作用，既能防止背系磨破肩膀，又可减轻背架摁后背的痛苦，起到保护肩膀和脊背的作用，因用棕片做成，既透气，又利汗。

打杵。呈"丁"字形，用硬杂木制成。背老二的打杵比农村一般的打杵讲究一些，外表用土漆漆过，黑亮光滑，手感舒适。打杵着地的那头，安装一根粗壮的铁锥，并用一圈熟铁箍牢。装了铁锥的打杵，支撑稳，不打滑。打杵是背老二们不可缺少的工具，长途负重，走上一两百步，必须用打杵衬住背架歇憩，并腾出手来擦汗。

汗圈。背老二刮汗的独特工具，半个巴掌大，用宽面条一般的青篾条盘成，打磨精细，呈扇形，大约五六圈，中间有几个筷子头大小的缝隙。曾经有背老二送给我一个，用起来十分利索，额头有汗，拿汗圈轻轻一刮，汗水就被刮在缝隙中，随手一挥，汗珠便甩到地上。

汗圈用麻绳吊在背架子的右上方，使用方便，比当时一元多钱一根的毛巾经济实用。

歇憩。背老二歇憩时，先将打杵衬在背架尾部的木方上，两脚叉开蹬牢，用汗圈刮去汗水，再大吼一声：嘿——呃！

官渡、梨树一带的居民形容过路的背老二：上午是寡子，下午是癫子，黑了是疯子。其内涵是：上午体力充沛，废话少说，抓紧赶路；下午体力下降，说点笑话，整个球谈，缓解疲劳；天黑了，吃罢晚饭，劳累了一天，也需要乐一乐，打扑克、下象棋、摆骚龙门阵、唱山歌，是背老二们娱乐的方式。依稀记得一些年轻背老二唱的一首山歌：十七八岁大女娃，坐在门前把鞋扎，看见公鸡爬母鸡，心里犹如猫儿抓。

背老二把自己挣的钱叫血汗钱，因背老二在路上走上二三里，就开始出汗，从清晨到傍晚，途中要用汗圈刮汗数十次，可以说每天都挥汗如雨。干上十几年，脊梁压弯，形成筲箕背，到了晚年，成了驼背子。长年在崎岖的山路上负重前行，十个背老二，八九个劳伤，死伤也时有发生，曾听说有个姓谭的背老二，就摔死在土垭子。

那个年代，背老二的运费按里程和重量计算，背一百斤，走一百里，可挣五至七元，多数背老二，背一百二三十斤，个别的能背一百五十余斤，多数背老二，每月可挣三四十元，个别的每月可挣四五十元。

太平坎

秦超中

　　万源市玉带乡太平坎村，自古忠孝传家，人文气息浓郁。唐天宝年间，一条"西渝高铁"——荔枝道，将太平坎融入"一带一路"而繁盛千年。时过境迁，太平坎近几十年失去交通优势，成为偏远角落，但村里古建筑、古墓成群，古风古貌完好保存，被列入"中国传统村落""四川最美古村镇"。

　　某年三月，菜花盛开，与三九、铜豌豆相约，分别从达州、万源驾摩托车前往玉带乡，开启古村落之旅。

太平坎村"唐代建县"

　　从玉带乡场镇至太平坎村12公里路上，山高林密，几乎没有人家，刚进村口，良田屋舍、鸡鸣狗吠，不是桃源，胜似桃源。

　　俯瞰太平坎，村子四面环山，三面临水，中间平坝如旗，由涪陵通往长安的荔枝古道横贯其间，如一条青龙在游走。层层梯田如万卷之书，春天的油菜、秋天的稻谷恰似整齐排列的文字。

　　话说唐朝开元二十三年，朝廷建太平县，本选址在太平坎，且已建成东、西城门，后来却因故须重新选址。在称土比土质的时候，有人暗做手脚，将其中一撮土轻轻捏了一下，结果太平坎的土略轻一些，太平县就这样"飞"到了今通江县洪口镇。太平坎因建太平县而名"太平"，又因太平县的突然飞走，给当地人心头留下了一道挥之不去的"坎"，"太平坎"之名由此而来。

解家大院"留匾退金"

走进村口，来到解家大院，一只猫咪警觉地从院坝里跳上窗台，回头"喵"了一声，又跳进屋里去了。

解家大院为民国省参议员解明德的故居，晚清、民国两朝两代人合建，全木结构三进，呈台阶式上升，寓意"连升三级"。房30余间，占地2000余平方米，数百张青石板铺地，梁、柱、挑、板壁用木料1000余根。神龛、木窗、檐角花草装饰，雅趣横生；磉磴20个对称分布，镂浮雕结合，形态各异；小天井内置花池，四水归堂，藏风聚财。特别是堂屋门画武将把守，威目圆睁，任你站在哪个角度，都在他视线之内，尽显传奇。

讲起解明德"留匾退金"的故事，解氏后人津津乐道。洪宪元年，四川清代唯一状元骆成骧为解明德送一寿匾，匾长298厘米、宽122厘米、厚3.5厘米，上书"寿永春晖"四个大字，每字镏金。解明德将金粉从匾上全部刮下，退还骆状元，只留下木匾与墨宝，以示感谢。退金虽小，但解明德为人低调、不喜排场的品质，却让骆状元及乡里人打心里头佩服。

张家大院"五子登科"

从解家大院后门穿出，走在田间小道上，听见一阵怪音，"上亿！""我骑！""哇！"循声望去，原来是一位老伯在耕田，老伯姓张，他解释道，"上亿"是让牛走直线，"我骑！"是让牛往前走，"哇！"就是要牛停下来，铜豌豆美女两眼圆瞪，这语言好"牛"！

张老伯带我们走进张家大院，大院格局与解家大院相似，不同之处是历史更悠久，据张老伯介绍，堂屋顶有一片瓦，上面有"大明××三十年"字样，可以推断，大院距今四百多年了。在大院朝门口，一对双斗桅杆吸引了我们的注意力，这可是万源市现存的唯一一对双斗桅杆，其中一支桅杆上刻"文光射斗"四个大字。据张老伯介绍，双斗桅杆的主人叫张尔斌，文武双全。

张家大院后面，有一棵古银杏，五根枝干，同根生长。据传此树为张氏先祖张洪道栽种，张洪道生六子，分六大房，聚族而居；银杏发六枝，成六棵树，相互依偎。几百年下来，张氏六房其中一房无嗣，银杏六棵其中一棵枯萎，那枯萎的一棵到现在还能看见痕迹。现今张氏作为该村第一大姓，家族墓碑众多，随处都镌刻有"追赠太子太保云贵川提督张必禄、陕西延榆绥兵备道张由庚、湖北安陆府知府张由基、山东泗水县知县张元恺"等大人物，张氏还出了一位中华人民共和国开国少将张开基。五棵古银杏也因此被称为"五子登科"，寓意张洪道五房后裔人才辈出。

黄家大院"骏马认祖"

从张家大院到黄家大院，见一个小女孩正追一只鸡公兜着圈子，看见我们到来，憋着红通通的脸朝屋里喊着"婆婆"，示意有人来了。

黄家大院不甚出奇，但在清朝，院里出了一位举人黄思孟，官至松潘厅知府。大院后有一座同治年间黄家"花坟"，占地百余平方米，系父子夫妇五人合葬土冢墓，冢前建石质牌楼一座，四开间，五叠水，牌楼前有四柱顶帽碑亭一座，亭内阴刻记载了墓主生前品性德行及家谱渊源等文字内容。牌楼及碑亭可谓是无处不雕刻，传说"三百工匠修三年"，许仕林救母、猪八戒背媳妇、舞长龙等场景图。

太平坎黄氏系战国春申君黄歇后裔，明朝黄诰、黄元伯父子，皆中进士，为入川始祖。在黄氏后人中，有一首口口相传的《骏马诗》：

> 骏马登程往异方，任从胜地立纲常；
> 年深外境犹吾境，日久他乡即故乡。
> 朝夕莫忘亲命语，晨昏当荐祖宗香；
> 但愿苍天垂庇佑，三七男儿总炽昌。

话说黄氏先祖黄峭有三位夫人，各生七子。有一天，黄峭召集二十一子，将家产均分成二十一份，分给各子后，黄峭作《骏马诗》，让二十一子牢记在心，然后吩咐除三位夫人所生长子留居外，其余十八子即日登程，各往异方，各奔前程。数百年来，黄氏散居全国各地，当年的"他乡"又成了新的"故乡"，《骏马诗》逐渐成为黄歇后裔的"认祖诗"。

自然风物"神奇传说"

"太平观音。"向太平坎对面的山上望去，一块裸露的岩石上，有一个人形，通体发白，轮廓酷似观音，太阳映射在岩石上，观音通体

发亮，亦真亦幻。薅草的大爷介绍，那是观音岩，太平坎随便哪个位置都能看见。世人都知，唐代佛教盛行，太平坎历来太平，或许就是受了这尊观音佛像的保佑吧。

"夫妻古柏。"在太平坎倒角里组一古墓前，生长有两棵古柏树，两棵古树同为建墓时种植，大小却有很大差别，母柏树干很粗，似杨贵妃，公柏树干较细，似唐玄宗；古墓里长出的一根红刺藤爬上两棵古树，像是牵了一条红线；母柏树下几棵小树围绕，恰似孩童。因此，当地人把这两棵古柏树形象地称为"夫妻柏"。如今的太平坎早已看不见奔腾的骏马与荔枝，而那段"可歌可泣"的爱情故事在这里似乎还在延续。

"贵妃望夫。"太平坎大寨梁有一个小土包，土包上有一块大石头，侧目望去，似一女子望夫，女子长发、额头、眼睛、鼻子、下巴清晰可见。当太阳落山，余光即将退去，望夫女子似带忧伤，让人陡生几分怜惜。这难道是被唐玄宗假装赐死于马嵬坡下，而后潜藏在太平坎却终究回不去长安城的杨贵妃吗？

当晚在解家大院晚餐，茼蒿、折耳根、苦麻菜、老盐菜等，体验了一把野菜盛宴，在阁楼里安静入梦，梦里在老家徘徊……

新达记忆

任科建

　　州河像一条绿色的纱幔从城市周边清清地流过，城市之南、州河之滨有一座白马古寺，寺庙的门前有一条窄窄的无名土路从州河边一直延伸到三岔路口，老百姓习惯称之为"白马寺路"。

　　20世纪50年代初共和国刚刚成立，基础薄弱，百废待兴，急需加快经济发展特别是工业化的发展，这座小城也在白马古寺、白马寺路上写下了工业现代化进程的辉煌篇章。

　　1950年2月，达县人民政府接收原国民党政府四川第十五行政区专员公署修械所，定名为"公营达县专署人民工业机器制造厂"，成为达县地区第一个机械制造企业，厂址在老车坝前面金华巷口。1951年11月该厂与达县水电公司机器修配厂合并，定名为"公营新达机器制造厂"。由于当时技术和设备比较落后，工人不足100人，工厂只能生产一些简单的小型机械。

　　1958年，全国"大跃进"运动如火如荼广泛开展，达县专署把农机厂、锅炉厂、粮机厂合并到新达机器厂来，厂名定为"达县专区新达通用机器厂"，并迁址到白马寺，厂区面积扩大到15000平方米，增加机械设备，工人也增加到近千人，主要生产简单的农业机械，铁木结构的棉纺机等。1960年，正值三年困难时期，经济萧条，工厂几经关停并转，艰难运行。

1962年4月，中共中央监察委员会常委王维舟来厂视察，鼓励工人们克服困难，努力生产，为国分忧，为国贡献。1964年6月，四川省委书记廖志高来厂视察，对工厂的发展壮大给予了极大的支持。当时国家处于高度计划经济时期，工厂的产品生产、产品调拨等一切都由国家计划安排。9月，四川省计委批准工厂为水泵专业生产厂，生产B型、BA型等单吸单级离心式清水泵及水轮机等产品。1964年随着国家经济形势的逐步好转，工厂沿着水泵生产的方向发展，达到年产1万台套的生产能力。正当全厂职工努力奋斗抓紧生产的时候，再次传来好消息。1971年8月，四川省革委会副主任邓华来厂视察，并宣布省里决定新达厂成为"四川省百万马力柴油机大会战工厂"之一，主打生产S195型12马力柴油机。1972年7月，四川省革委会主任张国华来厂视察，鼓励工人们加快柴油机生产，早出产品，多出产品。全厂职工精神振奋，热情高涨。扩建厂房，增加机械设备，充实技术人才，为百万马力大会战贡献力量。

技术科长李广瑞带领技术团队短时间内就设计出柴油机专机车间和总装车间等厂房施工图。基建科科长王一凡积极组织全科职工投入厂房施工建设，现场施工工程师肖伯森日晒雨淋地在工地上管理施工作业。一年多时间，一座机体加工车间、一座整机总装车间共3000多平方米标准厂房胜利竣工。

柴油机生产线的规划设计也同步推进，工程师岳世远、杜洪光、王化安、许俊奇等工程技术人员，夜以继日地工作，齐心协力攻克技术难关，每一张设计图都凝聚着他们的心血和智慧。技术工人们也大显身手，工人技师李秀书、陈家坤、裴国华、邱明竞等，日夜奋战在车间里，大国工匠们用巧手把设计师描绘的蓝图变成了一条条标准的生产线。一年多后，柴油机机体、曲轴、连杆、总装等生产线相继竣工。1974年2月，S195型12马力柴油机试制成功投入批量生产，达到了年产1.5万台套的生产能力。从这个时期起，工厂有了水泵和柴油机两个拳头产品，相辅相成比翼齐飞，发展前景广阔。

1978年，党的十一届三中全会决定把全党全国人民的工作重点转移到社会主义现代化建设上来，改革开放的号角吹响神州大地。新达水泵厂也迎来了快速发展的好时代，南下干部党委书记崔福民、副书记龙仁怀带领全厂职工响应时代最强音"顽强拼搏，振兴中华"。详细制定了工厂方针："创优夺银，产品打入国际市场。"首先成立了"新达水泵研究所"，对新产品的研发和产品创优有了技术保障。对产品进行商标注册，水泵为"巨流牌"，柴油机为"新达牌"，极大地保护了企业自主知识产权和注册商标专利权。1981年崔书记带领技术、营销人员南下广州参加"广交会"。会上，泰国商人见到新达厂亮晶晶的"巨流牌"水泵时，赞不绝口，经过洽谈，成功签订了水泵柴油机组1050台套的购销合同，成交额150万元人民币。这也是新达水泵厂产品第一次成功打入国际市场。接着，BA型水泵11个品种出口缅甸、泰国、新加坡等国家，为国家出口创汇作出了积极贡献。

质量是企业的生命，工厂进入了全面质量管理模式，对所有生产环节每一个零部件严把质量关，功夫不负有心人，1983年，150S50型水泵荣获水泵产品国家最高奖"国家银质奖"（金奖空缺），并多年来一直蝉联银质奖。

1979年到1983年，工厂先后获得"四川省大庆式企业""四川省先进单位""全国泵行业产品质量先进单位"等荣誉称号。

这个时期，新达厂的辉煌也为这条路赋予了崭新的名字："新达路"，路面也修成了宽阔整洁的混凝土大道。

1982年7月，半个月之内，工厂连续三次遭受百年不遇洪水袭击，四个车间七个仓库被淹，部分生产设备，仓库物资受到严重损毁，全厂职工昼夜抗洪抢险苦战18天，终于全面恢复了正常生产。

80年代初，中央提出干部要革命化、年轻化、知识化、专业化。1983年，工厂新的领导班子上任，厂长王德煊、党委书记雷光明大胆提拔专业技术人才，厂里科技三巨头杨慕忠、刘光前、朱伯芳分别担任总工副总工，厂领导制定出工厂经营方针："强技改、保质量、上水平、增效益。"加强企业技术改造，走内涵扩大再生产的道路，向科学技术要生产力。产品向高扬程、大口径、精化工方向发展，向钢铁、煤炭、化工、给排水市场进军。之后，通过邓志明等一批新老水泵专业技术人员和全厂职工的共同努力、日夜奋战，厂里先后研制生产出ZW600—80型卧式烧碱蒸发化工强制循环轴流泵、CP系列不锈钢化工泵、YL-750/3.0氯气泵、300HW—40型料浆循环泵和350S125、500S98等大口径高扬程清水泵。为全国自来水、钢铁、煤炭、化工行业提供了性能稳定、质量可靠、效率更高的给排水设备，深受客户好评。

产品质量也捷报频传：ZW600—80型卧式烧碱蒸发化工强制循环轴流泵获四川省优秀新产品奖，整个S系列水泵近100个规格型号获四川省优质产品奖，S1100型15马力柴油机获四川省优质产品奖，200S63型清水泵获机电部优质产品奖。工厂也先后荣获"四川省先进企业""四川省出口创汇先进企业""国家二级企业"等荣誉称号。企业的经济效益和社会效益成效显著。

企业效益连年增加，职工福利逐步向好。多年来，工厂新建了10多栋共500多套职工住房，绝大多数职工从土坯房、木板房陆续搬进了高楼大厦，住房条件得到了极大的改善。

进入90年代，工厂在适应由计划经济向有计划的商品经济以及市场经济转变过程中，确立"以市场为导向，以营销为中心，以技术为支撑，以生产为保障"的工厂经营方针。分管营销副厂长李培福、经销科长李明富、供销公司经理任科建等人精明强干，市场经济思维活跃，按照厂部决策，在全厂招聘人才充实营销队伍，在全国各大城市建立了营销网点，把企业的触角直接延伸到了客户端，增强了市场竞争力，产品畅销全国，供不应求，并出口东南亚、中东、北美、澳大利亚等20多个国家和地区。

工厂在抓好经济效益的同时，牢记社会责任。1990年7月，襄渝铁路万源县梨子园隧道里油罐车发生特大火灾事故，按照地委行署指示，工厂两次派车运送设备、工程师现场安装高压水泵参与抢险救援，成功助力扑灭大火。1991年海湾战争后科威特几百口油井大火，中国灭火队赴科威特参与灭火，新达水泵厂支援的四台高扬程大流量350S125型水泵，在科威特油井灭火战斗中发挥了巨大作用，中国灭火队员和国外同行称之为"水炮"。中国灭火队凯旋后，受到李鹏总理亲切接见。总理高度赞扬了中国灭火队和中国制造。这都充分体现了国有企业的社会责任与担当。

1990年12月，新达厂被评为"四川省百家优秀企业"并赴北京参加汇报会，厂长王德煊、供销公司经理任科建到北京人民大会堂接受颁奖，同时受到中央领导的接见并合影留念。在参加四川百家优秀企业赴京汇报新闻发布会上，王德煊厂长对工厂的现代企业管理、市场营销策略、企业发展前景做了重点介绍，受到国家部委领导的肯定与赞许。

1992年，新达水泵厂荣获第六届国际欧洲质量奖，总工程师冉启

益同志远赴西班牙，捧回了沉甸甸的荣誉奖杯。

由于市场经济发展需要，国家重大工程项目实行招投标制度。工厂营销部门积极应对，成立招投标专业办公室，参与全国重大工程项目投标，先后成功竞标500万元以上项目有：东莞市40万吨自来水工程，首钢、宝钢、武钢、鞍钢、包钢等给排水工程，江苏仪征30万吨化纤工程给排水项目，首都国际机场、上海浦东国际机场给排水工程等国家重大工程项目。众多的中标项目为工厂经营生产奠定了坚实的基础。

随着国有企业的深化改革，1994年，工厂进行了股份制改革，成立"四川新达集团公司"，下辖"新达泵业股份有限公司""新达内燃机厂""新达压力容器厂"。以国有股为主，职工人人持股，极大地调动了职工经营生产积极性。享受国务院津贴的高级工程师青年技术人才副总经理刘建、程朝旭，技术部长肖功槐等人带领技术人员加快对设备的更新换代，增加了数控机床等现代化设备，继续研制开发出了600MM、800MM、1000MM大口径、高扬程、变频调速自动化控制水泵，多缸柴油机等新产品。工厂形成了年产各型水泵2万台套，N285Q、N385Q各型柴油机2万台套，一、二类压力容器5000吨的生产能力，实现年工业总产值8000多万元，利税1000多万元，出口创汇250多万元，为国家作出了积极的贡献。工厂成为国家机电工业部重点企业、四川省机械行业骨干企业、全国水泵行业十大重点企业。

时光进入21世纪，随着经济发展城市扩张，昔日城郊的工厂处在了城市中心地带。上级决定国企改革，实行"国退民进，退城进郊"政策，2006年工厂改制成为民营企业，厂址搬迁到了木瓜铺现在的达州南高速路出口处继续生产经营。

随着工厂的搬迁，这里建成了阳光新城、洲河湾、恒大品城等城市中心住宅小区。在高大密集的住宅里，在熙熙攘攘的人群中，在此起彼伏的广场舞步下，暗淡了炉火正红，消逝了钢花飞溅，远去了机器轰鸣；在这里，人们渐渐地淡忘了曾经的挥汗如雨，淡忘了曾经的工业崛起。只有这条宽阔繁华的新达路仿佛在宣示着这里曾经是一条小街、有一座工厂、聚集着一群为共和国工业化发展而拼搏奋进的人。

烈火无情人有情

陈为江

　　1991年7月3日下午2时57分，当0201次货物列车行至万源县境内梨子园隧道时，一节油罐车忽失前轮，罐车在洞内前拥后挤，瞬间一声惊雷般的巨响，油罐车突然燃烧爆炸，火舌呼呼地由北洞口往外喷射，随火涌出洞外的蘑菇状浓烟，夹杂着使人窒息的一氧化碳毒气，一股接着一股笼罩着梨子园上空。

　　为了国家和人民生命财产，为了大动脉的畅通，党中央、国务院、四川省政府、达县地区行署下达了救灾命令：一支由四川省、地、县领导和解放军指战员、武警官兵、公安干警、铁路职工、当地党政干部、工人、农民、学生等组成的5700多人的救灾大军，云集梨子园，他们置生死于度外，面对火魔、毒气，毫无惧色，奋不顾身地冲向火海……

　　汽油在燃烧，罐车在爆炸，给灭火抢险的人们带来不幸，不少勇士受伤、中毒昏倒，重伤员生命垂危，急需抢救药品。

　　地处这场事故发生地的万源县医药公司直接担负着现场抢险救灾药品的供应。从7月3日18时起，一个个呼援电话从县公司办公室打向地区医药局、地区医药站、重庆市医药站、四川省医药局、省医药站……时间就是生命，该公司上至经理，下至仓库保管员，纷纷以临战姿态，昼夜值班，一旦听到救灾要药，马上开票、发货、派专车送达目的地。仅头七天就为县医院、万源火车站铁路医院送药15车次。与此同时，县中药材公司、医药公司还派专车给救灾现场送去菊花晶、银花晶、藿香正气水、风油精等防暑、降温药品。

呼援电话牵动着省、地医药职工的心。他们急现场所急，想现场所想，以最快的速度、最高的效率，给抢险救灾现场提供急救药品。

达县地区医药站提出了"抢险要药有药，要车有车"的口号。当呼援电话打来，地区局领导立即指示医药站全力以赴供药；地区站经理马上和业务科、器械科、仓库等部门负责人一道，突击发货、装车，并由副经理熊广祥亲自带队专车运送。

绿脓血浆和冻干血浆是治疗烧伤的首选药物。随着烧伤病员逐渐增多，地、县医药站（司）的库存药已不能满足需要。地区医药站急电省医药站，该站领导火速动员有关科、室组织货源，不顾气候炎热、道路崎岖，派出专车星夜兼程，风驰电掣般地送往大巴山区的万源县城。7月12日返程时，驾驶员曾跃、贾洪斌又和达县地区医药站送药专车一道，为现场抢险指战员送饭。

当冻干血浆告急电波传到重庆市医药站，该站仅用7小时就用专车把160瓶冻干血浆送到达县地区医药站。

4日晚，四川省生物药品厂把专门为亚运会生产的130瓶绿脓血浆送到万源，优先供抢救伤员使用。

白沙工农区医药局、中药材公司闻风而动，派出专人、专车为抢险现场赠送了一批糖盐水、青霉素等急救药品。

达县地区医院院长、外科专家王时美，带领地区医院支前医护人员和万源县医院54名医生、护士，深入抢救第一线，日夜守护在病房

里，不停地给伤员换药、打针、导尿、输液，他（她）们眼中布满了血丝，汗水湿透了衣衫，谁也不叫一声苦、说一声累。

特大火灾扑灭了。经勇士们历时23个日日夜夜的紧张而艰苦的战斗，7月26日13时，祖国西南大动脉——襄渝铁路，客、货列车南来北往，恢复了往日的通畅。

巍巍大巴山记载着勇士们在"七三"抗灾抢险中那惊心动魄的血与火的英雄壮举，记载着医药职工团结协作、无私奉献的英勇事迹。

石碾与石磨

邹清平

无忧无虑的童年时代远了，很多事情模糊不清了。但有关碾米磨面的事儿给我留下了很深的印象，仿佛一坛家乡封存的苞谷烧酒，时间越久味道越醇越浓，至今还时时在梦中出现。

在距离我家500米处的大田角处，通向仙龙庵小学的道路旁边，有一座石头碾子。这是一副平碾，碾盘直径有一米六左右。娘第一次带我去碾米，她给我介绍说，碾盘是在一整块石头的表面上凿成的。圆圆的碾盘中央栽上一根6寸见方、高1米的木桩，当地百姓称为万年桩。有了万年桩，石头的圆柱形碾磙子就可以套上木拨架，使碾磙子与碾盘成20至25度的夹角，四方形的木拨架，顺时针贴地木枋延伸约6寸长小圆木柱上，套好犁枷，锁上犁扣子，枷在牛的肩膀上，就可以拉动碾子。碾米必须把稻谷放在碾盘离碾磙最近的地方。娘在碾盘上不停地将谷子扫进碾盘，规整刚刚被碾子滚压过去散开的谷物。牛在不停地围着碾盘向前走着圆圈，我跟在牛的屁股后面撵着它走，像蜘蛛吐丝画着圆。这样碾米的过程，大约要两个半到三个小时才会结束。

我们家里的大米基本上都是在这个石头平碾上碾好的。据我娘讲，平碾碾米有两大好处，可以节省用木头擂子给稻谷的第一次粗加工，即把稻谷的大部分表皮在木头擂子上去掉，尤其是我们家里缺劳动力，缺木头擂子；还可以给家养的生猪多增加米糠，人和猪都受益。但是，我们不时也到牛耕藤湾二姐的住房侧边安放着的槽碾上去碾米。槽碾的石槽是U形的断面，U形断面呈圆弧圈，约2米直径的弧圈，拨架仍然架在弧圈的中央，所不同的是碾磙石是一尺二左右长，形似铁饼（一种体育运动用的那种器材）。两个碾磙子前后距离三尺多，运转仍然依靠牛的动力，也还要人在牛的屁股后面去鞭策。槽碾，牛拉起来比较轻松，碾出的大米较完整，出米率高一些。因为在槽碾碾米，我就和娘到舅父家里擂谷子，第一次见到了这种原始的生产工具，给我的感觉，就是推擂子还是很费力的，装、运更费力。擂完了，又才背到槽碾上去碾，真是麻烦极了。记得那次在槽碾碾米是请木匠装板壁房子，请石匠开石板打苕窖。附近一个亲戚嫁女，当时的礼物就是一升大米。槽碾给我留下很深的印象，石碾槽槽子十分光滑，石碾磙打磨得精致，特别是碾米的时候，木柱在旋转中发出咿咿呀呀的声音，听起来亲切动听悦耳。这声音与洁白的大米、洁白的云彩、洁白的炊烟紧紧相连，所以，至今又在耳际回响。槽碾虽然对人的体力消耗很大，但是对于拉碾子的牛来讲，是有很大的保护作用的。集体化生产时代，耕牛对农民犁田发挥的作用太大了。听当地石匠大师傅介绍，槽碾的做工工期比平碾长，槽碾的工艺比平碾精致复杂得多。

家乡的石磨从我记事起，最先看到的是家中的小磨，即手推磨。磨盘形似从顶部破开到底部的葫芦切面，磨盘的中间安好石磨的下扇和上扇；在下扇与上扇之间，在下扇的圆心处必须安有磨心。手推磨上扇和下扇各有八扇磨齿，上下扇磨齿磨合方向是按反时针方向环绕磨心旋转的。学会了手推磨，你就会发现其中所含的道理：推磨放干粮食最多不能超过半把，最好五六颗，那就比较细了。如果是人吃，还要用筛子筛一筛，甚至用罗子过一过。推豆腐，最好每次每转加两三颗，混合山泉水一起灌进去，推出的豆腐、点出的豆腐就多。最害怕的是推魔芋，切碎的魔芋丁，你灌进磨眼，魔芋绵性很好，落下去就会将磨齿塞住了，磨盘旋转的摩擦力陡然加大，突然推不动了。这时，任你怒发冲冠，喊爹叫娘，它就是说不下来就不下来。每每此时，就要马上加一点萝卜颗颗或者混合少量的水，灌进磨眼，用力一推，就对了。你得做到每两圈或三圈加料，每次加多少，都要有规律，一鼓作气推完。推魔芋忌讳歇气，或性子急，快慢极端。从推磨可以联想到吃饭，有相同的地方。吃得很快，就咀嚼不细；推磨亦如此，磨眼灌的东西多了，推下来的就不细，吃饭泡汤，吃下去的东西更不容易咀嚼细的。推磨也是如此，粮食里水加多了，推下来的东西就更粗了。村民的口头禅："十快有九毛，吃饭快了没有嚼。"同推磨是一个道理。

农村里过去广泛使用的石磨叫大磨，直径在一米二左右，上下两扇，上下扇各开八扇磨齿，进料圆孔开在上扇表面。磨心一般开在下扇，也称底扇，底扇之下是磨沿，石磨的上扇过圆心两个磨沿切点处各有一孔，从孔里套上犁扣子，将一根石磨的磨杆从两孔穿出，向两边延伸，刚好伸过牛能枷到肩上的长度，成为动力臂。石磨和石碾比较，前者轻，后者重；前者道路较短，后者道路较长；前者适宜黄牛，后者适宜水牛，水牛比黄牛的力气大。所以，你家里如果没有耕牛，去跟别人借牛推磨和碾米的话，就该知道如何选择了。我家乡有一种磨叫腰磨，直径比大磨小，比手推磨大，是用人的双手或腰去推，多是没有耕牛、居住单家人户的农户。我在家乡的时候，腰磨一次也没有推过。可是，在我们村子里的大包梁、莲花石、黑山碥深山居住的人户，看到他们推腰磨是多么的自如，多么有自尊，多么喜笑颜开。

腰磨诠释了一句民谚：人不求人一般大。

　　我在幼年、童年、少年的时光中，碾米推磨是我喜欢干的活儿，因为意味着家里有好吃的了，同时还可以听娘给我讲故事，给她减轻一些劳累，感觉劳碌后的轻松，品尝劳动成果的甘甜，更重要的是在不知不觉里明白了一些道理。一些牛喜欢拉碾，一些牛情愿推磨，也有一些牛不喜欢碾米磨面，特别心甘情愿犁田，有极少的牛三者都行。遗憾的是在今天我的老家，在广大的农村乡野，石碾石磨已经不见了，已经退出历史舞台了。但在我的心中，它们还是绵延巴山最普通也最珍贵、最古老又最具生命力的无价之宝。它是一部历史书，伴随着巴山人世世代代走过来。

星火茶场忆

陈勇礼

这里地名叫十里坪，坪虽不大，却是大巴山中崇山峻岭间少有的一处高山坝子。20世纪60年代"文化大革命"前夕，一批重庆青年学生在"上山下乡"的热潮中，来到这里建知识青年茶场。说是茶场，并无多少茶树，大多成了玉米洋芋红苕地。缺粮饥馑年月，茶叶难解近渴，粮食才能让年轻的男女学生们应急时可以对付饥饿。

到茶场去躲避棍棒刀枪，却躲不过饥肠辘辘，人是要生存的。来到茶场，必须同知青们一道日出而作，月下而归。体验着青年学生远离城市学校家庭的感受和情景。朝气蓬勃的年轻岁月，应有多少期盼希望追求和理想，这一切都被终日的劳作和为填饱肚子所淹没了。我理解同情他们，因为我也算是上山下乡的"知识青年"，他们接受贫下中农再教育，我是接受"改造"，内涵和对待是相通的。

那些日子，除了下地干活，为不饿肚子劳作，生活很单调。劳累之余，有几人唱唱"文化大革命好""心中的红太阳"，学几句"样板戏"，跳跳"忠字舞"，算是时髦的文化生活。我却唱不出来，也舞不起来，同两个为躲皮肉凌辱而来的伙伴，抽闷烟，沉思着当下与未来。

挨不了沉寂，知青们说，读书也只那么几本，我们吹牛吧。很快

"吹牛"变成了"讲故事",还推我成了主讲人。最初,就讲一些当时民间流传的手抄本,什么"一只绣花鞋""第二次握手"等等,我又凭想象把一些流传的案例瞎编成惊险离奇,耸人听闻的故事,什么"夜走三关杀仇敌""停尸房的脚步声""古刹魔影""大墙外的黑衣人"……以及我上大学时写的长篇小说《嘉陵江边》。个人匆匆瞎编很有限,便想到讲读过的那些世界名著,对中国的四大名著,听者不会带劲,就讲外国的。先先后后讲过托尔斯泰、雨果、亚马多、罗曼·罗兰、大小仲马、泰戈尔、果戈理等人的小说,也讲莎士比亚、莫里哀等人的戏剧。每当讲到精彩处,还得过不少不外乎是一两个核桃、几瓣大蒜、几个李子,或一个烤洋芋烤红苕之类的奖励。当听众乏味了,我也到了可以离开的时候,该与茶场的主人们挥手了。后来,茶场的不少知青成了县上"毛泽东思想文艺宣传队"的骨干,又与我成为一条战线的战友,给大山里的乡亲们留下了另一种深刻的记忆。至今回忆起这段往事,总是遏制不住别有的自晒和酸楚,难忘同知青们共患难的那些情景,生发着无限的感激之情。

几十年里常常提醒自己,不要忘记生活在星火茶场那些日子。去年我写了一篇《星火茶场往事》,在《报告文学》杂志《中国时代的报告》专刊里发表了,以资我对星火茶场的另类念想。

我在星火茶场最深的感受和教益,是那些经年在大山深处的知青同学们,清纯勤劳、坚韧厚道、求真好学的品性,吃苦耐劳是他们在自立生存中必需的基本功,在艰苦的岁月里练就了坚韧不拔、求实创业、奋发图强的意识意志精气神。把"广阔天地,大有作为",改写为"各行各业,大有作为"。改革开放到来,他们纷纷把已去的芳华,变成创业成才的动力,学业有成,事业也兴。返家回城,上学就业,不少人成了教授、作家、画家、名师、科学家、知名企业家、致富实业家、商业巨子，当然也有工厂工人、单位职员，他们都在各自的岗位上展现聪明才智，创造骄人的业绩，作出新的奉献。

"星火"没有在十里坪茶场"燎原"，"燎原"是在改革开放的新天地。我久久地思考着，"上山下乡""广阔天地炼红心"，难道真成了一代人成长成才的特别动力吗？

前几年，一本《被遗忘的群落》的书，又一次引领我回忆着当年在星火茶场的往昔，而可喜的是因此知道了一些星火茶场知青的当下。他们经受了知青岁月的锤炼，不忘火热的青春年少时的理想，在改革开放的新时代，始终向着美好的未来大步前行，追寻学生时期的高远志向和美好梦想，珍惜年华，勇于拼搏，兴业举事，组建幸福家庭，培育一代新人，感到十分欣慰。

我感谢星火茶场当年接纳我保护我，感谢那些年轻的战友们，不畏险情，帮助我度过了那段艰辛危急的日子。

与刘晓庆在一起的日子

童亚玲

大概是1971年7月左右，我们民兵团宣传队来了一支特殊的队伍，他们是达县军分区组建的宣传队，到我们团来体验生活，和我们同吃、同住、同劳动。

在这支只有十几个人的非常精干的宣传队伍中，就有现在著名的影视演员刘晓庆，并且还分到我们女二连四排，和我们同住一个通铺。那时的刘晓庆性格开朗、活泼、人缘好，一点没有架子，一到连队就和我们成了好朋友，大家都亲切地叫她"刘解放军"。白天我们一起在工地上挖土石方、打炮眼、筛河沙，休息的时候还拉歌，把整个工地搞得热火朝天，使大家忘记了苦和累。晚上她和我们一起在连队，她还教大家唱歌、排节目，还"疯"过"闹"过，大家把她的军帽"抢"过来戴在哪个头上，就叫哪个"解放军"，大家笑得不得了。

刘晓庆是川音附中毕业的，学的是扬琴，她特别爱护她的手。记得那时她就说过：我什么地方都不怕伤着，就怕伤着手，伤了手就不能打扬琴了。每次演出，她的扬琴独奏总是获得热烈的掌声，奏了一曲又一曲，还是掌声不断。她不仅扬琴打得特别好，而且歌也唱得很好。那年月政治色彩很浓厚，不是革命歌曲，是不能随便唱的，记得那时她就悄悄地给我们唱日本的樱花谣：樱花呀樱花，三月里盛开的樱花……真是好听极了。

达县军分区宣传队的到来，不仅给我们团带来了非常精彩的文艺节目，同时还一对一地进行帮助。万源一到冬天特别冷，由于寒冷，我们的主要乐器之一笛子受到热胀冷缩的影响，演奏时总是不理想。军分区宣传队吹笛子的演员就把他们的经验介绍给我们，即演奏前把笛子揣在怀里，演出时再拿出来吹。嘿！效果果然不错。在他们来之前，我们没有化妆经验，演员化妆时间既长，效果又不统一。他们一来，就发现了这个问题，于是，他们就手把手地教我们怎样调成统一的底色，统一的腮红，怎样化上一条眼线，再在眼角处点上红，等等。我们的化妆水平有了很大提高，以致后来我们到师部会演时，人家都怕来不及，是化好了妆吃饭，我们吃完饭后，半小时就化完妆。刘晓庆她们还毫无保留地把精彩的文艺节目传授给我们，使我们宣传队的演技水平大增，每次会演结束后都受到师、团首长和广大官兵的好评。

她们传授的节目主要都是表现部队生活、军民关系、襄渝铁路修建的精彩节目，有豫剧表演唱《拉练》，小歌剧《金瓜》，表演唱《小八路见到毛主席》，女声独唱《小河流水清又清》等等。其中有这样一首赞扬铁道兵和民兵的歌，是由刘晓庆反串男声唱的，我还记忆犹新：

> 鸡叫那个三遍嘛天破晓，天破晓，
>
> 老汉我今天起得早，起得早，
>
> 往日我拾粪围村子转勒，
>
> 今天，今天我顺着大路走一遭，走一遭。
>
> 我顺着那新修的路嘛，绕过那新修的桥，
>
> 路旁的那麦苗长得好，长得好，

我拾粪拾得正高兴勒，

猛听得，猛听得火车头高声地叫那嘛，哎咳！高声地叫。

顺着声音我往前瞧，

哎呀不得了：

这一列火车从东往西冒着黑烟跑得欢，

那一列火车从西往东冒着黑烟飞快地跑……

火车要是碰了头，

这场大祸可不得了，

咦

莫不是我老汉看花眼，

莫不是新修的火车会跳高，

原来又修了一条新铁道那嘛新铁道。

走上前去我仔细瞧，

铁道兵的本事可真不小，

几天没出门就修了新铁道，

民兵同志的本事可真不小，

几天没出门就吓我一大跳。

……

带着这些精彩节目，我们团部宣传队到各营演出，受到部队官兵、民兵战士热烈的欢迎。后来回到大竹汇报演出，同样也受到观众的好评。这些精彩节目，也就成了我们的保留节目。可惜和刘晓庆她们相处在一起的时间太短了，一个月后刘晓庆她们回部队了。分别时，大家都依依不舍。

知青岁月

孙　刚

我是一名50后，从灾荒年头走过来的。吃过白泥巴（观音土）、树皮、草根、野菜、粗糠粑粑……以至于从小营养欠缺，身体瘦弱。尤为坎坷的是，1975年读高中时恰逢"四人帮"祸乱中国。"读书无用论"甚嚣尘上，学知识有专长被斥为走"白专道路"，只好"偷着学"，在私下课余请教老师和独研教本，心里那个憋屈哟无法言说。

好在十月春雷响，一举粉碎了"四人帮"。华夏云开雾散，国家步入正轨。教育得解放，学子心舒畅。我以只争朝夕的劲头刻苦学习，默默用功，力争弥补过去的缺陷和损失。到1977年高中毕业，成绩尚可。刚恢复高考首年，我信心百倍参加了那年的高考。语、政、史地都在75分以上，岂料数学、英语占总分30%，我未及格，扣分不少扯了后腿，总分差20多分。首战受挫，对我打击很大。记得那时盛行知识青年上山下乡，有位好心且颇熟的公社干部给我做工作："孙刚啊，我看这些年你被耽搁了。偏科也导致高考成绩不佳，需要时日来补习。不如你先下乡去当知青，边干农活边复习文化，再上高考几不误。听

说在 7 月底前下乡的，今后参加工作要多算一年工龄，工资高些哟。看你？"我知他是为我好，那时亦无其他更好选择。知道不是"身边子女"的非农应、往届毕业生，据政策规定早晚都注定要下乡当知青的。

那时一懵懂青年少不更事，但心中那份对将来有一天参加"国家工作"，端"铁饭碗"的向往追求却不曾忘怀。我对那位公社干部说："好，我马上下乡！"

高中毕业证都未等领，我向父母说了，他们也没办法。叫我拿户口本到公社知青办去把手续办了，就是把户口拨了：从原户迁入所下乡的大队、生产队。拿着"介绍信"和"迁入证"，我就一个人到城东公社合力五队报了到。队里一时没有住房，叫我仍住爸妈家中。队长说："二天我们腾出屋来就通知你搬来队里住，好吗？"我能怎样，随口答应道："好嘛，我暂住家里，每天到队上出工就是。队长，这两天我要到学校去领毕业证需要耽搁一下，隔几天我就来开始干活。队长，麻烦你安排并关照一下哟，谢谢了！" 那位中年且敦厚的热心队长说："没事，你领了毕业证再下队来也不迟，这可是关系你的大事啰！"我点头报以感激的微笑转身返回家中。

其实，我是我们渠县最后一批知青。当时还是很有抱负和理想的，下乡时才 19 岁。记得到队里报到后我在家休息准备了一周多，才于当月 23 日到二中拿到了毕业证书。手捧铅印的盖了鲜章的普通毕业证，觉得无甚意义。且留作纪念吧，就交给妈放在她那老皮箱底下保存了数十年，迄今犹在，仅仅有些褶皱泛黄而已。

说实话，当好一名知青并非易事。在今天看来也着实挺有意义的，这段经历是我平凡人生不平凡的一段小插曲……

清楚记得，那年 7 月 25 日上午，我匆匆吃过早饭就径直到队长家请他安排活路。他说："你先跟半劳力一起实习一段时间，做熟了再到全劳力这边来。"我晓得队长看我个小单薄，照顾我才如此安排。我点头应允。他叫妇女队长王婶带我去熟悉场地并教我如何干活并叮嘱注意事项。我随她来到一块大囤水田旁，递给我约一米长的一根竹棍，就脱鞋打光脚下到水田中去扯稗子和杂草，薅最后一道秧。别看动作不多且简单，但要掌握识别、瞄准、勾腰、杵(荡)竹、掀扯、挽把再丢到田坎上的一整套要领也不容易。刚开始我站立不稳，识别慢，扯不准，逗惹那些一说一个哈哈的妇女婆娘们的一阵玩闹哄笑。我羞得从脸红到耳根子。还是王婶上来劝阻才跟我解了围。其实她们边玩笑边示范传我动作要领也是真心帮我。与"半劳动"们处久了，反倒觉得她们乐观、善良、勤劳的本性十分难能可贵。在她们帮助下，我入活进步很快，以至挖地、掏行、办地、种粮、栽秧、栽菜(苔)、割(挞)麦子、收苞谷、挖苔等农活全学会了。

年底我就转入"全劳力"行列干活了，半年内就学会了挑抬粪(水)施肥和挞谷子、抬半桶、筑路(墙)、安管子等重体力活。同时，还在哥嫂示范下，学会耕种近两分地的"自留地"，收获颇丰，蔬菜够吃还拿回爸妈家去吃……

1978年，我被分到大队"知青专业队"，到九队"粉壁寨"向石匠师傅学会了开山打石及其加工技艺，并砌筑标准化的梯地(田)，在农业学大寨活动中大显身手，受到公社党委、管委会嘉奖表扬。

当知青三年多，考大学、改变命运的理想一直未忘。1978年至1980年，我又挤时间补习文化，积极投入每年一次的高考。成绩一年比一年好，1980年高考公布头道分数线我超了6分，欣喜若狂。岂料因其他个别人作弊被举报，重新核定抬高了分数线，我反差3分。经查卷亦未能改变，我极度失望。就在此时，一位公社领导干部鼓励我："年轻人，别灰心。条条道路通北京，知青政策很快下来，你就准备参

工后一样可以带职参加高考，祝你好运。""谢谢！"

1980年5月，我顺利通过笔试、口试、政审、体检关，被县委录用为渠县首批计划生育干部。在职期间，我勤奋工作，刻苦学习，业绩显著。1985年11月25日我加入梦寐以求的中国共产党，一直到退休时，我数十次被县乡镇及主管部门评为优秀党员（公务员）、先进工作者、学习标兵……受到各级党政嘉奖、表彰。今天，我可以无愧地说一声：此生无憾！我更难忘那段虽蹉跎但却充实的知青岁月……

四十年前考驾照

胡可琪

现在中国，私家车差不多普及了。据公安部统计，截至2021年，全国汽车保有量达3.02亿辆，汽车驾驶人也有4.44亿人，也就是说差不多每三个人中就有一个人持有汽车驾照。但在20世纪80年代，除了职业驾驶员外，有驾照的人可谓凤毛麟角。

我的驾照是在1982年考取的。

当时，我在省汽车运输公司达县高家坝汽修厂当技术员，要经常动用汽车，要持有驾驶执照才有资格开车。因工作需要，厂里同意我去考驾照。

以前在西安公路学院上学时，学的汽车运用与修理专业，也学过汽车驾驶课程，在学校学开车时办过学习执照，但要现在开车上路，必须要正式执照才行。

于是我在厂里找了台解放牌大货车，利用星期天休息时间，厂里没人没车时，按照桩考要求尺寸，在厂里的车场自己划好线，练习倒车入库、侧方移位。

解放牌汽车是20世纪50年代苏联援助中国，由中国自己生产的第一款大货车，现在看起来十分落后：因为变速器没有同步器，换挡时，

没有熟练的技术，变速器齿轮就会因齿轮撞击"咔、咔"发响，严重的会损坏变速器；冬天早上发动车，经常还要先用手摇柄从前保险杠插孔插入发动机，用人工摇动发动机发动。

练了一两次后，自己觉得差不多了，于是到地处达城凤翎关的地区监理所交20元钱，决定报名考试。

当时，负责驾驶员考试的不是现在的公安交警部门，而是交通部门管辖的交通监理所。达县地区交通监理所负责全地区驾驶员的考核、年审，所辖各县（市、区）的考生都必须到达城参加考试。

后来有人看我头发白了还在开车，问我是哪一年考的驾照，我便笑着说，还没有交警的时候，我就有驾照了。

当时考驾照只有桩考和路考两个科目。

所谓桩考，就是在考场按报考的车辆类型，在规定的尺寸布置好模拟道路、车库桩杆，考试时车辆倒车入库、侧方移位，全程凡发生碰擦桩杆、车身出线，则视为考试不合格。

一个晴天的上午，我们一行五人坐在地区监理所的解放牌考试车的货箱里，前往河市机场。记得考生中有一个看起来还没有满18岁的少年，一张娃娃脸，他爸爸是个驾驶员，他平时常和大人一起出车，慢慢地就学会了，这次也来考试，想取得一个正式驾照。

当时，考场设在河市机场。"文化大革命"期间，考场曾一度设在北门大操场。由于在城中心，考试时不少人围观看热闹，评头论足，影响正常考试。到了80年代，河市机场已好几年处于停航状态，没有飞机起降。因此，地区监理所就把考场临时设在这里。机场宽敞，没有看热闹的人干扰，是个考试的好地方。

到了飞机场，大家一起把装在车上的竹竿、插竹竿的座子卸下。考官只有一个50多岁老头，名叫熊益银，邻水人，对人十分和蔼。当时监理所考官一共只有几个人，我们又都属于同一个交通系统，所以差不多都能叫出名字。大家忙着按规定尺寸划线，七手八脚帮忙插好桩竿。

熊考官宣布考试要求：除了前面提到的不能碰擦桩竿、车身不能出线外，还不能原地打方向盘，俗称"打死盘子"；中途不能停车，全程熄火不能超过两次。听到这些，心里不免有些紧张，尽管在家里反复练过，但这毕竟是正式考试。

我是第三个上车考试的。整个过程基本合格，之所以说是"基本合格"，是因为移库时有一次轻微擦竿，桩竿稍稍摇了一下，但没有倒下。熊考官也就网开一面，通过了。我是运输公司的，算是交通部门的同行，大概是熟人的缘故吧，他如果说不合格，也是有理由的。

路考是在往返河市的途中完成的，考官分别叫考生开一段路，他看看认为没问题，就算合格了。按要求，路考要检测考生汽车发动、起步，方向盘和刹车的运用与掌握，会车、超车、掉头的操作是否符合要求，是否按路上的交通标志、标线行驶。上坡起步，车辆若向后溜动30厘米就算不合格了。

这个科目，考官的随意性较大，完全由考官说了算。路考这一关，我也就轻松地过了。

不几天，我就到凤翎关的监理所领取了汽车驾驶B照。具有驾驶大货车资格，当然也可以驾驶小汽车。满了60岁后，这本驾照就自动降为C1，只能开小型汽车了。

当时驾照办下来，总共花费只有20元，说是制证的工本费，与现在办个驾照动辄要几千元来说，的确便宜不少。

现在的考试比以前要复杂得多，共有4个科目，除了上面说的桩考、路考外，还有关于道路交通安全法律、法规的科目一，理论考试

以及安全文明驾驶常识科目四的考试。

时代不同了，现在的车多了，驾驶员也多了，道路安全更显得重要。回想我们当年考驾照时，中国还没有一条高速公路。为了适应中国的道路交通高速发展的变化，这几十年，驾照的考试办法也跟着改变，驾驶证的种类也复杂了，就连残疾人都可以办理C5驾照，驾驶残疾人专用小型自动挡小汽车。最近又出台了可办理拖带轻型牵引挂车即大家说的房车挂车的C6驾照。

这几十年，通过驾照考试的变化，可以看出中国的发展的确太快了。

照相往事

刘　强

近日打开手机相册，看见孙子满周岁时的艺术照，样儿憨态可掬，傻傻的模样，摆拍着不同的姿势，实在逗人喜欢。

实话说，现在的小孩一生下来，就成了一家人心中的"宝"。从满月后开始，每周要进一次游泳馆洗澡戏水；穿戴的衣物不说，仅一月的纸尿裤、奶粉、玩具钱，就是一笔不小的开支。待年龄稍长，还要上幼儿园、学前班、小学、初中、高中、大学，一直到参加工作，恋爱结婚，置家购房，这些支出是无法估算的。如此，作为父母及长辈，生怕平时爱得不深，表现得不够，倾其一生所有，也要让自己的孩子吃好、穿好，在优越的环境中茁壮成长，才觉得心安。真是可怜天下父母心。

看见这些变化，对我们这些出生在20世纪60年代中期的人来说，总会抚今追昔，勾起对往事的回味。

那些年，家里弟兄姊妹多，生活十分困难，不但吃不饱，穿不暖，而且父母忙于参加集体生产劳动，挣一年的口粮工分，小孩则时常无人照管。没走路的小孩，冬天只能坐草窝窝，用一个竹箩筐，下面铺着稻草，上面用旧棉裤垫着，在小孩腿胯夹上用旧布做的尿片后，放进箩筐中，然后用烂衣服把箩筐一周塞紧。小孩坐在里面半天不挪窝，大小便全都屙在窝窝里，待大人收工回家后才打扫卫生，可以说是满窝的屎尿，臭气熏天。长此以往，不仅腿胯发红生疮，个别小孩小腿还会变形，长大后变成了"罗圈腿"；夏天就坐木椅子，用木板木方做成，四面通风透光，蚊虫叮咬是常有的事。一天下来，周身都是蚊虫叮咬后的红包，好在小孩不会喊疼，除了哭还是哭。可以说，那个时候的乡村农家院落，除了鸡鸣狗犬外，到处都有小孩的哭闹声。

由于当时条件所致，小孩身上穿的衣裤，常常是老大穿了老二穿，一个接着一个地穿下去，直到最后衣裤都是疤上连疤。也没有鞋子穿，除过年能穿上一双布鞋外，平时基本上都是打赤脚板。即使上学读书，也是打赤脚的时候多，夏天地温高，走在石板路上烫得双脚乱跳；冬天穿着薄薄的布鞋，双脚冻得像红萝卜。因无钱买胶鞋，一遇雨天便打着光脚板走在泥土路上，冻得双脚失去知觉，一旦回家把脚浸入温水中，犹如针刺一般地疼。

那时没有幼儿园，也没有学前班，7岁上学读书前，纯粹的野孩子一个，大人上坡干农活，一帮小孩三三两两地在一起玩耍，在山坡野地打跳逗乐，上树掏鸟窝，下河下泥田摸鱼、捉虾、逮黄鳝泥鳅，除睡觉吃饭外，是不黑不归家。只要没感冒生病，一般大人都没有时间和精力来过问。

对于上学读书的小孩，乡村有句俗话叫"跨牛圈门，穿牛鼻眼"，意思是从今往后要受管束了。虽如此，但仍然野性十足，时常招惹出这样那样的是非来，有时让老师也感到头痛。当时，每个大队都有小学，有公办和民办之分，教室一般都是由家族祠堂改建而成，条件差不说，大部分老师都是民办教师，亦书亦农，教一年书计算多少工分，大队开工分回生产队参加年终核算，然后凭分称口粮。一个老师负责一个班的教学任务，拳打脚踢地包揽了所有课程。学生除上课和完成家庭作业外，没有课外辅导老师，每天放学回家还得放牛割草，协助父母做一些杂务。每周有两节劳动课，参加集体生产劳动和勤工俭学，捡桐子剥晒后交供销社、拾旱螺蛳卖给鸭儿棚子，所得收入用于添制篮球、羽毛球和乒乓球等体育用品，收割季节还要放一周的"农忙假"回家支农。

那个年代上学的学费也很少，小学一期3元左右，初中4至5元，没有其他任何杂费，期末算账，老师会对每一笔费用收支，在黑板上写得清清楚楚。相比之下家庭条件差一些的学生，学校还要减免学费。可就在那样艰苦的学习环境下，从村小学走出去的同班同学中，居然后来还有几个考上了全国重点大学。

就拿照相来说吧，那个年代也很稀罕，意识中能照一次相，算是心中最大的愿望了。当时的照相馆也很少，只有相邻的三汇镇上有一个，而且都是黑白照片，用胶卷底片那种老式相机，底片要在暗室里用药水浸泡冲洗晾干后才能成像。一般照相后，要隔四五天才能取到相片。

记忆里，第一次照相是在10岁那年，是和我的"毛根"（一个生产队从小在一起玩耍，并且关系很铁）一起去照的。那时家中经济拮据，称盐打油钱都很紧张，父母根本不会给钱让我们去照相。于是，我俩便悄悄商议，提前几天偷偷地将自己家中米缸里的大米倒出几斤来，用布袋装好藏在草堆里，逢星期天便提着米兜去赶三汇场（那时是7天一场，所有场镇都是星期这天当场），不但要走10多公里小路，而且还要过河渡水才行，往返一次要3个多小时。

记得那次照相是夏天，都戴着麦草做的草帽。当我们在粮食市场卖完米后，便急匆匆地赶往"劳动街"的照相馆，开票，交钱，取下头顶的草帽走进拍照厅照相。当灯光打开，拍照厅一片通明，我俩按

照相师要求，并排坐在一根板凳上，神情专注地平视前方，随着照相师一、二、三的口令之后，只见相机闪出一束耀眼的光，把那时的我俩定格成了时光的永恒。

那次照相，不知是天热，还是第一次看见这么亮的灯光（农村还是用煤油灯照明），心情有些紧张所致，反正当时我俩都是满身大汗，以至于后来从照片上，都能看见脸上的汗渍和头发上的草帽圈印。

改革开放后，周边几个乡场上也陆续有了照相馆。闲时，照相师们背着相机下乡来照相；后来，数码相机得到了普及，即照即取，全是清新自然的彩色照片，人们照相的频率也高了起来，而且相片还可以过胶，适用于长时间的收藏和保存。再后来，随着社会的飞速发展，智能手机进入了寻常百姓家，人人都是照相师，拍照、录像、微信、玩抖音，成了人们生活日常，只要心情好，随时都可以拿出手机拍上几张照片，发个朋友圈、来段抖音视频。

江河长流，岁月更迭。我们对祖国日新月异的变化感到欣慰的同时，常常会有"社会变好了，我们却变老了"的感叹！

想来，这是社会发展的必然，也是生命循环的自然法则，是谁也不可阻挡和逾越的事。

大树镇黄表纸产业觅踪

孙和平

黄表纸，是民间祭祀仪式、寺庙进香所烧纸品。另有"火纸"，比黄表纸便宜，打孔成铜钱式样，做祭祀所用的"纸钱"。从东方远古以来的祖先神灵图腾崇拜，到其他民间信仰、宗教信仰，无不演化为以"纸烛"为祭祀的基本形式和所借助的材料、信物。解放以后，"纸烛"一度被意识形态领域视作"迷信"而加以否定、取缔乃至"批倒批臭"。如今政策改变，社会与生活恢复了她的本来面目。人们对信仰一类心灵、精神生活的文化需求已越来越旺盛强烈，越来越讲究而精致。

历史上，达县大树盛产黄表纸，主要生产地域在今黄庭乡。该山区出产的白夹竹是生产黄表纸的上好原材料，为制品的质量上乘提供了保证，因而特具市场竞争力。当地人就地取材，以家庭手工作坊的方式造纸，成为家家户户的副业，专业造纸的大户也不少。黄表纸的"黄表"，是在炮制原料时，加进姜黄磨制的粉末，使之黄爽如金。另外，还加进一种叫"滑"的原料，使之粘连、光滑。表，是就特制火墙裱褙纸品使之烘干的工艺环节而言。黄表纸也叫"火纸"，这个"火"字，就是由此而来。

作为纸品，商业意义上的工艺包装尤其讲究，因此，黄表纸产业

的包装加工也就成了一大产业环节，连同运输、销售等若干环节的经营活动，被当地叫作"开纸号"。也就是从各个作坊老板那里购进黄表纸初级产品，进行包装加工。

黄表纸包装型制是将初级产品裁制成八开大小，每一叠纸折叠三折，成大约三寸宽的条形；然后叠成三指厚为一盒，每12盒扎一捆，置于木制打捆机上压紧，每两捆装成一箱，最后封印。一箱重五六斤。挑运黄表纸，一担挑20箱，也就是百十斤的重量。开纸号一行，吸纳不少的从业人员，分多个项目进行包装。看似简单轻松，实则繁杂。而且，按今天环保的意义来看，折叠纸品过程中的灰尘、漂浮物，对人的健康也有一定的不利影响。

黄表纸产销两旺，物流运输业随之发达。在运输、销售上，大树人多在达县城设立"行店"，批量收售各地纸品，或同时组织挑力发运各地。有专营物流运输业者，通过州河船业运往三汇、合川、重庆各地，而主要物流运输方式是组织"挑二哥"和"背二哥"人力运输队伍，上达县，跑陕西，下万县，从事黄表纸运输。此项业务经营单纯，尤其是商品安全，不担心有什么损坏，沿途几乎没有当时极为猖獗的土匪打劫的风险。这样良好的环境和条件，极大地刺激了黄表纸产业的发展和物流运输。还有一个重要的因素，川东北地区不产和少产棉花，因而对陕西、湖北等省棉花商品的需求量极大，何况其品质优良、地域接近；陕西自然环境决定其不产竹子，而当地人对于纸品有广泛而巨大的需求。这就正好达到了物流运输的一条规律性条件要求——物流产品互动，决定了川陕两省之间的"棉纸"物流运输的互动性，一如"茶马古道""丝绸之路"，因而势必形成很大很好的物流趋势，像血性激荡一样地流动起来，轰轰烈烈地流动起来。当时民间把黄表纸和棉花分别比喻为黄龙和白龙，形成"黄龙出，白龙进"的说法，来反映川陕两省盛极一时的物资流通，形象而生动。

据介绍，"当时很多万家的青年就从万家挑一挑纸徒步到陕西汉中，换回一挑棉花和回家的盘缠，在三汇就卖掉一大部分，留一小部分给家里老婆纺线，买一挑盐回达县卖掉，换一担米去万县，回家就是一挑肉过年。"大树李家河坝人过去往达县挑纸，来回一趟要两天半或三天，除了吃住，赚2升米（一升米4.5斤），可供一家4口人吃3天。

按销售市场的法则，商品包装必有商标。而黄表纸包装的商标是"封印"，即将事先刻制的长方块大印以土红色印于外包装。大印文字往往以老板姓名为主要符号元素。民国年间，大树开纸号、开"行店"的商家不在少数，较为知名者如李先发、周桂林等。最具知名度者当数大树镇李三元，成为代表当地黄表纸产业标杆的一大品牌，远销四川、陕西西安和汉中，遍及国内二十几个省市及东南亚，红了数十年。

李三元儿子平庸一世。临近解放的前一二年，称誉一时的李三元去世，其产业由其妻李何氏当家经营。但其权力很快转移，被擅长管理经营的女婿、学徒出身的外地梁平上门子游德昌取代。游德昌手艺高超，其经商之道也不在李三元之下。在其经手期间，很快将包装工艺上的种种不足逐一改正完善，质量上更进一步提高。谁知游德昌野心勃勃，暗地将"游德昌"印信印于内包装，很快得到各地批发商的认同，"游氏黄表纸"成为著名字号。从而打出了游德昌自己的品牌名气，大有取代李三元之势。可惜，解放后历经社会主义改造，很快实行大一统的计划经济，私营企业不复存在，"烧纸"更被看作是"迷信"而予以取缔，游德昌的招牌随之寿终正寝。

综上所述，黄表纸产业，经作坊制造、纸号包装、行店经销，并造就大量挑力队伍加入物流运输，形成该地纸业带动的陕西、湖北棉花源源不断运进川东北地区，形成了庞大的产业链条，兴盛一时，也

极大地带动了大树乃至达县、川东北地区的经济社会发展。而后来的计划经济和意识形态大一统制度扼杀了这一传统产业。在今天机械化工业条件下，黄表纸手工作坊产业已不可能重获兴盛，但它留给历史的辉煌和优良产业传统，却成为一笔珍贵的文化遗产而永远遗存下来，给今天和未来以有益启示。

我想坐武昌到成都的77/78次火车

丁长兴

"呜……呜……""哐当、哐当""咕呜、咕呜"……每天看到武汉抗击新冠肺炎的消息，脑海里就不由自主地响起火车的轰鸣声，想起从武昌到成都的77/78次火车，想起乘坐这趟火车的逸闻趣事，想起与这趟火车乘务员结下的友情，在心中一遍又一遍地祈祷：武汉的朋友平安健康！

说来不怕笑话，我到20岁才第一次走出达州，出了一趟远门。放到现在的年轻人是很难想象的，莫说年轻人，就是小娃儿也周游了不少地方。1982年我在万福钢铁厂团委工作，快到年底了，领导安排我去峨眉山的峨眉铁合金厂参加全省青工技能竞赛活动经验交流会。接到会议通知较晚，我只好从万福坐厂里的货车赶到达县，买了一张硬座票挤上车。火车启动后，列车员查票我多说了一句"我是万福的"，没想到过了一会儿，一个乘务长就来问我到哪里、干什么，我回答完提问后，他就叫我跟他一路，先把我安顿在列车员休息室坐着。车到前锋站，列车员就把我带到餐车。这样我就一直在餐车坐到成都，下车再转车顺利到了峨眉，赶上了开会。后来我坐这趟车再也没见到这次帮我的乘务长、列车员，听说他们已调到其他车次了。

　　1983年10月，我借调到四川省冶金工业厅编纂《四川冶金工业志》，坐这趟车就较频繁了。每次坐这趟车，只要说是万福的，即使没有买到座位票、卧铺票，车长都要尽量想办法安排好，要么补票，要么坐餐车，要么在列车员休息室休息。这一切的一切，都要感谢当时万福的厂领导的开放合作意识。在那个年代，万福就与武昌车务段建立起了企业与铁路共建合作机制，每年企业都要邀请武昌车务段和77/78车次的领导和同志到万福座谈交流，或专程到武汉去走访，加深感情。

　　最令我难忘的是这趟车对我的爱心救助。1984年10月，我从成都回厂参加完在万福举办的全国地方冶金会后，在返回快到内江火车站的途中，突发急性胸膜炎。这趟车的列车员马上叫来乘务长和随车医生，给我做了紧急处理，并把我重新安排到软卧车厢。车到内江站，乘务长又把我带到车站值班室，让我给七叔打电话帮我找医院。车到成都后，乘务长专门安排列车员和医生把我送到出站口。省冶金厅办公室来车把我送到成都市三医院，接诊的医生都说，小伙子你要感谢列车上的医生，帮你处理得及时、处理得好，你住一晚上输点液，明天就可以出院了，回去吃点中药，要少用抗生素激素类药。我在三医院住了一晚上，就回到了城北的省冶金厅招待所，下午就到办公室上班了。也就是从这一年开始，我就再没有打过针、输过液，只要人稍感不适就吃中成药，或找中医对症用药。每年坚持定时用中药调理自己的身体已成习惯和自觉。我的病能得到及时治疗，我能坚持现在这种用药习惯，我要感谢七叔，感谢三医院的医生，更要感谢77/78次的乘务员们。你们的好，我永远记得！

　　湖北人、武汉人的豪爽给我留下了深刻印象。记得1990年，我陪李厂长到湖北随州等地考察水泥生产合作与销售市场，一行10来人坐上这趟车都有一种"回家"的感觉。在列车长的盛情邀请下，我们在随州等地考察结束后，专门到武昌去拜访了车务段和77/78次车组。在接待我们的餐会上，我第一次见识了武汉人喝酒"看三杯"的厉害。饭还没吃到一半，我在你看他看"三杯"的轰炸下，早早就昏昏沉沉，只好"落荒而逃"。从此，只要和湖北人喝酒，我都要先讲敬酒人要一起喝的规则，生怕重蹈覆辙。前年，77/78次的原乘警长张国华到达州，我们就采用了共饮的方式，但也把他喝得差不多了。

说起张国华，万福人很多都认识他，是一个心地善良的热心人。2015年，我在省文联办完事要赶回达州没有买上动车票，只好买了一张成都经达州到武昌的T248硬卧票。坐上车正值中午吃饭的点，我就到餐车去吃饭，刚到餐车就碰到张国华，我们就聊了起来。我去买餐他坚决不让，只见他自己掏出钱买了两菜一汤和两瓶啤酒。菜上来后，我见只有一副碗筷，就问服务员是不是少拿了。张国华马上说，现在有规定了，当班乘警不能喝酒，我陪你慢慢吃。他陪着我边吃边聊，甚是愉快。尽管我不喜喝啤酒，但那天我一个人喝着啤酒却别有一番韵味。前年他到达州，我都还在给他讲，那顿饭我吃得太舒服了。

77/78次列车已经停运多年，我也有20来年不经常坐武昌过路达州的车了，但坐这趟车的逸闻趣事时常勾起我的怀念，这趟车对我的帮助关爱一直根植于我的灵魂深处，让我一直感念。随着武汉人民抗击疫情进入关键时期，我这种感念和牵挂愈发强烈。

77/78次列车的列车员们，我武汉的朋友，你们现在还好吗?! 你可知道，有一位你们曾经帮助过的四川朋友，在为你们祈祷、在为你们加油：你们不是一个人在战斗，你们有伟大的中国共产党，有伟大的祖国，有全国人民为你们筑起抗疫的防火墙，做你们阻击疫情的盾牌!

77/78次列车的列车员们，我武汉的朋友，春天已经来临，祝你们一切安好! 我好想再坐你们的车!

票证的回忆

韩 奕

今天的年轻人对于物质匮乏年代所产生的票证，很少听说，也没见过；而对于我们这些六七十岁以上的人来说，那印象是极其深刻的！

粮票与粮证。粮票，发行于20世纪60年代初，分全国粮票和地方粮票两种。全国粮票由国家粮食部发行，地方粮票由省粮食厅发行。粮票的规格与已不流通的人民币贰分相似，图案相对简单，面额为壹两、贰两、半斤、壹斤、贰斤、伍斤、壹拾斤。全国只有上海市发行过面额为伍钱的粮票。在四川省，凡非农业人口，每人每月定量为：婴儿捌斤，幼儿壹拾贰斤，小学生贰拾肆斤，初中生叁拾伍斤，居民贰拾肆斤，干部、教师、店员贰拾捌斤；企业体力劳动者分工种叁拾伍至肆拾伍斤。出差公干、探亲访友，必须带足粮票，因为在旅途中无论你吃干饭、稀饭、包子、馒头，付钱的同时还要付等额的粮票。因此，临行前，需在单位开证明，到粮食部门按定量领取所需的粮票。粮票还具有一定的货币功能。我当知青时，在生产队劳动一天，可分捌两工分粮。下乡第一年，每月还有供应粮叁拾伍斤，每个月有余粮十几斤，找熟人开后门兑换成粮票，每斤可卖三角六分。直接到粮站购买定量大米，每斤价格壹角叁分捌厘，转手卖给铁路上搞工程的包工头，每斤大米可以卖到伍角。20世纪80年代，在四川大学侧门的路边上，经常有仁寿县的农民三三两两用竹篮提着鸡蛋换粮票，一斤粮票可以换2到3个鸡蛋。

粮证。全称为粮油供应证，由县粮食局制作发行，纸质小本，每月1页，共12页。城镇居民每户一本，购买时携粮证到指定的粮店购买粮油。食用油不分男女老少，每人每月肆两，持证者需按时到粮站购买，逾期作废。进入90年代，市场上的新米和菜籽油逐年增多，到粮店购买陈米的人越来越少，粮油供应证渐渐失去功能，在餐旅店就餐也不需再付粮票，粮票和粮证从此退出历史舞台。

布票。产生的时间大约与粮票同步，由省商业厅印刷发行。面额为：一寸、五寸、一尺、二尺、五尺，窄于粮票，长短相似，图案简单，背面是空白，每年春季发行。成年人一丈五尺，小孩八尺。20世纪六七十年代，商店里成品衣裤十分罕见，全体民众都是自己买布后，找裁缝做衣服。那时，裁缝铺遍布城乡，消费者在买布付钱时，必须付出等额的布票。身材中等的男士，一丈五尺布刚好做一套上、下装，若一米七以上的个子，那就差几尺。对于女士，一丈五尺布做一套服装略有结余，买一件成人背心，需布票五寸至一尺，做一条内裤，需布票一尺五寸。与粮票不同的是，商店收到布票后，切角作废，不再流通，年底集中销毁。80年代初，的确良、涤纶等布料大量上市，布票功能衰减，1983年停止发行。

肉票。产生于20世纪70年代初，县食品公司发行，外形与粮票相似，图案粗糙，非农业人口每人每月一斤，1972年至1974年，笔者在万源中学读书，吃学生食堂，买饭票时，可定额买四张肉餐券，每张价格两角，每周星期六的午餐（当时单休星期天），固定供应肉菜，一张券打一份肉，每份肉二两多，想多吃一份，或者提前吃完都不行。

因为肉餐券上有一、二、三、四的编号，必须依号购买。70年代末，县革委大门斜对面有一家食品公司开的肉店，掌刀人的妈死了，前往他家吊唁的人络绎不绝，热闹非凡。因为前往的人都希望以后到肉店割肉时，掌刀人能刀下留情。改革开放以后，粮食年年增产，粮多猪多，1980年开始，每人每月肉票增加到两斤，元旦、春节、五一、国庆还要加发一斤。1985年以后，猪肉放开，食品公司随后解体，肉票消失。

油票。万源居民食用油定量填在购粮证上，成都市却发行过油票，成都市的油票印制精良，与四川省发行的粮票不相上下。笔者1984年上大学时，将粮油供给关系转到成都，那时的大学非常重视学生的生活质量。食堂里菜品丰富，价格低廉，一份肉只卖三角钱，每天中午都可以吃肉，家境宽裕的学生，每天吃两顿肉。成都市供应大学生每月食用油八两，但大学后勤处并不用油票到粮站购买平价陈油，而是到市场上购买议价新油，每月八两的油票，到月底如数退还给学生。油票当时比粮票的价格高，拿到校门边与仁寿县的农民交易，八两油票可以换鸡蛋4至5个。

酒票。由县商业局革委会发行，印刷简单，成年人每月半斤，不供应小孩。20世纪六七十年代，粮食紧俏，政府严禁私人煮酒，数十万人口的万源县，只有长坝一家国营酒厂。民众们逢年过节、红白喜事，想多打几斤酒必须托关系，走后门，找烟酒公司的经理批条子，凭经理签字的条子，可以破格打酒5至10斤。80年代初，私人煮酒开禁，县商业局又在豆坪建立了以红苕干为原料的机械化酒厂，白酒大量上市，酒票废止。

糖票。由县糖业烟酒公司发行，每人每月四两；春节前夕，每人加发半斤汤圆芯子票。白砂糖一直是紧俏商品，一直到90年代初才敞开供应。

烟票。与糖票并行，供应对象为男士，每人每月5包，70年代初发行，只使用几年就废止，时间短于酒票和糖票。但要买中华、翡翠、黄红梅等名牌香烟，仍需要找经理批条子。曾记得1981年，省公安厅的领导到万源检查工作，公安局接待人员找烟酒公司经理批了一条大中华香烟，结果购买回来的大中华香烟弯曲变形，气得公安局局长打电话把经理指责了一通。经理辩解道：大中华烟一个县一年只划拨三条，仓库里只有那一条了。

肥皂票。由商业局发行，起于70年代初，每人每月半条，70年代末，达县地区修建肥皂厂，大批战斗牌肥皂进入万源，肥皂票取消。

自行车票。由县五金公司发行。万源地处大巴山腹地，自行车需求量小。80年代，职工月工资普遍只有30多块钱，一部永久牌自行车售价100多元，买得起的人不多。当时五洲牌自行车已敞开供应，但"永久""凤凰""飞鸽"三大名牌仍然十分紧俏，由上级商业部门计划分配。万源五金公司一年的指标也就10余辆，五金公司每年只给大单位分发一张，小单位不发。我当年在万源县公安局工作，在二农具厂当工人的老挑想买一部名牌自行车，我人上托人，费了九牛二虎之力，才帮他搞到了一张"飞鸽牌"自行车票。老挑凭票买到了一辆名牌自行车，得意了小半年。

记忆中的"天线森林"

汪继业

我在达州本地看到的第一台电视机，是一台12吋黑白电视机，日本货。那是改革开放初期，它就陈列在大西街口五交化公司门市的柜台上，上面标明要200张侨汇券，我没有侨汇券，就没有进一步去关心它的价格了。

两年后，我们住进了新修的3套1的套房，邻居家同事的女婿在银行工作，买回来一台12吋黑白电视机，我们就开始了每晚蹭电视看的快乐生活。每晚的《新闻联播》后，邻居小两口就在客厅里布置好座位了。我们虽然是蹭看者，但因为是长辈，被礼让到矮沙发上和他们的父母坐在一起，在我们前面的小凳子上坐着小娃娃们，邻居小两口和其他的年轻人坐在我们后面的一排椅子上，俨然就是一个小观众厅。大家边看电视边谈笑，真的是其乐融融，这样的场景现在难以出现了。

当时的热播剧《敌营十八年》《霍元甲》等红透半边天，在剧集播出时段用万人空巷来形容是毫不夸张，连电影院和饭店的上座率都大受影响了。第二天同事间摆谈的也都是头天剧集里的内容，如果你不能说上几句，你真的就落伍了。

又两年后，我们单位几乎家家都有了一台12吋黑白电视机，也不用再去邻居家蹭看了。但另一个问题出来了，就是电视天线问题。

12吋黑白电视机是自带了一副羊角天线的，但当时的达城，只有一个雷音铺电视差转台转播电视信号，功率不够大。如果只靠羊角天线收看的话，画面模糊、噪声刺耳，惨不忍睹。要想能正常收看，就必须在高处架设天线。像我们住的那种窝凼凼地方，就更是全靠高处的天线了。

不过那时候的人自力更生的能力都很强，这点小事难不倒我们。首先需要一根长竿，这不难，我们每家都有几根晾衣竹竿，选一根最长的就行。其次，需要五根40—50厘米长的铜材，这个比较难，得发动亲友帮忙找，实在找不到，其他金属材料的也行，但效果要打折扣了，我还看到有人用废日光灯管代替。然后，用一根约80厘米长的木条做底子，把五根铜材间距均匀地固定好，像一个风筝骨架一样，再把第一根铜材的两端弯曲，天线就做好了。把天线固定在竹竿顶端，连接好信号线后，再把竹竿直立起来，在所住的楼顶找地方固定住，这天线就架好了。

接着要进行的，是更重要的调试工作，必须让天线上铜材的横端对准电视差转台方向，收看的效果才能达到最佳，稍有偏转，都会影响收视质量。一般说来，都是男人到楼顶上去调试，女人在家里看电视机的收视效果。男人把竹竿微微车一下，然后往楼下大喊："好不好？"女人在客厅看了效果后，跑到阳台边上，向着楼顶大喊："还要车。"于是男人把竹竿再车一下后又喊："好不好？"女人看一下效果后再喊："还要车。"在车车喊喊若干个回合后，最终找到了天线的最佳角度，固定下来，就可以回家享受电视了。如果遇上大风大雨的天气之后，天线的角度可能会被风雨改变，这样的调试工作就得再来一次。

我们住的楼顶有个水箱，各家的天线竹竿都是靠在水箱四周固定

的。有一次调试好天线后，我坐在水箱顶上，向附近的楼顶望去，到处都是一片密密麻麻的架在竹竿上的天线，如同森林一样。虽然壮观，但所用材料各异，高矮又参差不一，却没有森林赏心悦目的感觉。能与之"媲美"的，可能就是当时楼房外墙上材料各异高矮不一的窗户防盗网吧！

后来有线电视接入了家家户户，楼顶上的"天线森林"消失了；城市的外貌整治后，形形色色的窗户防盗网也消失了；我们的城市更美丽了。

我的师范

罗红梅

学校建在山坡上，与看守所比邻而居。一条通往茶垭乡的大马路把学校与县人民医院的太平间隔开，我们每天的晨跑都贡献给了那条马路。天色曦微，路上车辆极少，月亮还在天边挂着，有星光微动。呼吸着凉悠悠的空气，我们揉揉眼睛，挥起双臂，跑动起来，欢声笑语洒了一路。而右边坡地上，苹果正在悄悄成熟，我们跑着跑着，个子就噌噌地往上蹿。

有时候早操回来，会看到男生们从宿舍旁的围墙上跳下来，他们弯着腰，鬼鬼祟祟的，一边给我们使眼色，一边从怀里掏出一两个苹果来，然后捧着剩下的一大包苹果快速消失。女生宿舍旁边的围墙最矮，男生们每回偷了苹果都从那里翻越进校。

说起宿舍，不过是两排土墙平房。开学时，我们达县的三个女生特意到得很早，一来为了能住到一起，二来也想选个好的铺位。进了寝室，我在空荡荡的房间里走了一圈，伸出手拍了拍最里边靠窗那张床的上铺，就它了。等我把那床薄薄的褥子铺在硬邦邦的床板上，再把枕头被子拿出来，舒舒服服躺上去，大大地伸个懒腰，把头转向窗户，想看看外面的风景时，才发现，那破了一角玻璃的窗户外面不过是一堵石头砌成的墙罢了。往后的日子里，我时常盯着阳光和雨水在那堵墙上滑过，盯着小花小草在墙的缝隙间倔强生长，盯着壁虎和蜘蛛在那里爬行、觅食。许多个想家想爹妈的时刻，我都是盯着那堵墙默默流泪的。

八个女生的卧谈会不定期地开着，老师的家事、男同学的秘密、各自的暗恋对象，都是我们会上要讨论的重要议题。有时候我们会把班上的男生女生强行配对，但女生们往往会表示反对。在这样的会议上，我头一回听说万源的乡村还有定"扁担婚"的，牵涉到的主角是班上的一位男同学，听闻他考上师范后便退了那门亲事。这些热烈的讨论往往中断于一阵手电的强光和一声"不要说话了，睡觉"的权威声音。

学校很小，一个级只有两个班，所以得名"麻雀师范"。但麻雀虽小，五脏俱全，该学的课程我们一样也没落下，身体与灵魂都在三年的磨砺中悄然成长。

礼堂与食堂正对着，一个洗礼大脑一个安抚肚肠。我们在礼堂聆听校长的训导，也在礼堂上舞蹈形体课。舞蹈老师极其严厉，挨个给我们抠基本功的动作，我当时觉得苦不堪言，如今却满怀感激，少女时代遇上严师，对我身形的塑造有着相当的裨益。

我的第一次舞台秀也是在学校礼堂完成的。许是晨读时声线比较好听，老师注意到了我，特地让我主持毕业那年的元旦晚会。老师姓王，他让我们叫他"王某人"，干瘦的个子，很是风趣。他教我们教育学，也擅长表演。那时候我对于主持毫无概念，好在师范生本身就是"万金油"，什么东西都要学上一点的，模拟上课也做过多次了，所以并不怯场。我穿上不知道从哪里借来的婚纱样子的礼服，隆重又单薄，在万源的冬天里站得笔直。每报完一个节目，就施施然走回舞台边，等同学为我披上外套，那时候好似并不觉得冷。

20世纪80年代末期，开始流行交谊舞，学校礼堂又兼做了舞厅。我们在那里学着快三、慢四，在那里等待着男同学的邀请。毕业大餐也在那里进行，同学们哭得稀里哗啦，我却异常清醒。想来并不是我缺少深情，而是缺少了酒的催化吧。

食堂的饭相当好吃，洋芋片滑溜溜的，自带一层浓稠的汤汁儿；红豆汤泡饭软和又糯实，这些都是我的最爱。一周奖励自己一顿荤菜，烧白或是蒸肉，内心特别满足。每月30斤饭票15块钱菜票的生活补贴，女生基本上都会有结余，有的会送给喜欢的男生，我则拿去小卖部换了面包吃，因此得了个"面包公主"的绰号。除此之外，小卖部的鱼皮花生也是公认的好。毕业过后，我曾在不同的地方买过鱼皮花生，但从没与那年的味道重逢过。

食堂并不大，几百名学生同时放学，下课的铃声就是冲锋的号角。早餐的馒头很是筋道，放冷了更好吃。每到周末，我们总爱带上几个冷馒头去登山，在驮山公园、塔子山巅看万源城如一锅煮开的火锅，热气腾腾，把手里的馒头一点一点掰下来，填进嘴里，细细咀嚼那份隐约的蜜意。

靠近马路的一栋三层小楼，是学校里最豪华的建筑，那是我们的教学楼。入学时我们的教室在底楼，一年后升到二楼，毕业时，我们就坐在了三楼的窗口看风景，也看一年级新生那青涩的面容。

我们将要面临的任务是培养德智体美劳全面发展的祖国小花朵，所以必须先把自己培养成文武双全、多才多艺的小能手。课程开设极多，自然也就无从顾及深度。教语文的郑老师担任班主任，她与政治老师在生活上琴瑟和谐，事业上比翼齐飞。特别是她先生，上起课来激情昂扬，他在课堂上用力挥动手臂的样子我到现在还记得。

物理老师那声尖利的"德尔塔"还在耳边缭绕；化学课就只剩下几个实验的画面还装在时间的仓库里；生物老师最是善良，她的课，人人都能及格；教语基的冉老师尽管面临退休，却还是那么勤勉敬业，我的拼音学得扎实，与她耐心细致的教学密不可分。

数学我是擅长的，辅助线神奇的发力点令人着迷。数学教学法则教会我们用孩子的思维去解题。倒是历史地理学得不好，全靠死记，没有融会贯通，所以一毕业就还给了老师。

虽说"三字一话"是必须掌握的基本功，但我打小就因着速度上的追求而写得一手丑字，大人们形容我的字就像被鸡抓过的样子，所以书法课上得马虎，倒是记得书法老师很是温润儒雅。

学习普通话就有趣多了。相较于达县，万源更靠北一些，所以在口音上比我们更接近普通话。刚入学，万源的同学就对我们百般嘲笑："由儿以巴又一又的。""灰机在天上打欢欢。"诸如此类，其实应该是"牛儿尾巴动一动的。""飞机在天上打翻翻。"为此，我们学习普通话的决心很大，还建立了专门的学习小组，无论课上课下、校内校外、教室寝室，都约定了必须用普通话交流。大家互相监督，要是有谁敢冒出一句四川话，就记一次过，罚款一毛钱，每周六现金结算，汇总后买零食给大家吃。所以那时候举办过许多次的嗑瓜子大赛，着实嗑了不少瓜子。

上下两个土坝子，就是我们的操场，不堪大用。记得50米短跑考试，我使出吃奶的力气，在操场上跑得虎虎生风，却仍有男同学在边上大声讥讽：你这是在散步吗？不过，立定跳远时，他们会趁老师不注意，帮我把线往前移一点。

每天上午两节课过后，全校同学要经过礼堂和食堂之间的坝子，上几十级台阶，到操场做课间操，我总是隐约感到有一双眼睛在追随着，就好像我看不到风，但知道它在撩动我的发梢。那台阶，我深吸一口气，一次可以往上跳四级，往下可以跳五级。

体育项目中最难的当属后滚翻，我们除了天天在操场上练习，晚上还会在寝室里互相纠正动作，当然，最后都和仰卧起坐一样，轻松过关。跳高是项神奇的运动，有飞翔的快感，而撑竿跳可以让我们飞得更高。累得快晕倒才勉强够到及格线的是800米跑，记得考完那天我还在教室里写了篇日记，撑天撑地撑老师。

琴房建在山坡上，一到晚上黑咕隆咚的。条件所限，我们用的都是脚踏风琴。快毕业时，学校终于买回一架钢琴，平日里都是艺体班学音乐的同学使用着，我只在考试时有幸弹奏过一回。在风琴上练得滚瓜烂熟的《四小天鹅舞曲》搬到锃亮的钢琴上，显得有些水土不服，弹奏时出现了两次节奏上的失误，但老师还是表示了通过。音乐老师漂亮又温柔，我时常在课堂上仔细观察她的裙子，那么轻柔飘逸，以至于往后许多年我都渴望拥有一条她那样的长裙。

其实我对音乐并不擅长，二年级分科时，我的美术底子不错，素描画得有模有样，睁只眼闭只眼拿铅笔确定物体的比例拿捏得很准，水彩亦有初步涉猎。但偏生最要好的女同学选学了音乐，那肯定不能和她分开呀，于是我暂停了对美术这门课程的探索，而今青春已成过往，才又重新拿起画笔，笨拙地描摹山河万里。

当别的同学忙着谈情说爱，我还在友情里沉浮。女生们约着看电影，能一起穿越黑夜，翻越校门的，就是好朋友了。有一次看完印度电影《流浪者》已是深夜，回学校的途中会经过一个大弯，没有人家，漆黑一片，我们几个女生唱着《拉兹之歌》，互相打气，到了学校发现校门已经关闭，那是我第一次翻越大铁门，竟然一点也不害怕。

万源同学热情好客，去同学家做客是经常的事。在白沙，我对着那些比红苕还大的洋芋好一阵慨叹；而花楼的核桃、板栗和落花生，好吃到让人停不下来，后河流经花楼时是怎样的湍急，我的双腿产生了记忆；而河口，始终是我成长岁月里一个温暖的驿站，我最要好的女同学，她的家就在河口。

万源的物候对我有着超强的吸引力，那时候我们常常去野炊。在如今已记不起名字的河滩上，我们烧水煮饺子，在山谷里循香觅蜡梅，在幽深的林间幻想羽化成仙。

学校图书馆很小，我们在外面租书的次数远远高于那里。出了校门，穿过马路，顺石梯而下，七拐八弯之后有一座小桥，那小桥边修鞋子、补衣服的摊子，都是我们常要光顾的地方。而桥头的书摊不得不提。那时候正流行着琼瑶、岑凯伦的言情小说。我和最要好的朋友，每天前去租上一本，上课时藏在课桌底下看，有时候我们的眼泪会掉在同一行文字上，洇开成花儿的模样。二年级时，我开始练习写诗，现在还能记起几句：一盏灯是一个家，有些灯熄了，有些灯还亮着……

曾经多么渴望有一天，仙风道骨的师傅把我叫到跟前，说："你可以下山了。"但，当那一天真正到来，我仍然懵懵懂懂：现在，我就要去对付一群小孩子了吗？三年来学到的武功秘籍，伪装成一本通篇土味儿稚嫩的祝福手册，就这样被我带回了家。原本也是要坐着火车回家的，毕业那年，万源的同学前来送行，大家在站台上殷殷话别，依依难舍，很是抹了一阵眼泪儿。可是火车一直不开，离别的情绪在等待中渐渐耗尽。最后才知道，那天罗文的隧道里发生了油罐车爆炸的大事故。所以，尽管我们一直是坐着火车去上学，毕业时却是唯一一次搭乘长途客车回的达县，210国道顺着后河水的指引，把我们带回了州河边。那次晕车晕得我全身瘫软，所以记忆深刻。

任老师勇斗黑熊

邹建国

人和黑熊搏斗，居然大难不死，还把黑熊打伤，这是从来没有听说过的事，但却千真万确地发生在万源竹峪镇，而竹峪镇小学体育教师任仕明就是与黑熊搏斗的勇士。

1989年的春天，一个风和日丽的星期天上午，40岁的任仕明老师回到竹峪镇麻潭坝村的家中。接着，他独自扛着锄头到峡马沟下河边的田里帮妻子薅油菜。约一袋烟的工夫，他突然听见周边传来狗叫声，而且声音越来越急促。循声望去，看见一头大黑熊从河边窜出，轻轻一跃，就上了一丈多高的田埂，让人惊恐万状——那黑熊的脑袋有篮球圈那么大，身上的黑毛有七八厘米长，直立起来，看上去大约有1米7高、300多斤重。黑熊呜、呜、呜地叫着，直向任老师扑来，凶险无比！任老师来不及多想，抡起锄头就朝着黑熊的脑壳砸去，一下、两下……随着铛铛的撞击声，黑熊的头上渗出了鲜血。受伤的黑熊发出低沉、愤怒的吼叫声，双爪拍打着胸膛，继续向任老师扑来……任老师对着黑熊，再次挥起锄头用力砸去！黑熊头一偏，任老师身体失去重心，摔倒在田里，被黑熊重重地压在身下。黑熊挥动着利爪猛烈扑打任老师，并张开大口，伸出舌头在任老师脸上舔，顿时血肉模糊。任老师与黑熊扭缠在一起，在油菜田里翻滚扭打，他乘机摆脱黑熊，迅速爬上一丈多高的田背坎，浑身疼痛难忍，骨节吱吱作响。用手一摸，下巴没有了，下嘴唇也没有了，鲜血直流。黑熊又扑了上来，他抹了一下鲜血模糊的眼睛，背靠田埂，两手紧紧地撑住黑熊的前肘，不让熊爪拍打自己；眼睛死死地盯住熊头，尽力避开它的血盆大口，看准机会，埋头顶住黑熊的下颌，然后腾出一只脚抵在黑熊的腹部，另一只脚使尽全力踹去。黑熊被摔下一丈多高的田埂，在乱石中嗷嗷直叫，接着又往上爬……这时，任老师因流血过多，体力不支，昏倒在田里。万分危急之时，任老师的妻子和周围村民们赶到了，他们迅速用锄头和棍棒将正要爬上田埂的黑熊打死。

任老师身上全是熊爪印痕，衣服被撕得稀烂，脸和鼻子伤势十分严重，右下巴和嘴唇被咬掉翻到左脸旁，左手、肋骨多处骨折，身上被咬伤10多处。众人将他迅速送到竹峪区医院，简单处理伤口后，立即送到达县地区人民医院。经过清创、缝合、脸部美容恢复治疗，6个月后方才出院。

原来，当天有一队猎人在佛爷山里打麂子，把黑熊赶了出来。黑熊顺着峡马沟溜到了麻潭坝的河边，继而发生了惊心动魄的人熊大战。佛爷山树高林密，方圆几十公里都是原始森林，林中野兽很多。黑熊是国家二级保护动物，地区森林公安局的警察知道此事后，赶到现场，黑熊早已被村民们剥皮分肉下肚了。

任仕明老师身高1.78米，由于是体育教师，长期坚持锻炼，身体壮实。正是他有了健壮的体格，生死之间，才能与黑熊搏斗并将黑熊打伤，加上众多村民及时赶到，才最终脱离了生命危险。同时，这件事也真正体现了"狭路相逢勇者胜"的真理。

青麻的咏叹

郑显银

青麻，学名苎麻，家乡人俗称青麻，大抵是剥出来的麻皮呈青绿色所致。这名儿就像小孩的乳名叫开后，长到成人就难以改口收回了。

家乡种植青麻，始于三千多年前春秋时期的巴国。"葛之覃兮，施于中谷，维叶莫莫，是刈是濩（huò），为絺（chī）为绤（xì），服之无斁（yì）。"《诗经》里的这段歌谣足以表明，远在先秦，我们的先人就已经喜欢上苎麻衣服了。杜甫《夔州歌》"蜀麻吴盐自古通，万斛之舟行若风"的诗句，说明大竹青麻与吴越食盐通过舟楫交换的历史源远流长。

青麻揽高天之氤氲，吸大地之灵气，无红梅之娇艳，有翠竹之坚毅，或悬崖，或沟壑，或荒坡，或陡坎，只要种子落地，便兀自生长，根深叶阔，亭亭自立，虽饱经风霜雨雪，从不低头弯腰，其禀性堪称坚强！

年末入冬，需给麻地施肥。新年伊始，青麻露出新芽，就"噌噌"直往上长，初夏刚到便收获头麻，之后是二麻、三麻入库。一旦种上，岁收三季，年年如此，所以最受农家青睐。

头麻的茎儿又粗又长，高达2米以上，田畴纵有玉米高粱，也难以望其项背。说也怪，家乡的青麻偏偏比四周县市的壮实得多，纤维长，

皮质厚，堪称一绝。故，这里早就享有"中国苎麻之乡"的美誉。

20世纪50年代以前，人们只是熟稔青麻纺织麻布和捻麻绳这样的手工活儿。

纺织麻布，绩麻是头道工序。"昼出耘田夜绩麻，村庄儿女各当家"，绩麻亦算农家女的"专利"。青麻浸泡变软，绩麻女抽出一缕麻皮，似蜻蜓点水，像彩蝶恋花，灵巧的手指均匀将出麻丝，七八根细如毛发的麻丝从指间划开，首尾相捻。没有尽头的细细麻丝如春风化雨，悄无声息飘落在竹篮里，俟晾干后绕成线团和"鱼儿"。

上百个线团垒成数排，梳理成麻布的经线，便需上浆。上浆对糨糊要求极高。糨糊只用大米研磨，即使粮食定量的年月，粮食部门也要凭本"特供"。倘若偷梁换柱，拿玉米糊、面糊顶替，准会糟蹋麻布。

上浆需择时日，风和日丽的晴天为上。空气潮湿，上浆的麻线难以晾干，耽误工期；毒日暴晒，麻线又容易折断，纵能接头，织出来的麻布也是疙里疙瘩，犹如老松树皮一般。所以选准的黄道吉日，师傅就是受邀赴宴吃酒也得拱手相让。

上浆的麻线摆在马路两旁或在空旷操场。师傅右手握住圆盘式的棕刷，左手平抬麻线，来回均匀刷浆，换景移步，不留空当，即使忙到傍晚，也要把整捆经线刷完晾干，否则染上"肠粘连"，就是织布的悲剧了。麻布作坊遍布县城，彼此心有灵犀，多会选在同一天上浆，聚集北校场排兵布阵，数十排青绿色的麻线如长龙卧波，昂首摆尾，云游大海，场面恢宏壮观。

熟手上机织布，一天十尺有盈。春夏还好，隆冬时节就辛苦难言。屋外大雪纷飞，朔风怒号，屋内织布女手指早已冻得像土里拔出的红萝卜，还要照样从冰水中捞出梭子，脚踩踏板，飞纱走线。世间时有民谚流传："好女莫学织麻布，寒冬腊月冻得哭。"织麻布这苦活全是贫寒人家的无奈选择。

麻布，倒与家乡人的生活息息相关。

麻布分粗细，粗麻布常缝制蚊帐和口袋；细麻布，旧时称为"黄润"，列为贡品，是缝制夏天褂子的上品，也做蚊帐。

姑娘出嫁，娘家须备一床雪白的麻布蚊帐，随同鲜红丝绸被盖嫁妆，工工整整摆上"抬盒"，才叫体面，不会贻笑大方。市井人家多用靛蓝漂染的麻布缝制蚊帐，防蚊驱寒。"一层麻布挡阵风，十层麻布能过冬。"足见家乡人对麻布蚊帐何等钟爱，已到须臾不离的情分。

缝制口袋，那是农家囤粮运粮的必备之物。夏收秋收送公粮卖余粮，逢集赶场挑粮换钱，城里人到粮店买米籴豆，哪家能离得开麻袋？

用生石灰煮透捶打漂洗过的细麻布亦称"夏布"。绫罗绸缎娇气十足，用其制衣，凤毛麟角，过于奢华；夏布缝制褂子，大方凉爽，潇洒舒适，最受男人喜欢。

捻绳，是男女均能上手的雕虫小技。取一绺青麻，找一匹瓦片，盖在腿上就动手；没有瓦片，卷上裤脚，在大腿上搓绳也无妨。片刻工夫，一根细长的麻绳便捻成了。

过去女孩的嫁妆中总有一大把细麻绳，雪白闪亮，那是到婆家纳鞋用的。姑娘出嫁时，几双布鞋摆放在嫁妆面上，布料的选择、鞋面图案的设计以及针脚粗细变换，其智慧和才华恰似白鹤亮翅，常招惹四周同伴指指点点，赞叹不已。

唐代名画家韩滉的《五牛图》，现珍藏于故宫博物院，据传，其作画的麻纸就是用大竹的竹子和苎麻做成的。用苎麻造纸的技术距今足有1500年历史了。

百姓人家劈山造房修路抬石头，元宵节提花灯舞彩龙，三月三郊野踏青放风筝，也可瞥见青麻制品的身影。

剥下青麻的麻秆，需要沤制。《诗经》有"东门之池，可以沤苎"一说，古人很早就知道沤麻。沤好的麻秆当火把，夜间行路，十分方便。

20世纪60年代初的困难时期，本是用于织麻布、捻麻绳的青麻，有人别洞观景，在麻蔸上看到生存的希望，如获至宝。青麻的根叫麻蔸，含有少许淀粉，但混有毒素，缺吃的人家照样列入"瓜菜代"之伍。洗净麻蔸，加水磨细，搭进少许玉米糁或米糠，蒸熟果腹，那是常事。刚进嘴，还有一点软糯感觉，尚抵上一顿饭——可惜要排出体外就是非常痛苦的事，毕竟人的肠胃不像牛马。那年头，明知遭罪，也要塞满肚皮，换取生命可怜的延续啊！

甫进20世纪70年代，科技人员犹如神奇魔术大师，点石成金。青麻变成雪白轻柔的麻绒，堪与羊绒、丝绵媲美，与棉花、蚕丝和羊毛混纺成高档衣料，既挺括，又易洗晾，其身价陡然上升，野山鸡变成了金凤凰。早先做褂子的夏布被讥笑为明日黄花，焉能忝列门墙？此时，青麻涨价声不绝于耳，一天一个新突破，一个新突破催生农民一次新亢奋。

穷了一辈子的农民，谁不憧憬财源广进，过上吃穿不愁的富日子？谁不期盼把窝了几代人的土坯房换成宽敞明亮的大瓦房，娶个新媳妇，把她热热闹闹请进屋来；谁不渴望给从小打补丁的孩子买几件漂亮的衣服，让他光光鲜鲜地上学读书；谁不盼望买辆嘉陵摩托，载人拉货，两全其美，挣点零花钱宽绰得多……心仪的蓝图多么诱人啊！有人嗅觉灵敏，夜以继日，拼命种麻，释放出几十年被穷困压抑的能量！拔掉玉米种青麻，稻田放水种青麻，砍下蔬菜种青麻，舍前屋后见缝插针种青麻，漫山遍野变成无边无垠的青麻海洋。几个月里，县城三家大型麻纺厂同时上马，三山两槽小麻厂星罗棋布。双肩挑青麻，背篼背青麻，手扶拖拉机运青麻，大小货车载青麻，夜以继日四处抢购青麻，也有人开仓移粮囤积青麻，青麻顿时成了抢手货。工人三班倒，人歇机不歇，脱胶漂洗不停工，烘干纺纱连轴转，都说胜券在握，要赚回一大把钞票。也有精明者暗中狐疑：如此大轰大嗡，蜂拥而上，我们是否患上可怕的"麻疯病"？

奇怪，妄语竟成谶言。两年之后，青麻风光不再，不知谁在背后翻云覆雨，暗中作祟，把青麻制成的麻绒打入无人问津的广寒宫，顷刻之间，销路链条断裂，仓库里如山的麻绒横陈眼前，其价格从巅峰跌落下来，狂泻不止。城内三家大型麻纺厂关停歇业，乡镇麻纺厂血本无归。麻绒就像高傲的公主，被摘掉凤冠，洗去脂粉，剥下绫罗绸缎，沦为褴褛乞丐，流落街头巷尾。城门失火，殃及池鱼。院子里的青麻比屋檐还高，其价格也从八九元一斤降至一两元。栉风沐雨的辛劳和含辛茹苦的奔波，被突如其来的降价风彻底颠覆，弄得晕头转向。梦幻化作青烟飘散，留下来的是无奈的失望和难以冲刷的痛楚。

料峭春风吹酒醒。心地浮躁的人们从楼阁跌落到地上，开始认真思索：那样堆积如山的麻绒外地人真的需要吗？美国人、英国人、法国人、德国人、荷兰人、比利时人真的需要吗？

谷底—高峰—谷底，青麻坐了一回令人讪笑的过山车。结束了喜悲交替的轮回之后，家乡人对青麻依然相惜相恋，但明白了一条道理：做事一味任性胡来，失去的不只是光阴。

达州文艺之家诞生十年侧记

吴星辰

曾经以为到文联工作就是和文艺家们一起吹拉弹唱、写字照相、享受阳春白雪、岁月静好。2009年中秋也值国庆长假，闲坐看月，第一次听说公考流程无懈可击，碰巧当年秋季达州市文学艺术界联合会招录一名工作人员，刚好汉语言文学类和艺术类专业可报名，成绩发布已是2010年春天，我幸运地成为百里挑一的那个人，似懂非懂地进入了市文联机关，关于文联的若干词条或直白生动或学术婉转的被解释，似乎说清了也似乎什么也没说清，参也参不透，新手入职，一切都从服务文艺家开始了。

2010年夏，莲花湖宾馆济济一堂，达州市第三次文代会如期召开，斯是盛会，然小机关带着大队伍，尚无宣传推广之平台，更无经费调度之资源。市级文艺协会无编制无经费无场所，坐在茶楼和着乒乒乓乓的国粹声开会，协会资料都是主席团成员用家庭箱柜存放，"三无"协会、"皮包"协会、茶楼"歇"会等"雅称"不绝于耳。

市级文艺家协会都是社会组织，迫切的都想有个"家"，文联尚且蜗居在市政中心综合楼一隅，一个说大可大说小可小的地方，似乎有些遥不可及。

山重水复疑无路，车到山前必有路，细数起来，爱拼才有成，躺平没有花自开我自赏风自来，2010至2020年的十年间，从新兵到老兵，历经"杂志复刊""会议复兴""项目复活"三个关键环节，通过历任领导和同事接续努力，层层递进，步步铺垫，谋成、建成、建好达州文艺之家，见证其中，催人奋进。

参与一本文艺杂志的复刊

那时，我作为一个兼职的美术师参与服务。从办公室到创作部，从创作部到编辑部，在《巴山文艺》的封面设计、插图设计等美编工作基本都在办公室用PS、CDR完成，尽量减少与印刷厂之间的往返奔波。杨牧先生新题写了刊名。

由巴山文学杂志社编印的《巴山文学》作为20世纪80年代起在全国公开发行的纯文学刊物，与在全国文坛产生影响的巴山作家群相互成就，进入90年代，主将开始各奔东西，《巴山文学》一度改名《巴山文艺》，刊发作品不仅局限于文学作品，可惜编辑部耐住了寂寞但没有守得住清贫，外包脱管后被吊销了发行资格，为了服务西部大开发，巴山文学杂志社更名为西部潮杂志社，改为编印内刊《西部潮》。

1999年底，市文联成立后，西部潮杂志社从市文化局划归市文联管理。又一个十年过去了，西部潮潮涨潮落，达州文艺春潮涌动，新时代的巴山作家群重新崛起、巴山画家群聚集成型、巴山摄影人异军突起、巴山戏剧人再现荣光、巴山诗词春诵夏弦、巴山书家笔走龙蛇、巴山民歌且歌且行、巴山曲艺传唱不衰、巴山艺评率真明砍……《西部潮》已不适应作为"巴山"系列文艺品牌的载体。大家异口同声：文联主办的杂志要定位为综合性文艺期刊，文学为主，兼顾艺术，文艺刊物要有文艺刊物的品位，不能办成地摊货，不能被商业宣传左右办刊风格，不能因人情世故降低选稿质量。

《巴山文艺》得以群策群力复刊，杂志社逐渐转变功能，与市文联合署办公，办刊职能由市文联接管后撤销。《巴山文艺》与《达州文艺报》、达州文艺网以及后来的文艺达州微信公众号共同构成了达州文艺宣传矩阵。向上汇报、向外对接工作都会带上一本《巴山文艺》引入话题，以此作为名片，打开了通联四川文联乃至中国文联的一扇又一扇门窗。

参与一场文艺会议的复兴

那时，我作为一个初学的会计师参与服务。从创作部到组联部，到君塘镇挂职后又回到创作部，为文艺活动服务提供后勤保障，必须按照财经纪律走流程跑圈圈，呈现出忙完业务忙财务的千姿百态。

2016年，"文以载道、以文兴市"成为热词，市委文艺工作座谈会在凤凰大酒店召开，群贤毕至，少长咸集。前夕，配套施行的"1+3文艺新政"文件迟迟未见印发，着眼于文艺事业亟需打基础利长远的制度建设，大家直言不讳：干货不出手，开会人见愁，等米来下锅，催着走！终于《文艺双师》《文艺双下》《文艺资助》方案落地，财政每年配套了507万元专项经费支持文艺事业。一时间，达州文艺界是春风得意马蹄疾，接连制度化恢复了"巴渠文艺奖"评选，常态化保障了"文艺家协会"运行经费。

从那以后，市文联忙上加忙了，自策自谋"视觉巴山"美术书法摄影展、"聚焦巴山"摄影特展连续走进四川美术馆，"细语巴山"钢笔画展在新华网创造24小时达106万点击量的文艺外宣纪录；自编自演"大巴山民歌会"升级成全国新农村文艺展演闭幕式、"百花迎春"文艺大联欢在全国地级城市首次呈现;自主自办"文艺专题培训班"走进四川大学、新疆大学……办文办会办事办网办报办刊都不能落下,纷繁琐事纷至沓来。

从"三无"到"四有一好",文艺界呈现出"有政策、有阵地、有投入、有效果、氛围好"的新局面,立下了"达州文艺作品和文艺家在全省有地位、在全国有影响"的追求目标,坚信路虽远行则将至,事虽难做则必成。

参与一处文艺项目的复活

那时,我作为一个业余的设计师参与服务。文艺家们想有个家,催生了多名政协委员把位于凤凰小区的原达川地区行署专员大楼改建成"达州文艺之家"的建议共识。这里是达城居民口中的风水宝地"凤凰头",我随前期工作组悄悄对大楼平面分布图进行了绘制标注,后来调研组按图索骥现场选址,发现闹中取静太难,安家之地尚需另选。

一片蒙蒙细雨中,在凤凰山山腰上,俯瞰云遮雾绕的城市全景,发现了山坳里的页岩砖瓦厂关停前有一栋刚建成还没来得及装修的办公楼影现其间,还留下了一片上百亩的取土平坝,通川区为了弥补凤凰山景区的这道伤疤,简单进行了包装,现状是无人问津,门可罗雀。崖上的工作车间一半已改为巴山书画院,另一半已计划变成巴山文学院。2017年5月4日下午,青年节当天,四大班子主要领导难得聚首,一起研究全市重点文化工作,"达州文艺之家"筹建工作位列其中。集体决策,一锤定音!那"一家两院"就在这里了!高梧引凤,百家集萃,进可都市,退可山林。好一个文艺兴家之地。

　　那时，我作为一个临时的建造师参与服务。发改立项、财政评审、招标询价、城建监察、图审、地勘、监理……不明就里所以手忙脚乱，利用闲置国有资产改建为文艺阵地听起来很美，偏偏遭遇岩体松动垮塌、排水管道偏移等诸多变数，需城建免罚、要城管免掀，脚跑断、嘴磨烂，2019年6月30日晚，达州文艺之家及文艺广场风貌打造项目实质性完工，通电亮灯那一刻，苦尽甘来。

　　成家还要立业，市文联抓住深化改革机遇，将达州文艺之家运行经费纳入部门预算，社会化聘用文艺志愿者在文艺协会驻会服务写入深改方案，市科普作家协会、市旗袍文化艺术协会等新文艺组织也入住找到"家"的港湾，实现了从服务"文艺家"扩大到服务"文艺界"的转变。

　　2019年中秋之夜，文艺界联谊晚会在达州文艺之家广场举行。活动致辞给项目画龙点睛：主办此次特殊的家庭聚会，目的是在交流中增加感情，进一步树立全市文艺界人士"文艺之家"的主人翁意识，把"文艺之家"建设成为兴旺之家、和谐之家。第七届全国新农村文化艺术展演期间，中国文联、四川文联领导和专家受邀来到凤凰山调研达州文艺之家，高度评价其为文艺界学习宣传文艺政策、研讨文艺创作、推介文艺作品、培养文艺新人、开展文艺交流提供了全面保障，真切鼓励达州文艺界利用优厚条件，创作文艺精品。

乡土风情

XIANGTUFENGQING

巴人歌舞竹枝词

刘艺茵

巴人喜歌善舞，在三千多年前周武王伐纣的牧野之战中，巴人举矛挥戈，载歌载舞冲在最前面，吓得敌人气馁心惊，倒戈而逃……春秋战国之际的"下里巴人"故事，描述了巴人且歌且舞、即兴唱和的民歌特色。

唐代大诗人刘禹锡为夔州刺史时，将巴人"前声断咽后声迟"的唱腔和伴以"竹枝"为道具及和声的舞蹈带到京城长安。在元稹、白居易等诗人的大力推崇下，竹枝歌舞大红大紫，风靡全国。经过刘禹锡、元稹、白居易等文人对巴人民歌的改造与倡导，竹枝词成为唐代乐府曲名。历唐、宋、元、明、清千载流传，竹枝词已成为中华诗坛一大类别。

竹枝词，因巴人歌舞用竹枝作道具、和声有"竹枝""女儿"而得名。在现存唐、五代时皇甫松、孙光宪的竹枝词中，就有"竹枝""女儿"的和声及衬词。古代巴人民歌大场面如迎神赛会、年令节月则多联唱，领唱作和；闲情踏月、男女互歌则多轮唱或对唱。直到宋代，《太平寰宇记》还记载了夔州巴渠县（今宣汉）——此县是当夷僚之边界，其民俗聚会则击鼓踏木牙，唱竹枝歌为乐。

脱离舞容被文人雅化了的竹枝词，作为一种诗歌体裁，不像律诗有平仄、对仗的严格要求，更不像其他词曲有各种特定的词牌、曲谱，有着咏风俗、歌民情、存俚语、重拗格等形式和内容特点，与人民群众生活距离较近。因此，竹枝词不仅走出巴山唱响神州，还漂洋过海传遍世界。

竹枝词源于古代巴人民歌中音乐与舞蹈的结合。生活在巴山峡川的巴人后裔土家族，他们的巴山舞、摆手舞、钱棍舞、肉连响、薅草锣鼓等，处处显现着古代"夷歌蛮舞"的少数民族特色。

土家山歌至今仍保留了古代巴人"前声断咽后声迟"的原生态唱腔。领唱、对唱、和唱加上联唱、轮唱，只是和声没有了"竹枝""女儿"，而代之以"二嫂""幺姑""二姐""幺妹"之类。1958年，著名作曲家罗宗贤、时乐蒙把宣汉民歌苏二姐改编为车灯调《英雄们战胜了大渡河》，在全国引起轰动。

经文人改造的竹枝词广为记事，以诗存史。凡风土民情、山川形胜、社会百业、时尚风俗、历史记变等都可入诗。竹枝词格律较宽，束缚较少。七言四句中一、二、四句句尾用平声，第三句句尾用仄声。其语言流畅，通俗易懂，朗朗上口，雅俗共赏，格调明快，诙谐风趣，于风趣中见神韵，于消遣中见真情，形成竹枝特有的山野味道。

古代巴人的风俗、民情、历史等很多因竹枝词的记唱而得以流传。有写土家历史如："土船夷水射盐神，巴姓君王有旧闻。向王何许称天子，务相当年号廪君。"有写薅草锣鼓如："换工男女上山坡，处处歌声应鼓锣。但汝唱歌莫轻薄，那山听得这山歌。"在现代，有描写巴女耕田的如："云中少妇正犁田，叱犊声尖谷音传。挥鞭泥翻大湾水，犹望茅屋灶头烟。"

如今，竹枝歌舞更是巴山土家人的最爱，他们边歌边舞，口里唱着："核桃栗瓣麻袋装，绕山背篓似燕行。峰城姐儿桃花妹儿，邀邀约约下东乡。"有土家人举杯高唱："老者相邀围酒摊，开怀笑谈责任田。酒碗飞传睐醉眼，连声高喊我开钱！"巴人竹枝歌舞正是"辎轩太史采风诗，下里巴人举所知，撼拾街谈说合巷，一齐编入竹枝词。"

　　在四川省达州市宣汉县洋烈水乡的竹枝词广场，游客可以欣赏刻工精美的竹枝词木刻作品，也可以加入巴山姐儿、土家妹儿载歌载舞的狂欢中。

看人户

杨仁明

我的老屋垮了。

老屋宅基地上丛生的荒草，正慢慢淹没我记忆中一段远去的岁月。那就是老屋所承载的、巴山乡村古朴的相亲方式——"看人户"，在谨慎、庄严、神秘的面纱下，暗藏了一道美丽的亮光。

美丽，必定充满色彩，必定有色彩下不被轻易抹去或遗忘的斑斓。

我自幼成长的小山村，20世纪六七十年代直到80年代初期，年轻人的姻缘，主要依靠媒人（或媒婆）巧舌如簧的游说来牵线搭桥。村里的小伙、姑娘到了十七八岁，甚至十四五岁，就会有人来关心其婚姻问题。记得在我十四五岁的时候，就有媒人找我父母，说给我介绍"小妹"。因为我刚进初中，父母都先恭敬地感谢媒人的好意，再说孩子还在读书，暂时不忙说婚姻的事情。后来，我靠读书走出了小山村，刚好进入20世纪90年代，就逐步过渡到了自由恋爱的时代。

巴山乡村流行一句话，被山里人广泛理解和认可，那就是："有儿望媒说，有女等媒说。"在巴山乡村，媒人也就是年轻人婚姻的证人。所以，只要经过媒人撮合而结成的姻缘，就被认为是"明媒正娶"，折射出小山村人传统婚姻意识里公认的基本婚姻道德原则。

媒人，是小山村的习惯称呼，一般不称为红娘。多是上了年纪的妇女，又多数是小伙、姑娘的亲戚或邻居，是"亲帮亲、邻帮邻"观念在婚姻链条上的真实体现。在我所在的巴山农村，把给小伙子找对象叫"说个小妹"。这里说的"小妹"，就是小伙子婚前对象的通称，都被称为"某某某的小妹"。一旦结婚，就改称为"某某某的婆娘"。

其实，这个过程中，最有内涵也最为关键的是"看人户"环节。"看人户"，在一定程度上，决定着一桩姻缘的成与不成。若看上了，就定亲；若看不中，就告一段落。

我此生没有经历过"看人户"，但很完整地见证了堂兄被"看人户"的全过程，并演绎了一段略带滑稽的经典笑话。

堂兄被"看人户"那年，我正高中寒假在家，自然成了被"看人户"队伍中的一员。为了把堂兄的婚姻大事办好，在爷爷的主持下，一家人开了一个小小的家庭会，对各位叔伯婶娘等家庭成员进行分工，并决定由我家负责接待"看人户"的客人。我父母为此还主动买了瓜子、水果，茶水也准备得非常妥帖。

女方家住另外一个乡，比我老屋的小山村更偏远，海拔更高，冬天常积雪寒冷又缺乏烤火煮饭的木柴。所以，希望在低海拔的所谓"坝下"找户人家。于是，媒人就介绍给比我大五岁的我的堂兄。

当时是冬天的一个下午，夕阳还没下山，降霜的寒风悠悠地吹着。相比之下，堂兄家庭条件较差，房子有些破旧，叔父和叔婶治家不力，家中孩子又多。而我的家庭条件较好，特别是房屋属半新半旧的吊脚楼，在小山村很显眼，加之父母理家得法，又很爱整洁，家里井井有条。

按照家庭会议的预先安排，"看人户"的客人被直接接待到我家安坐。端茶递水削水果，由我的姐姐和两位妹妹负责，嘘寒问暖拉家常，由爷爷、奶奶、姑父姑母应付。我就衣冠楚楚地陪在旁边，半遮半掩

地窥视客人，亲自感受"看人户"的场景——这也许是我的未来。我看见那位姑娘红扑扑的圆圆脸蛋，水灵而俊俏。扎着一对小辫子，系着头花。穿着红色棉袄，眼睛很清亮、很灵动，透着美丽的天资。她一直紧紧依偎在她妈妈的身上，略泛几分羞涩。

听说她当时只有18岁，我堂兄是22岁——在当时的小山村应当是结婚成家的年龄。

"看人户"的客人围着我家的房子看了个遍，还反复打量着戴着眼镜的我，一再称赞这家庭很不错。宾主两方一边拉家常，一边问情况，非常融洽，很友好，讨论很热烈。火塘里的青杠树柴火也很给力，十分旺盛。我方的亲人，你一言我一语，扬长避短地把整个家族的优势夸张地数落一大堆，加之爷爷平反之后恢复公职退休在家，在小山村里我家也是一个小小的望族，特别是说到烧柴不成问题、用水极为方便，是自家设置的简易自来水——其实就是用普通塑胶水管把山溪水接进屋里，不用挑水——当时农村基本上还处在挑水的状态，女方的亲戚连声赞叹，说：这非常好！并当即决定：这婚就先定下来。

整个家族的集体忽悠，发挥了很大的作用，这就是团结的力量。加之女方是偏远的山里人家，对"坝下"的情况也不十分熟悉。

当然，我方全体家人非常高兴，因为堂兄是我辈中的长者，堂兄的婚姻问题，是全家人的大事。按照当时的习惯，长子没有婚配之前，弟弟不得谈婚论嫁，否则，视为不尊重长兄。

在一家人齐心协力下，晚餐准备好了，礼貌地邀请客人到堂兄家吃饭，客人才恍然大悟，原来是这一家呀！她们集体看走眼了，居然错把我家作为堂兄的家，也错把我当成了堂兄。搞得她们一行人面面相觑，哭笑不得。但她们说"先把婚定下来"的话，也不好当面收回。

后来，堂兄的这段姻缘被画上了句号——堂兄依然等在青春的风里。女方没有看中堂兄的家庭。一年后，堂兄再次被"看人户"，终于成了。自然而然，我的这个堂嫂比不上第一次"看人户"的那个女孩。

世间的事情，就那么奇怪。第一次到我家"看人户"的那个女孩，最后嫁到了我姐姐婆家的隔壁，并与我姐姐成了好姐妹。我每次去姐姐家，都会遇到她。姐姐常常开那个女孩的玩笑说：你本来应该是我的嫂嫂，还差点成为我的弟媳妇哦。那女孩也很大方地开玩笑：如果是你的弟媳妇，嫁一个吃国家粮的，我多享福啊，你还不敢欺负我哦，你弟弟是一个独生儿子，你回娘家我就不给你饭吃，你不怕吗？

现在，那个女孩也是年过半百的人了，子女已经成人。她依然和我姐姐是好朋友，每次见面，都亲热地打招呼。

我后来渐渐明白，其实，巴山农村的"看人户"，就是女方对男方家庭背景的全面考察。那个时代，乡下的家庭族系很复杂，父辈的兄弟姊妹、舅子老表多，参与这种特别考察的人，主要是女方的母亲、婶娘、姨娘、舅娘、姑姑等七大姑八大姨，还有姑娘的嫂嫂、姐姐，外加一个媒婆。

这是清一色的娘子军。她们的核心任务是围绕男方了解：小伙子的人才，面容的美丑，个头的高矮，身体的胖瘦，受教育的程度，有什么个人特长比如是否有手艺，做事情的基本能力，有无疾病、恶习或前科；小伙子的父母，主要是自身的能力，对孩子的管教，对邻里、亲人、亲戚、朋友的处世，有无疾病；小伙子的家境，包括居住的房屋，周围的环境，是否是柴方水便，离场镇的远近，自留山、自留地的多少，家庭的经济及来源情况，粮食生产和储备情况，猪牛羊和鸡鸭的喂养情况，家中兄弟、姊妹情况；小伙子的社会背景，主要看有什么亲戚关系或特殊背景。体现出父母、亲人对姑娘人生未来的慎重态度和高度负责。

为了"看人户"，男方要进行紧锣密鼓的准备。比如来客安排、食宿接待、家宴筹备、环境整治，为女方前来"看人户"的人特别是首次登门的姑娘准备适当的礼品，也要尽量把自家的直系亲属请到场，共同备办。

"看人户"，是双方的亲属进行面对面的沟通，主要是女方考察团的总体看法和作出最终的表态，相当于现在人们所说的进行"考察情况通报"。姑娘、小伙的未来，大多就在这种表态中决定下来。要么定亲，要么分手。由此看来，"看人户"是一个非常严肃认真的事情，男女双方和其亲属都不得马虎。虽然它带有包办成分，但这种古朴的婚姻存续模式，却让所有家庭成员参与到年轻人的婚姻中来，共同思考和决定。对照自己，选择别人，既不看高自己，也不看低别人。看似古朴，却也透着几分客观。

那些岁月，那些故事，如童话，像传说。对我来说，却是无法复原和重新演绎的美丽记忆。时光不可能倒流，却让我对已经消失的老屋充满了一种来自灵魂深处的留念。留念乡村给我的那份美丽、那份淳朴、那份纯净，那是一种不该过早被淹没在荒草丛中的乡土文明。

土家人的婚嫁民俗风情

李明模

土家族是一个能歌善舞、崇尚自由的民族，在漫长的历史长河中，青年男女"以歌传情""以歌为媒"。他们生活在万山丛中，耕作出入，男女同行，无拘亲疏，谈情说爱，自由自在。通过跳摆手舞、唱摆手歌来传情达音，互赠信物，或在唱山歌、对山歌的活动中情定终身，喜择佳偶，只要巫师、父母认可，便可结良缘。宣汉土家人至今还流行"探情歌""结缘歌""相思歌"等情歌。这些情歌大胆坦率地吐露情怀，表达爱恋，这是对自由恋爱的大胆渴望和追求，也是对"父母之命，媒妁之言"等封建礼教的勇敢抨击。

土家人婚嫁风俗还有一个特点，就是近亲婚配的现象还时有发生。"姑表亲"又叫"老表开亲"，是指姑舅老表或姨老表之间的婚配关系。姑之女嫁到男家叫"回头亲"，舅之女嫁到姑家名"侄女赶姑"。还有"扁担亲""换亲"和"填房"的习俗。这种换亲的目的是为了亲上加亲。但同姓之间是禁止婚配的，因为他们的祖上是一家人。

但是，随着土、汉的融合，土家人自由恋爱之风渐渐受到传统封建礼教的桎梏和约束，取而代之的是"父母之命，媒妁之言"的包办婚姻。特别是清朝以来，统治者认为土家人的婚俗"不惟礼出无名，实乃寡廉鲜耻，亟宜速改，不得因循"。他们强力推行封建的婚姻礼仪，使土家人的婚俗和形式发生了重大的变化。在土家人古老婚俗和封建婚姻礼俗的长期碰撞磨合中，宣汉土家人逐渐形成了婚姻结合关系中多层次礼节仪式，整个礼仪过程是十分复杂和隆重的，但其中不乏土家人古老婚俗的遗风和影响。

相亲。俗称"瞧样子"。土家男女到了结婚年龄，男家即请媒人说媒。媒人根据双方人才长相、家庭背景物色合适的对象，再安排撮合男、女双方第一次见面，双方满意后再正式提亲。

提亲。相亲之后，男方正式请媒人去女方家提亲。女方同意后，就向女方"讨红庚"，即将姑娘的生辰八字写在红纸上，并请巫师或算命先生按阴阳五行推论双方八字是否相合或相克。

定亲。俗称"插香"。青年男女如果八字相合，就是"天作之合"的天赐良缘。男女双方便择定吉日，邀请双方亲友到场正式订亲，以期取得社会的承认。订婚前，媒人和男方全家带着大红洒金庚帖（男女双方生辰八字）和丰厚的聘礼，包括金银首饰等到女方家去，女方开门放炮，接受礼品，拜谒祖先并插上茅香。吉日订婚时，未来女婿要向未来岳父母磕头跪拜，并改口叫父亲母亲；未来儿媳也要向未来公婆叩头行礼，并改口叫父亲母亲。双方父母都要打发"茶礼钱""改口钱"。

议婚（即报期）。订婚后，男女双方不再随意往来。如果年内不结婚，男方过年必须到女方家拜年，所带礼品中必须有一方割了尾巴的圆尾（猪后腿）。女方回礼时必须送两双未来新娘亲手做的布鞋。如男方要求年内成婚，拜年所送圆尾必带尾巴，如果女方将猪尾割下，用红纸包好放在送给男方的布鞋之中，就表示同意年内成婚，男方按双方生辰八字择定迎亲结婚的吉日良辰并告知女方准备。

迎亲。结婚头一天，男方要邀请新郎的同辈亲友及未婚子弟九人

"坐新郎席"，也称"陪十兄弟"。大家坐堂饮酒唱歌，你唱我答，通宵达旦。同日女方也要为出嫁女儿沐浴、"开脸"、"上头"。"开脸"就是用粉、线绞去脸上汗毛，修剪眉毛，使之容光焕发，青春洋溢；"上头"就是把辫子打开，将头发挽在头上做成椎髻，叫"束发合笄"，以此表示姑娘时代的结束。当天，新娘娘家至亲还要送上厚礼前来庆贺，名曰"添箱"。

哭嫁。结婚头天晚上，出嫁姑娘要唱哭嫁歌，这是宣汉土家人独有的婚礼民俗风情。哭嫁的主角是新娘，她的父母、姐妹、姑嫂和"陪十姊妹"（新娘加上九位未婚女青年）都一起参与哭嫁。哭嫁是新娘思想感情的倾诉。她们边唱边哭，边哭边唱，哀婉凄切，欲喜还悲，尽情抒发"伤离别怨命运"之情，感人肺腑。哭嫁的内容有四：一是感激父母的养育之恩，抒发辞别父母难舍难分的伤痛；二是倾诉离别的悲伤和对前途命运的担忧，害怕将来的丈夫、公婆对自己不好；三是发泄对媒人的怨恨，害怕媒人介绍了一个不争气的丈夫，婚后生活艰辛，命运悲惨，表达对"媒妁之言"取代"以歌为媒"的抗争，希望在婚姻家庭中能自主掌握自己的命运；四是表达对兄弟姐妹骨肉深情的留恋。父母姐妹的哭诉则多是对新娘的宽慰和劝勉。希望她贤淑、善良、勤劳，做一个贤妻良母。

迎亲。迎亲当日，新郎"插花披红"，随媒人或支客师带着迎亲队伍，抬着礼盒到女家"过礼""娶亲"。迎亲队伍到了女方家，女方年轻亲友要假装拦住迎亲队伍，并摆上桌子要和男方对歌（俗称"盘歌"），还要提出诸多苛刻条件，说些风趣调侃的话，甚至追逐打闹，这就是颇具土家风情的"拦门礼"。"拦门礼"活动后，新郎要焚香拜祖，叫作"交香"，并把礼盒交女方验收，其中必有一公一母两只鸡，与女方家交换一只，谓运气交换，喻子孙繁衍兴旺。还要送女方家空

坛一个，以备新娘生子后装甜酒（醪糟）用，故有"今年吃喜酒，明年吃甜酒"之说。

发亲。发亲前，女方家要摆开陪嫁妆奁炫耀，名曰"亮彩"。上轿前，新娘要唱"哭上轿歌"，表示死活不肯离开娘家，唱完"哭上轿歌"，新娘穿上男方送来的"露水衣"，拜别父母亲友，由新娘哥哥撑开"露水伞"背妹妹上轿。发轿上路后，新娘的姐妹还会在一些路口佯装拦轿，并和新郎的伴郎（陪十兄弟中九位未婚青年）互相追逐嬉戏，对歌调笑，借此暗中寻找意中人，也是为了讨红包、讨喜酒，男方则早在这些地方设下酒宴，拦轿人戏称吃"茅宴席"。如男方直接把酒席送到女方家中，则名曰"赶脚酒"。这些礼仪习俗都是土家人早期婚俗的遗风。新娘花轿到男家后，要举行系列仪式，或请巫师作法"封百口""封破嘴"，杜绝不吉利事发生；或斩鸡由轿顶掷出以驱邪掩煞；或焚香祭拜家种土王；或花轿绕坝三圈，讨先生、巫师吉利封赠，轿夫还要说吉利话讨男方发红利等。新娘扶出轿后，由叫礼先生按仪式在鼓乐鞭炮声中礼赞拜堂完婚，然后新郎揭开新娘戒帕，以巨型红烛前导入洞房。同时男家婚宴正酒开始，招待各位亲朋乡邻。男家要特别为送亲的姑嫂、伴娘和兄弟等在堂屋中央摆下丰盛酒席，名曰"上马酒"；还要请多子多福的长辈中年妇女为新人铺床，将莲子、枣子、桂圆、花生等物放置床的四角，喻早生贵子，人丁兴旺。

闹房。新婚三天，不分大小，都可以闹房。闹房是新婚当晚，新郎新娘的同辈亲友在新房里举行的喜庆祝福活动。闹房时，男男女女有说有唱，有打有闹，调笑逗乐，幽默诙谐。甚至允许有善意的恶作剧。特别是由伴嫁姑娘和伴郎小伙对歌嬉戏寻找意中人最为引人入胜，再现了土家人以歌为媒的古老习俗。

谢媒。新婚次日晨，新婚夫妇要拜谢六亲，接受长者"白头偕老、多子多福"的赐福,接受姑舅馈赠的碗筷,预示婚后成家立业,丰衣足食。同时以财礼谢媒人,感谢她的劳碌奔波多方成全。谢礼中必有一猪头并用猪尾巴堵住猪嘴,寓媒人婚后不得说东道西,也谢媒人办事有头有尾。

回门。婚后第二天,新娘偕新郎携礼物回娘家省亲,表示女儿生活幸福,让娘家人放心。回门路上,新娘在前,新郎在后,不许回头张望。回门当天必须返回新郎家,保证一月之内不得空新房。

巴山民俗

韩 奕

这是大巴山地区一些沉埋的民俗，也是一些历史的碎片。

神 龛

20世纪五六十年代的巴山民居，以架子房和土墙房为主。无论是架子房或土墙房，在堂屋大门相对的正上方，都要设置一个神龛。神龛上供奉着一个牌位。牌位上有六个楷书大字："天地君親师位。"牌位下搁着一个香炉。逢年过节、红白喜事，房主们都要焚香祷告。

据一位老先生介绍，书写牌位颇有讲究："天"字中的"人"，那一撇不能顶住最上面的一横，叫作敬天不顶天；"地"字的"土"旁要与"也"相连，叫作沾土接地气；"君"字里的"口"不能封，封口则子孙要出哑巴；"親"字旁边的"目"要留缺，封目则子孙要出瞎子。"天地君親师"五个字要站着写，以示恭敬；"位"字必须坐下来写，叫作落位。

中华人民共和国成立后，一些受过新式教育的农民，在修房造屋时，把牌位中的"君"改为"国"，成为"天地国親师位"。这一改动，被供奉的皇帝变为了国家，就成为"敬天地，敬祖国，敬父母，敬老师"。

敬土地

50多年前的万源农村，还能经常看见脚如三寸金莲的老婆婆，走起路来重心不稳，摇摇晃晃。她们生于清朝末年，饱受缠脚之苦，又受"温、良、恭、俭、让"的传统教育，大多念佛信神。腊月里，杀年猪后，老婆婆们便忙碌起来，将最光生的元尾肉割一块来，洗净煮熟，在肉皮上抹上红糖，下油锅炸成桔红色，放在盘子里，端到小小的土地庙前，下跪祷告：感谢土地老爷的养育之恩，祈盼来年风调雨顺、五谷丰登。当时的年轻人，因受无神论的教育，已不愿做此类事情，只有成天"阿弥陀佛"不离口的老婆婆，才把腊月里敬土地作为不可或缺的大事。

挂"吞口"

大巴山腹地重峦叠嶂，一些房屋修在山形险恶、地势陡峭之处，面对险恶的山势，先民们便在大门上挂一个"吞口"。吞口乃人工雕成的木质头像。其五官有如戏曲中的张飞：浓眉倒竖，豹眼圆睁，口含短剑，杀气腾腾，令人望而生畏。据当时的老人们讲：大门上挂吞口，可镇邪恶，食鬼魅，壮人胆气，确保平安。

吞口起源于何时何地，已缥缈难寻，偶然在中央电视台十频道里，收视到贵州民间驱邪逐鬼的"人傩戏"，其表演者戴着戏脸壳儿，与"吞口"如出一辙。

唱唱本

1962年春，公社社员们大砍火子地。秋后苞谷、洋芋大丰收。农民们告别了饥荒，吃饱了肚皮。一种自娱自乐的形式又冒了出来，那就是唱唱本。

唱本是一种雕版印刷的线装书，书皮扬尘火炕，熏得泛黑，农民们称为古书。农闲之夜，五六个人围在煤油灯下，由文化较高者捧着唱本领唱，文化较低者附和。演唱者拖声呀气，大约是古人吟诵诗词的腔调。领唱者问：秦香莲走了几——里——了——？附和者：十——里——了——因吟唱速度较慢，从傍晚到半夜，才能将一拇指厚的唱本唱完。最常见的唱本是《铡美案》《杨家将》，情节与戏曲大致相同，只是无锣无鼓无器乐，相当于舞台上的清唱。随着情节的进展，演唱者时而愤怒，时而叹息，完全进入了故事的场景之中。传闻还有一本叫《十里坪》的唱本，其内容与东北流传的《十八摸》相似，难以在公开场合演唱。

哭 嫁

哭嫁是五六十年前巴山农村一道独特的风俗。嫁女时，家境较好的农户都要杀猪办席招待前来祝贺的亲友，大门上还要贴对联，书写一些吉祥之词表示喜庆。在一派祥和的气氛中，新娘子在出嫁的前夜，却要大哭一场。哭嫁前，已婚的女性长辈要进行指点，要遵守一套约定俗成的程序：最先哭爹喊娘，哭诉父母的养育之恩，离别之情；又呼叔伯婶娘、姑父、姑嬢；再呼舅舅、舅母、姨父、姨嬢。长辈们依次上前安慰一番。手头宽裕者，还要掏三至五元的慰问金。哭嫁一般在天黑时进行，历时两三个小时。儿时遇这类喜事，喜欢跑起去看热闹。有时还纠集几个小伙伴，搞一点恶作剧。记得有一回，新娘子在屋子里哭得正有劲，我们几个细娃儿却在窗外齐声高吼："新媳妇，你莫哭，转个弯弯就到屋。大罐子，煮稀饭，二罐子，炖炡药，三天吃个胖杵杵！"逗得屋里大哭的新娘子忍不住笑出了声。

唱山歌

"文化大革命"前的乡村小学，作息时间宽松。早上9点多钟才上课，下午三四点钟就放学。那时农村娃儿发蒙晚，八九岁才上一年级，读五六年级时，已十几岁了。每天早晨、下午都要放牛。十几岁的大娃儿，青春开始萌动。把牛撵到山坡上，往地上一坐，便唱起山歌来：

清早起来去放牛，一根田坎放出头。
你呀我呀妹娃子，想出头喔二嫂吔。

这大概要算触景生情的，也有幽默风趣的。

豌豆开花瓣瓣白，河那边来了好女客。
我沿山沿岭跑起去，一脸麻子黢球黑。

还有调侃挑逗的：

妹娃子唱歌哑了声，你喉咙一定有毛病。
我给你说个药方子，杠炭烧红了用水淋。

放牛娃在山坡上唱，年轻人在做活路时唱。麦收时节，打麦场上的麦梗堆成一座座小山。歇息时，一些二十几岁的年轻人往麦梗堆上一躺，面朝青天，也唱起山歌来。

有借景抒情的：

天上落雨地下稀，情妹挑水洗小衣。

山高坡陡路下滑，上坡下坎莫大意。

有托物起兴的：

十七八岁大女娃，坐在门前把鞋扎。

看见公鸡撵母鸡，心里犹如猫儿抓。

有比喻暗示的：

十七八岁二十五，今年更比往年苦。

白天上坡做活路，晚上回家推豆腐。

男人们的山歌大多粗俗直白，女人们的山歌则比较文雅含蓄，如《十二月花》：

二月里，什么子花？桃花儿开了，刘关张啊在桃园，结拜了三个弟兄……

这首歌从正月唱到腊月，每月都吟唱一种花。因年代久远，仅依稀记得二月桃花的歌词。

大巴山地区的山歌，旋律明快简单，易学易唱，但缺乏陕北民歌的苍凉与悠扬。

古老的祭祀习俗——"哭丧"

王先奎

20世纪50年代初，我出生在宣汉县五宝这个千年古镇上。在我尚未完全懂事的时候，我的奶奶便去世了。在为奶奶办理丧事的那几天，从白天到夜晚，全天候都由一个从农村请来的老者（后来知道，时称"端公"），收集、整理，并用哭声唱着奶奶的生前事迹。当时，我根本不知何故要请外人来"哭"。后来随着年龄的增长，也经常看到、听到街上其他老年人去世后，家里也有人在唱着同样调子的哀歌，我才知道，这是一种古老的祭祀文化——"哭丧"。据说，在宣汉境内，这种祭祀文化已经流传了两百多年。

"哭丧"，和当今城市里机关、单位、工厂、企业在死者的追悼会上的"致悼词"是一个意思，只是表现的形式不同而已。前者较为古老、原生态，后者则是从1944年9月5日，毛泽东主席在纪念张思德所作著名的《为人民服务》讲演中讲到"今后我们的队伍里，不管死了谁，不管是炊事员，是战士，只要他是做过一些有益的工作的，我们都要给他送葬，开追悼会。这要成为一个制度。这个方法也要介绍到老百姓那里去。村上的人死了，开个追悼会。用这样的方法，寄托我们的哀思"开始，"追悼会"便在全国广大城市里机关、单位、工厂、

企业，逐渐形成一种习俗、一种惯例了。

"哭丧"就是丧家请人为那些缺乏"悲哀"气氛的丧者亲属提高和增强"影响力""感染力"的"沉重的悲哀"；"哭丧"更主要的是哭丧者将丧者的生平、大事记、功绩，用低回、沉重、哀怨、悲痛、荡气回肠的歌唱形式向参加祭奠、追悼仪式的亲朋好友、街坊邻里哭述。哭丧者一般都具有一定的原生态歌唱艺术和表演细胞，要用"哭"艺博得和感染全场的恸哭和哀号。

请人代哭，说起来不好听，而且有悖葬礼的初衷，显得有些不严肃。但是，那个年代还没有时下的祭祀文化和丧葬新风尚的雏形，"哭丧"产生的早期，都是丧者家庭的家人发自肺腑的哭述，但大多因真情实感无法完整地将丧者的生平事迹、对家庭的贡献哭述出来，这就产生了请人代为哭述。"代为哭述"对于引领当时的祭祀习俗还是起到了积极的作用，尤其是那个年代的丧者家庭成员、亲属，大多对死者尊敬有加、情真意切，皆处于悲哀、伤痛、迷茫状态，根本不知道如何准确表达自己的悲痛心情。而另一些人也各有自己的特殊情况很不容易临场表现，以至丧礼显得十分平淡、乏味，这就有必要让专业人士专门地引导一下了。

据我考查，两百多年来，"哭丧"至今仍在全县农村、乡镇沿袭了下来，广为传承。甚至在县城沿河两岸，也时常听到百姓丧家传来"哭丧"之声。

"哭丧"的出现乃至流传，为宣汉的祭祀文化增添了新的内涵。

故乡的钱棍

张燕萍

二老爷是怎么学会打钱棍的，至今我都不知道，也从未听谁提及，好像这并不重要。我只知道，他是咱回龙镇高板桥村小有名气的钱棍能手，镇上的钱棍队就是专门委托他组织的。二老爷已经60多岁了，长得矮矮瘦瘦的，精明能干。无论是做生意、干农活，还是说、唱、跳不在话下。一根钱棍在他手中，如鱼得水，打起来铿锵有韵，落地有声，欢快流畅，常引来不少男女老少的围观。

其实，准确地说，打钱棍算不上舞蹈，因为它的一招一式都有明确的规定，分为四式、八式、十六式、三十二式，其难度依次递增。从这一方面看，它很像循规蹈矩的体操。打钱棍的人也从不把它当作一种职业，不过是一种爱好，是当地乡民精神需要。钱棍是一种民俗文艺，难登大雅之堂。因为它的曲调过于单一，唱词是根据实际即兴编唱的，大多是一些喜庆吉利的话，没有音乐伴奏。不似京剧那样激情澎湃，抑扬有致；也不似越剧那样幽怨悲凄，缠绵悱恻，更像私塾先生摇头晃脑地诵读，自得其乐。唱钱棍又分为领唱和帮腔，领唱的必须机敏灵活，擅自编唱词，帮腔的就轻松多了，按另一个腔调重复唱词便可。如果只是这样，乡亲们当然不会钟爱于它，钱棍的吸引力就在于此，它能在平静的海面上涌起波澜，唱词配上钱棍落在身体不同部位，敲击地面，以及舞动钱棍时铜钱相撞而发出的各种声音，如一支美妙的和声，顿觉清脆悦耳，赏心悦目。

钱棍是咱村的骄傲，加入钱棍队更是姑娘们的自豪。

小时候，我常常听到钱棍的声音。度过漫长的一年，带着喜庆和童年的梦想飘进我的耳朵，一次次碰撞着我那颗好奇的心。不知道又是哪些姑娘被荣幸选中，说不清这是好奇，还是寒假腊月的闲适，每年我都会到排练现场观看，一天都不落下，比排练的姑娘更准时。

听着钱棍声我渐渐长大，那神奇的一根竹棍能演绎出如此动人的世界，我不禁心生向往。

机会终于来了。几年后，钱棍队的姑娘都有了各自的归宿，钱棍队换新人了。14岁的我如愿以偿地加入了钱棍队。想想一些像我小时候一样的姑娘望着我们排练时那羡慕的眼神，我就不胜欢喜。

排练场地就设在我家附近的村小学操场里。学钱棍的套路我已了如指掌，先跟着二老爷数着节拍学各式钱棍的基本打法，再由二老爷吹哨子让我们练熟基本动作，最后配上录好的唱词编排一套钱棍。生活的沧桑并没有抹去二老爷脸上的威严，洗去他灵活敏捷的身手，钱棍在他手中仍然虎虎生风，韵味十足。一天、两天……开始的新鲜好奇早已过去，小小的钱棍在手中变得越来越沉重，像鞭子一样打得人浑身疼痛。我们12位姑娘都亲眼见过二老爷的严厉，丝毫不敢懈怠。经过半个月的艰苦训练，春节到了，我们终于可以崭露头角四处表演了。看看钱棍上那斑驳的岁月伤痕，姑娘们的爱美之心顿生，不约而同地买来各式彩带把它"包装"一番，古老的钱棍顿换新颜，我们都为这个惊奇地发现兴奋不已。

大年初二那天，我们装扮整齐地上街了。街上好不热闹，舞龙灯的、划车车灯的、扭秧歌的……当然少不了我们钱棍队的姑娘们。二老爷身着新装，神采奕奕，领着我们插在文艺长队中游街。游行完后，就依次给镇上各个单位各位乡亲拜年。至今都令我惊叹的是，二老爷只上过两年小学，但在不同的场合，他总能编出一段雅俗共赏的唱词，既俏皮幽默又喜气洋洋，赢得人们一阵阵热烈的掌声和欢快的笑声。他编的唱词没有半点背诵的痕迹，仿佛是从嘴边滑出来的，没有经过人工过滤。我想，这可能也是一种技艺吧。听到掌声，我们跳得更欢了，帮腔帮得更乐了。乡亲们大都热情大方，一个又一个红包塞进了二老爷的包里，也有瓜子、糖之类的东西。一天下来，虽然累得我们浑身散架，但乡亲们的殷殷深情总能让我们满载而归。

之后几年，镇上再没组织什么文艺节目，二老爷改行做了生意，做得很红火，已盖上了两座小洋楼。历史的轮回再一次在我们身上得到验证，我们最后一批钱棍队的姑娘也都有了各自的归宿和前程，有外出打工的，有出嫁的，有读书求学的，也有学手艺的，当年小小的我也参加了工作。家乡没钱棍依然很热闹，一座座高楼拔地而起，一条条马路平坦光洁，只是每逢过年，不再有那清越的钱棍声和二老爷俏皮的演唱声。钱棍渐渐被淹没于钢筋水泥铸成的现代文明之中，永远珍藏于我的记忆深处。

今年春节，我正在屋里无聊之余，那平稳的喜庆的单调的熟悉的钱棍唱词再一次在我耳边响起，如一抹温馨的阳光温暖着我日渐冰冷的心，那是从二老爷那舒适的洋楼里传出来的。

包帕子

蒋宁聪

老家万源，人们把毛巾头巾统称为帕子，据考证，语义可能源自湖北，时间可追溯到春秋战国时代的楚音。

小时候常常看到老人、妇女均喜欢头上包帕子，民间传说这个传统来自明清时期的湖广填川。

湖广填川是汉民族的大迁徙，起因是汉民族的大灾难。第一次湖广填川在明初，蒙古人进犯，余阶在川中依山筑垒，抗击蒙古铁骑。以钓鱼城为例，在蒙军猛烈攻势下坚守36年，创造了战争史上的奇迹。蒙军占领四川后大肆屠杀，导致四川满目疮痍，惨不忍睹。战前四川人口1300万，战后仅余60万，几近灭绝。拖雷攻陷成都，古城血流成河，尸横遍野，遗骸140万，以至于到元朝灭亡，四川依然民生凋敝，四野荒芜。朱元璋为了恢复四川，发动了第一次大规模的移民迁徙。明末官方统计四川人口400万，因明朝是按丁纳税，民间多有隐瞒，实际人口可能远远不止。所谓天下未乱蜀先乱，天下已治蜀未治，四川历来是战火纷飞，兵家必争。明末张献忠入川，辗转几十年，至南明军与清军夹击，张献忠战死，川人折损过半。后张献忠余部继续抗清，兵败，互相攻伐屠戮，鸡犬不留。到顺治十八年，四川人口骤降到60

万。历史记载：沃野千里，不存一丁。康熙年间，朝廷下令，湖广入川，这便是第二次湖广填川。现在的川人祖先多为此时入川定居。包帕子的故事便来自入川路上。

汉人历来难离故土家园，安土重迁，不到万不得已不会离乡背井。清政府的政令得到了当地政府的贯彻执行，以湖北麻城孝感为甚，全境居民，几近迁绝，同时，孝感亦是湖广填川的集散地，因此四川人常以孝感为祖籍。孝感是中国唯一一个以孝命名的地方，民风淳朴，孝文化发达。董永、黄香、孟宗三大孝子故事皆源于此。

我们这些祖辈多为强制搬离，为防止逃跑，官兵将百姓用绳缚住，押解入川（传说现在的四川人，手臂如有一道勒痕，祖先便是押解入川的）。因此川人习惯背手走路，上厕所亦称解手。在艰辛的长途跋涉中，移民死伤无数，及至入川，十之折二。押解途中，人们为了祭奠死去的亲人，戴白布为孝。后孝布逐渐演变成擦汗、遮阳、避风寒的多功能头巾。

这种风俗延续到20世纪90年代，那时的老人、妇女几乎人人一根白帕子，现在只有在少数农村地区能看见了。

不过丧葬习俗中戴白布为孝依然是最重要的标志，披麻则简化为孝布上缠麻绳。

我小时候以为全世界的葬礼都是头缠白布，成年后才知道此习俗只是四川尤为盛行。90年代还是通讯极不发达的时代，家里有人过世，多由长子走乡串户，磕头请祭。那时的山野时有孝子的身影，白布飘飞。葬礼上的歌声苍凉悠远，屈原的楚辞汉腔，穿越千年。

在我记事时，家中有过一次重大的决策，准备举家迁回孝感，变卖了粮食房产，最后却没有搬成。我有很多叔伯都在那年举家迁往了故地，现在已经认祖归宗二十余年，有些人已葬在故土家园。但大多

数人后来又回了四川，毕竟故国只在回忆中，烟火草木已不同。

所以，有时候，我会怀疑，自己要是从小去了孝感，会不会也怀念四川的山川、草木？但历史从没有假设，只有一往无前的偶然与必然。谁会想到，当初切齿痛恨的满蒙异族今天会是中华大家庭的一分子？所以，历史是如此的反复，捉摸不定的荒唐。时间会抹平伤口，把过去变成美好的谎言。当我们在葬礼上戴着白帕子时，悲哀伤怀，然而几年过去，我们就已记不清亲人的面容。

火儿坑

王发祯

　　今年春节，我回到农村老家，看到几家亲戚和本家，既有围着回风炉取暖打牌的，也有烧天然气炒菜，还有烧的火儿坑，在用干豇豆炖腊猪脚和煮饭的，久别的火儿坑把我带回到童年的故乡。

　　我的故乡是巴山深处的农村，屋后是葱郁的山林，门前是清澈的河水，公路、铁路从屋对面的山脚穿过，山清水秀，民风淳朴。因这里远离城镇，又是山坡，田少地多，过去村民都比较困难，大多住的是土墙房或木板瓦屋，烧火煮饭都是火儿坑。

　　火儿坑，也叫火塘，是巴山农家必备的生活设施。它一般都是用一间耳房作火儿屋，房屋少的就在堂屋门背后，靠墙角的地方挖一个火儿坑。火儿坑根据家中人员的多少和房屋的宽窄而定，但差距不应太大。一般占地面积在一平方米左右，坑深五寸左右。坑挖好后用条形石头或木方，围成一个正方形。在火儿坑正中上面房檩或楼柠上吊装一个铁制或木制，可上下移动的火搭钩，将铁罐、铁锅、茶壶等挂在钩上，在下面生火煮饭、炒菜、烧水、煮猪食等。有的火房稍高大时，还在上面安几根楼柠，在楼柠上扎上斑竹片或小木棒，以供烘苞谷等农作物用。有小孩的家庭，还用木方在火儿坑的四周做一个火笼罩。火笼罩上下四方做一个四方形的木架，中间隔一尺间距，用木方将上下木架连接，放在四边火儿石上，以防止小孩不小心滚到火儿坑内被烧伤。

火儿坑都是在背风处、透气且暖和的地方，天气稍冷时，一家人都聚集在周围摆龙门阵或会客。特别是寒风凛冽的隆冬，人们更是围坐在火儿坑的周围。火儿坑内架上青枫等干柴，热烘烘、暖洋洋，大家都不愿离开。家里的长者，常常在火儿坑边讲故事、谈古论今、说天文地理、讲为人处事。我就是在火儿坑处听完了父亲讲王祥为母卧寒冰等二十四孝子的故事及李家俊发动固军坝起义、张国焘等红四方面军在万源战斗的故事、项宗诗在花萼山"打局抗捐"的故事，只不过他们讲时都称作"闹项宗诗""闹李家俊""闹张国焘"。偶尔也听他们讲民国二十五年因天旱闹饥荒，穷人吃树皮草根和吃人肉的凄惨日子。不过我们也喜欢听大舅讲他被拉兵后，随川军打台儿庄等战斗故事，很多人在战斗中壮烈牺牲，他侥幸回到老家。亲朋好友相互往来、商议大事和拉家常，火儿坑周围便成了相聚的场所。主人把火生得大大的，端出葵花、瓜子，在火架上放一块木板，把茶食放在木板上，围着火炉品茶吃瓜子，很是惬意。人少时，人们就将饭菜和酒放在上面，边喝酒吃饭边摆谈事情，畅心尽叙。村里有时开会，人们也是围在火儿坑周围，宣传党的方针、政策，研究有关事务，也有人与人之间的恩恩怨怨，被火儿坑的熊熊烈火烧得干干净净。

对于巴山人来说，最难忘的是除夕之夜。故乡的人们有个说法是三十的火，初一的灯，就是说大年三十夜，家人都要在火儿坑边守岁，初一晚上观灯。农村的人还说，三十晚上烧大疙篼，最好是干青枫树疙篼晒干，除夕夜放到火儿坑中，一家人围在火儿坑周围吃茶食，摆龙门阵。也有的谈来年的打算，小孩子都喜欢跑到屋外玩，或观看乡村人们放火炮庆祝的夜景，很快又被大人叫到火儿坑边，听大人讲故事、烤火，家的温馨和亲情，就一直在熊熊的火儿坑边延续。

火儿坑四周可煨铁罐、茶壶，铁罐煨的饭格外香，锅巴焦脆。在火灰内烧红苕、洋芋、苞谷和麦子粑粑等，香脆好吃，令人垂涎。农民还常在火儿坑上面楼柝上挂一个竹筛，用来烘辣椒、豆腐干、豆香和种子、粮食等东西。

大巴山里农民每年杀年猪后，都有烘腊肉的习惯。将腌制后的猪肉挂在火儿坑上面的楼柝上，下面生火熏烤，熏出的肉格外香，很让人喜欢。后来搬迁到城里居住，享受科技发达带来的便捷，在暖暖的屋内度过严冬，但始终难以忘掉故乡的火儿坑。

随着改革开放的不断深入，农村发生了翻天覆地的巨变，农民普遍住上了钢混结构的新房，用上了煤、气、电等新能源，不少人安了空调，买了回风炉和电炉、煤气灶等煮饭、取暖，很少人用火儿坑煮饭了。但住在山边的几户农民，虽也买了回风炉、电器等煮饭、取暖，但总舍不得离开随其生活的火儿坑，总感觉火儿坑可以熏腊肉，煮的饭好吃，冬天一家人围在火儿坑边摆谈格外亲热，所以火儿坑也就留在那里，成为温馨的纪念。

黄粑粑里的年味

陈德琴

黄粑粑是什么粑粑？顾名思义，黄色的粑粑。黄色的粑粑多了去了，究竟为何物？相信川东巴人一定都知道。即四六比例的糯米、黏米，经稻草灰碱水浸泡，再加入大山上的野浆果黄栀子，然后磨浆、沥干、蒸熟，按压成饼状，即为黄粑粑。

黄粑粑非主食，也不是过年"吃开水"打点心的吃食，而是亲戚间相互拜年回赠时的礼物。当然，在完成礼物的馈赠功能后，最终还是以食物之名油煎水煮，成为口腹之物。

彼时，大年初二早上吃完面之后，亲戚间便开始相互走动拜年了。拜年以其厚重的仪式感而成为中国传统文化的一部分。拜年不能空手，得携带礼物，岭南一带称伴手礼。家乡拜年的礼物一般是两把挂面一个大柚子，后来生活好了，大柚子换成一斤一包的白糖。在亲戚家吃饱喝足耍够了，提及要走时，亲戚会热情挽留，挽留不成便赶快去找包包回礼。来而不往非礼也！家乡人一直遵循着这一古训。提去的礼物亲戚会收一部分，另再回赠四六个黄粑粑。回赠黄粑粑的亲戚算殷实人家，家境一般的会回赠米花糖。

年内有女儿出嫁的人家更会大量制作黄粑粑。女儿出嫁后第一个春节回娘家拜年曰拜新年。拜完新年，娘家及亲戚要准备丰盛礼物送一对新人回去，称为"送蛋"。至于为什么叫"送蛋"，现无法考究。民风民俗意蕴深厚，难究其源。有新人拜新年，团方四邻、左邻右舍、七大姑八大姨都要请新人吃饭，而新人提去的礼物则不能收，收了就是坏规矩，母亲常说"一把面一封糕，团方四邻都走 jiao（走遍）"就是这个意思。亲戚若回赠礼物，表明不会去"送蛋"；如若不回赠，则会准备"背篼"或"挑子"等大礼去"送蛋"。

何谓"背篼""挑子"礼？"背篼"礼即在背篼里装四把或六把面、二三十个黄粑粑、四十把"馓子"（油炸食品，形状为扇形，细如伞骨），上用红纸覆盖。"挑子"礼则是用小笋箅装，内容同"背篼"礼差不多，不同的是两个笋箅上面必得有一个跟笋箅口一样大、厚三厘米左右的大黄粑粑。大黄粑粑边缘有用食用红色颜料绘上的万字格图案，喜庆又漂亮。娘家父母多是"抬盒"礼。"抬盒"是用竹子做的状如盒子、两个人前后抬的东西。"抬盒"里放的东西更多，米、面、蛋、"馓子"、泡粑，最惹眼的当属分立两端的大黄粑粑。此时的黄粑粑是新婚女人的脸面，也是娘家富足的象征。记得二姨妈女儿拜新年"送蛋"，母亲想送"挑子"礼，以在娘家人面前挣足面子，父亲和奶奶死活不干，糯米珍贵不说，大米也紧张，打了大黄粑粑，一家老小还要不要过年？母亲嘤嘤地哭，最后只得以"背篼"礼相送。

大年初十之后，乡村大路上就会陆续出现"送蛋"队伍。我们喜欢站在院东头看，会细数"抬盒""挑子""背篼"个数。如若"抬盒""挑子"多，认定女方娘家是大户；如若只有一个"抬盒"、两个"挑子"，大家心里都明白，这一定是小门小户的清贫之家。大姐每次目送"送蛋"队伍，脸上总含着欲语，我附在大姐耳边，悄悄问，大姐，你希望要几个"抬盒"？大姐嫣然一笑，什么也没说。她心里定是向往

"抬盒"越多越好吧？新人回去，得请男方亲戚朋友、邻居们吃饭，名曰"吃黄粑"，临走时再将从娘家带回去的黄粑、"馓子"、泡粑等分享给他们。

奶奶是我们院子里制作黄粑粑的高手，如若奶奶活到今天的话，一定可以成为非物质文化遗产传承人。这门手艺不知是她继承得来，还是她摸索出来的，经过生活无数次磨砺，她运用自如，从未将黄粑粑做砸过。

腊月里，母亲将地坝扫净，扯出秋收专门收贮的黄亮亮稻草，搬出大瓦缸、大筲箕，再命父亲担一担清亮亮的井水，开始制作稻草碱水。烧稻草的火势一过，奶奶指挥母亲立即将热乎乎的草灰夹往大筲箕里，然后舀水慢慢淋上去。草灰冒着白汽，发出嗞啦啦的响声，氤氲着稻草清香的灰褐色谷草碱水便慢慢漏进大瓦缸里。

从大瓦缸里舀出沉淀后的碱水盛于木桶，以浸泡比例适中的糯米和黏米。这是黄粑粑香喷喷的秘诀。现在菜市场亦有黄粑粑出售，但却没有那股香味了，因为他们不用谷草灰碱水浸泡稻米。糯米、黏米不需要精确到用秤称，奶奶仅用眼睛估量，便八九不离十。奶奶说，糯米太多，黏性太强，影响口感；比例合适，吃起来软糯适中，刚刚好。民间吃食的味道，要的就是刚刚好，多一点儿不行，少一点儿也不行。

母亲第一次泡米，问奶奶，米不淘？奶奶鼻子一哼，淘了粑粑就不香了。母亲又嘟囔，不淘是不是不干净？奶奶眯着小眼睛问母亲，谷子剥壳变成米，米哪里不干净了？谷草经大太阳晒干，再经火烧成灰，水淋下去取其精华，又哪里不干净了？母亲一想奶奶的话，无破绽可挑剔。

米粒在稻草灰碱水中浸泡半天，捞起，加入野浆果黄栀子，一同用青石磨磨浆。鲜黄的米浆从两盘石磨间汩汩流出，汇聚到磨槽口的白布口袋里，沥干后掰成小块上笼大火蒸。蒸黄粑粑掌握火候是关键，尽管母亲跟着奶奶做了好多年，始终不得其要领。火候，是日积月累多年积攒才能达到的境界。如若未蒸熟蒸透，做出来的黄粑粑易腐烂且不易储藏，吃起来还会粘上颌。蒸熟蒸透后，放入大瓦钵里椿。不过那是男人们的活路了。

黄粑粑做到这一步，奶奶基本就眯上眼烤火不管了。至于将椿烂搓圆的黄面团放入雕刻有鱼、鸟、花草等图案的印版按制黄粑粑这道工序，奶奶基本不过问了。她时常眯着眼说，人靠衣装马靠鞍，这最后一道工序就看你们能不能把黄粑粑做漂亮了。按得圆润且图案饱满的，奶奶会把它们收起来用以打发来拜年的亲戚；张牙嘛嘴的，只得留着像我们这种馋猫解馋了。

腊月天，寒冷刺骨。我们从外面捡柴或割猪草回来，奶奶立即将我们招呼到柴灶边，从碱水缸里摸出黄粑粑，放火钳上伸入火膛里翻烤，空气里顿时漫溢出稻米的香甜、黄栀子的果香和稻草的清香。待得外焦里软时，我们捧了黄粑粑，蘸上红薯糖或豆瓣酱，一口下去，鲜香、甜糯、脆香在口腔里腾挪打转，美味融合暖意从口腔一直蔓延到胃里。

黄粑粑还有更多吃法，比如黄粑粑炒腊肉。当黄粑粑与黄亮亮油汪汪的腊肉混炒，充分吸收了腊肉油分后再撒上一把葱绿的小蒜苗，那种浓郁的香和软硬适中的糯，铭刻在心里一辈子都不会忘。远在广东生活的小姑子，过年什么都不要，唯要家乡的腊肉、黄粑粑，还顺带一把小蒜苗捎回她家呢。

怀念乡下的转转饭

王忠英

20世纪50年代前期，是我记忆中最快乐的童年时期。快乐事之一，就是最盼望过年期间跟随妈妈一道去外婆家拜年，不仅是为了得压岁钱，更令人开心的是吃转转饭。

我外婆家在大巴山南麓一座叫"七燕子"山的山脚下，行政区域系川东北渠县东安乡。那是一座四合院，外公兄弟6个，分家后有4兄弟留住在四合院。4兄弟各家又有几个男丁，男丁们分门立户，那四合院里就有十几户小家。一到正月拜年时节，这家那家的亲戚都陆续到了那四合院，一去，就要住上好多天，开始吃"转转饭"。

那转转饭不同于现在城里春节期间亲戚朋友请过去请过来吃的转转饭。现在城里人请客是中午在酒楼订座吃现成的大餐，下午茶楼搓麻将或歌厅K歌，晚上再另一个店里一顿汤锅火锅，然后作鸟兽散。我们那时的转转饭是整个四合院无论哪家的客人，都是一日四餐统一招待——午餐之前有一道小吃叫"过午"，只用小盘子摆着香肠、腊猪肝、豆腐干等"碟子菜"，每人一小碗汤圆，一个轮转着喝的自制的土啤酒罐。"过午"之后隔一会儿才吃正午餐——连同主人一起这家吃了吃那家。这期间，各家的女人都集中到该招待客人的那家去帮忙做饭，男主人便陪男客人摆龙门阵或田边地角去转路（散步），女客人回娘家是要帮父母或哥哥弟弟家做家务或针线活的，小娃娃们当然是打打闹闹尽情玩耍。

吃饭时，小孩们很少规规矩矩坐下来吃，总是你去拈几块香肠，他去拿几片豆腐干，我去抓几把花生——然后，便蹦跳到地坝里，交换着手里的食物，边吃边玩，藏猫、斗鸡、踢毽、抓籽儿——那份欢欣，那份童真童趣便深深留在了记忆里。每次离开四合院，总是依依不舍。

时光流逝，岁月沧桑。坎坎坷坷数十年，等我长大成人，外公外婆及大多数舅舅舅母都已先后离开人世，我的父母也早在20世纪60年代初去到极乐世界。到20世纪80年代，我外公那边的长辈唯一健在的就只有年过七旬的幺舅。那些年，人们都挣扎在生存之中，没有条件拜年，更不可能吃转转饭。但在我心里，却忘不了小时候四合院里那热热闹闹的转转饭。

物换星移，冬去春来，饿饭的日子终于过去。改革开放以后，人们生活水平不断提高，"吃文化"在城里已是许多人研究的课题，请客赴宴也早成了时尚。我也时不时参加这样那样的宴请，在这个城那个市吃过汤锅火锅，进过鱼庄酒楼。吃着那些名菜奇味，听着满嘴酒气的胡吹乱侃，尤其是某些场合那些虚伪的敬酒祝词以及溶在酒食里的权钱交易，我总吃不出佳肴的美味，总感到倒胃口而填不饱肚子。心里老惦着过去外公那四合院的转转饭。

随着物质生活的提高，一些民间传统习俗也逐渐恢复，春节期间又开始拜年了，我也开始去乡下给年迈的幺舅拜年。没想到几十年过去，那个偏僻的小乡村还保持着吃转转饭的习俗，我和幺舅以及表弟们家的客人一起吃着转转饭。只是，在20世纪50年代末至60年代初那场"自然灾害"之后，四合院少了几户人家。但是，只要还在四合院里住着的，依旧还是要每户轮流着吃转转饭。

各家的饭菜大同小异，都是过年的传统菜肴：酥肉、丸子、香肠、腊肉等。各家的热情也都不减，饭桌上这里喊："姐姐，请啰！"那里叫："表姑，这里拈哟！"这个给你递个盐蛋，说："这是我们自己喂的鸭子生的蛋。"那个跟你拈块鸡腿，说："这是我们自己喂的土鸡。"——那种浓浓的热情，那份酽酽的亲情，让你打心眼里感到舒畅、温馨。做那么多天客，没有一丝一毫令你有那种如在某些宴席上的压抑窒息感。那些菜肴，都是城里有些人不愿吃的"土货"。但是，那份似老白干一样的清淳，那份如小伙伴在一起的亲密，那份像家人一样的真诚，是在城里的上乘汤锅、火锅、鱼庄、酒楼里绝对找不到、寻不着的！

每次离开四合院时，我依然如小时候一样依依不舍，我依旧盼着年年去乡下吃转转饭。

但是，这样温馨的转转饭没有吃到几年就又断了。

80年代后期，农村人陆续外出务工。开始还只是年轻人，我那些表侄儿表侄女，都随着打工潮流先后去广东、福建等沿海地区务工了。慢慢地，中年人也外出打工。再往后，五十几、六十几岁的都往外面走，我那些表弟、表妹们也都陆陆续续整家整户地外出了。他们打工数年后，一部分人学到经验、积累了资金，就自己在外面或开办工厂，或开公司，反正自己当老板了。他们慢慢在当地站稳脚跟，购置住房，然后回老家把父母孩子接出去定居，把他乡做故乡了。没有当上老板一直打工的，攒钱后，也都在家乡的县城购买住房，最差的也在老家的场镇上买了房子。然后，孩子就在县城或镇上读书，老者就在街上住着照管孩子。进入21世纪，那四合院里就只留下四五户人家里的十几个老的小的，那都是家里年轻人还没有在外地定居的。我幺舅家五个表弟妹，只有大表弟两口儿还在老家，因为他们的大儿子还没有在外地定居，也还没有在本地县城、镇上购房，他们要照管留在家里上学的两个孙子，其他4个表弟妹都全家在外地安营扎寨了。

我虽然春节期间还是去给幺舅拜年，却再没有转转饭吃了，只有大表弟家招待。院子里也少有客人，再没有那份热闹，一般都当天去当天就离开了。

再后来，幺舅去世了，大表弟的俩孙子上大学走了，他们的儿子女儿也在外地定居了。儿子本来要接他们出去，可是他们离不开老家的土地，说才70来岁，还可以劳动，在家种点庄稼，养点鸡鸭，舒畅些，等动不了的时候再说。

我无须再去拜年，只偶尔电话与大表弟联系。知道我大舅家那个寡居的80多岁表嫂，被她在县城定居的儿子接出去送到养老院了。现在，那四合院里除了我大表弟老两口，就只有个70多岁瘫痪了的隔房表哥，他50多岁的儿媳妇在家伺候他；还有我隔房的一对80多岁的舅舅舅母，不知为什么他们的孩子没有接他们离开四合院。

面对凄凉的四合院，我除了缅怀亲人们，也缅怀四合院从前那繁闹的转转饭。四合院的蓬勃兴旺，小伙伴的嬉戏热闹，亲人们的淳朴热诚，总在我心里挥之不去，尤其是每逢过年，就会情不自禁地惦记。

此生再也吃不到那种转转饭了，不免悲凉。

我这才似乎真的懂了鲁迅先生在《社戏》里的那句话：真的，那以后，我再也没有吃到过那晚的蚕豆了。

只祈愿心中的四合院还能够有它的"新生"！企盼还能吃到那转转饭！

巴山的腊月与正月

王兴寨

当"数九歌"再一次在巴山的乡间田野传唱，时光已踏着新年的列车飞奔而过。大地上已布满了新年的清香。

我的老家位于大巴山深处的宣汉县庙安镇，在农历的腊月，老家的人种完冬粮以后，田园里的农活就暂时告一段落。家家户户门前的屋檐下挂满了红色的辣椒，在山风中不停地轻舞着。冬日的阳光温和地照在乡村的每一个角落，显示着乡间生活的那一份知足常乐的情怀。

在腊月里，乡里的孩子便四处传唱着"红萝卜，咪咪甜，盼着盼着要过年"的童谣。乡村里的高音喇叭里，不时传出某某接电话的吆喝声，那可是外出务工的儿女在给家里带来的福音，一种说不清楚的亲情温暖着朴实的大地。

不过最忙的莫过于家中的父母，种冬粮的疲倦还没有消除，便开始在腊月里计划着过年的事儿。随着惠民政策深入人心，老家人手中的钱也多起来了，逐渐时兴城里的一些过年方式，在腊月里灌好香肠、买好酒。在腊月末尾，乡村里的人也兴大娃细崽赶乘公共汽车，甚至有的打的到城里购买过年货。商场、超市、农贸批发市场、杂货店等都有他们的笑声。

腊月的最后一天，是一年的最高潮。热闹、祥和的气氛全部融洽在这一天，桌上那高高举起的酒杯就是巴山人对一年的总结和对新年的祝福。此刻的乡间似乎有一种无形的默契，一到中午，乡间的四周回响着此起彼伏的鞭炮声。在乡间上空袅袅上升的青烟里，似乎感受到了每一位祖先都在佑护着自己后代们平安幸福。

母亲则在正月初一子时，第一个喊醒父亲起来到堂屋里"天地君亲师"的牌位前烧"子时香"，敬天敬地敬财神菩萨，随即父亲挑着水桶到井边挑回象征着开春第一天就能"空手出门，抢财回家"的金银水。俗话说"新年发财好源头，一股银水往屋流"，这第一担银水也象征着全年财运亨通，福寿安康，合家平安和谐。

正月初一那天，母亲便再三叮嘱我不要拿扫把，不要吹火。母亲在头天夜里就把家里打扫得干干净净。家乡的正月里没有别的娱乐，除了看一看车车灯这类表演外，就没别的什么可玩的了，不过近几年兴起了文化下乡，乡亲们也围坐在农家院坝欣赏着县城里才有的文艺表演。当然最多的还是大家三个五个坐在一起玩玩扑克、搓搓麻将，大家放下一年劳作的艰辛，尽情乐一乐，男的、女的、老的、少的大家围拢，下多少钱全凭自己的财力来定。乡里人玩过元宵就开始忙春耕。

春节期间回娘家，这恐怕是老祖宗定下的规矩吧。老家人不兴正月初一、初二回娘家，初三一大清早，乡间里的道路上到处是回娘家的人。记得我小时候，穿新衣、放鞭炮、到外婆家，成了我一年中最大的期待。母亲则与我交换条件，说我每年读书必须考班上的第一名，才能够去。从那时起我便努力读书。后来我长大了才明白母亲的真实用心。

是呀，在崇山峻岭、绵延起伏的大巴山里，一层薄薄积雪的天井小院，一对鬓发斑白、倚门眺望的老人，弥漫着氤氲香气的灶房，包着饺子的母亲与妻子，还有那梦乡里笑靥绽开的孩子，都随着回家越来越近的路程，一切的孤独和悲凉，一切的寂寥和惆怅，都在故土喜迎归人的声声爆竹中烟消云散，消失得无影无踪了。

奇特的称谓

姚元周

中华民族的大家庭里，各地的风土人情、风俗习惯在五千年悠久历史文化的演变和进化中展现出了各种不同的风采，体现在不同地区闪现出来的多姿多彩。在祖国的大江南北、高原平坝中居住的各个民族集聚地，展现出的风土人情和风俗习惯是不同的。无论是风俗、民俗、婚俗及各种称谓，不同地区都有不同的特色。

在祖国辽阔的土地上，汉族和各个少数民族的习惯是不一样的，少数民族之间的习俗也存在着很大的不同。但是，大家庭中融洽和睦的团结友爱、共同为国家发展而努力奋斗的精神是各个民族的共同精神支柱，这股强大的力量是永恒的。

在《康定情歌》词曲作者李依若的家乡——宣汉县马渡关镇及邻近的庆云、岩口、笔山、凤鸣等地有一个奇特的民俗风情习惯，就是对自己的长辈及后辈的称谓与其他任何地方的称谓都很不一样。

笔者在双河读初中时就听说过这件事，后来参加工作后又在马渡关镇度过两段时光。经到民间深入了解到，这里的民俗习惯（对自己长辈的称谓）确实与其他地方不一样。

现将不同的称谓分列如下：

爷爷：喊老爷、大打（da da）、公公

奶奶：喊老婆、婆婆、母母

爸爸：喊爹、老汉

妈妈：喊娘、母、奶子

姑姑：喊慢慢（man man）、老子

大伯：喊大爹、大叔

幺爸：喊幺爹、幺叔

堂兄的父辈：喊妈妈

堂兄的母辈：喊妈娘（yang）

男孩：喊放牛娃、官（乖）

女孩：喊妹妹、丫头

岳父：喊干爹、老丈人

岳母：喊干娘

外公：喊外爷、伪爷

外婆：喊伪婆

据了解，这样的称谓，从湖广填川时到这里居住的先民们就开始了，至今也有几百年的历史。为什么与其他地方有很大的不同，现在已无法考证了，而其他方面诸如生活、婚姻、民风等与其他地方没有多大区别。

梨花香在春风里

邹清平

"迟日江山丽，春风花草香。"此刻是3月28日上午9点30分，我正背着春日暖阳，来到春光明媚、鸟语花香、鸡鸣犬吠、炊烟缭绕的万源市竹峪镇东梨村，在自然朴素、建在空中的梨树屋里，左边挨着两个人合围不住的大梨树，右边放好书包和茶杯，静静地环顾四周。

梨树屋离地面高3米左右，树干在屋子的中间，自然为界建成两间，在上面喝茶观景聊天，站得高，看得远，心旷神怡。树干在5米高左右一分为二向上生长，在7米高左右二分为四。这个小屋在四个朝气蓬勃的枝丫庇护下突兀在山乡，格外醒目，在云雾里恰似海市蜃楼，山间仙境。

这时，万源市专业摄影的黄老师、郭老师和树屋的主人说说笑笑地上来了。我和梨树屋的主人合围着树，请二位老师拍照，现场照片定格在阳光下焕然一新的山乡春光里。

随着巴山文艺帐篷轻骑队暨文艺双下创作采风活动的人员，来到海拔1200米的东梨村，这里李花、桃花、梨花、油菜花及不知名的野花争相次第开放。但最具特色的是成千上万的古梨树高高低低、层层叠叠，梨花盛开，香气扑鼻，蜜蜂成群结队嗡嗡绕于花间，勤快地酿蜜，美化山间的生活。眼见一家四合院的四周，50多桶长方形的、圆柱形的、正方形的、三角形的蜂桶或摆放在吊脚楼上，或悬挂在空中。蜜蜂网织状态飞来飞去，活泼动感，壮观场面让人昂然向上。

步行在乡间羊肠小道上，我多次在田边地角徜徉，仔细端详满树饱满洁白之花的梨树，其中三棵让人记忆深刻。

200多年轮的梨树王，仍然生机盎然。远远映入眼帘的花像凤凰冠子，像孔雀开屏，特别是高处枝丫上的花，圆满活泼，如山村少妇的发髻。我们十几个人走近一看，同根长出大小不同的四个枝干，最小的一个比农村的水桶还粗。一位游客说，好奇怪哦，它们好像一家四口人在这里愉快地生活着，两个大一些的树枝是父母亲，两个小一些的树枝是晚辈，大自然神奇地告诉我们，看来二胎政策十分正确，引得我们一行人哈哈大笑。一位诗人冲口而出："一树梨花开，八方游客来。村民乐逍遥，笑声云天外。"这时前方山坡的树林里传来"梨树开花瓣瓣白，对面山上好女客；翻山越岭跑过去，辫子长长眼睛黑"的喜悦山歌声。

和万源市委宣传部、文联的同事一行来到长有十多棵高大挺拔梨树的大平地里，其中有两棵特别引人注目。大家仔细观察，两棵梨树的空中图案十分有趣，它们彼此主动向中间向上靠拢长着。同时，每一棵树的中间都有一枝横着向对方重叠地长着，青枝绿叶，繁花似锦。有人说是同根树，有人说是同心树，有人说是夫妻树，最后我们大家一致商定取名为同心树。确实是双方互相尊重，又互相团结帮助靠拢向上长着，心往一处想，劲往一处使，自然前进。神似作家舒婷爱情诗《致橡树》里"根，紧握在地下；叶，相触在云里。每一阵风过，我们都互相致意"的美丽甜蜜画卷。这时正好一行由九家组成的游客来到树下合影，个个喜笑颜开。一位游客十分赞成叫同心树，合影时

一起高喊"根根相连，树树同心，团结一致，振兴家庭"，笑声，在山间荡漾成幸福的涟漪。

当我们一行人来到一棵大梨树下，见有画家写生，我们驻足观察。左边一枝树丫向右向下自然弯曲长着，形成了一个直径一米左右的天然的树圆，树圆缀满洁白的花，右边一枝蓬勃挺拔向上，同时长有像字母K一样有上下两笔撇和捺，浑然天成一个OK图案。望着有趣的梨树天然造型，我们全部竖起右手大拇指，异口同声说"OK"。同行的一位作家大声说，此梨树象征东梨村什么都美好，万源市什么都美好，我们的生活春暖花开真美好。

我们在东梨村转悠，还发现了千姿百态、形状各异而有趣的梨树，有像玉兔、像绵羊、像儿孙满堂、像节节高以及其他形状的，它们在乡间虽然高大挺拔，但脚踏实地静静地向上成长，无私奉献给村民们丰收果实。期待来这里的人们见到有趣的梨树图案，用自己睿智的眼睛观察，相信会仁者见仁、智者见智，各有千秋。

梨花开遍了村庄，欣赏了千树万树梨花开，也一同欣赏了村里的桃花、李花和其他不知名的野花，有它们合作团结喷薄出的香味沁入心肺。

在山羊咩咩的叫声里，在牛摇的铃铛里，在鸟的歌唱里，在犬的吠声里，在村民勤快劳作的笑声里，我坐在绵绵青山、世外桃源的画里，结束此文写作，十分惬意。

巴人民居吊脚楼

刘艺茵

　　居，是人类从随处栖息发展到有一定的住所。庄子曰："古者禽兽多而人民少，民皆巢居以避之，昼拾橡栗，暮栖木上，故名之曰有巢氏之民。"庄子是南方人，古代南方地气卑湿，故庄子有此言。实际上古代巴人并不构巢而居山洞，至今仍有人以岩洞为居。

　　岩洞房又称"巴岩房"，本是巴人主要的遮风避雨之所。直到近代，这种居住形式仍是前河上游一带巴山人的居住选择之一，甚至在建造"干栏"之居的"吊脚楼"时，还将岩石开成薄片为"石瓦"盖在屋顶上。

　　巴人在古代基本上架木为巢，结茅成屋，下面驯养牲畜，楼上住人。后来工艺发展了，架木改变为穿斗结构，用几根木头做支撑，也有全以竹为架的。这种房屋形式，被叫作"干栏之居"。巴人的"干栏"多建在水流河边，依山傍水，架木（竹）为阁。由于其支撑的木架下伸在山岩下或河岸边，因此又被叫作"吊脚楼"。

　　干栏，又称"干阑"，俗称"吊脚楼"。在我国的古代文献中，提到干栏的有《魏书》《北史》《南史》《旧唐书》《新唐书》《通典》等等，大都与獠人和"南平僚"有关。巴渠賨人在魏晋以后，因其地为

"南平军"就被统称为"南平僚"。其"依树积木，以居其上"，"人并楼居，登梯而上，号为干栏"。还有称"阁栏""高栏""巢居""阁栏头"。唐元稹《长庆集》《酬乐天》诗之二："平地才应一顷余，阁栏头大似巢居。"元稹自注："巴人多在山坡架木为居，自号阁栏头也。"元稹当时就在通州（今四川省达州市）为官。

巴人和南方少数民族利用干栏，定居水边或沼泽地带，水涨登楼暂避，水落下地耕作，大规模地发展了农业，有效地利用国土面积，而不占用耕地农田；干栏建筑不损伤地面原貌，这本身就是一项很好的环境保护措施；在水上建造干栏，既不损伤水体，又避开了虫蛇狐鼠的侵扰。干栏建筑材料取之自然，又回归自然，无损于自然环境的生态循环。干栏建筑与江河相处，与水为邻，并不去与水争地，放宽江河水面，不需要筑堤拦坝。而且，木质干栏结构对建筑的抗震也有一定的功能。巴地山多，巴人的干栏往往在岩边平整屋基，其支撑的木架下半截多用条石或石块垒成"保坎"，上面再构以木架。巴山南坡产竹，遮风挡雨的墙壁多用竹条夹草泥。

随着时代的变化和经济的发展，巴山的"吊脚楼"式建筑吸收了江南一带的建筑风格。架构一般依旧以木为主，有正屋、厢房、木楼、朝门等几个大的部分。根据家庭经济状况的不同各有取舍：一般人家不太讲究，只求避风遮雨。小康人家则要建造正屋、厢房和转角吊脚楼；富有的人家要修造朝门；大户豪门要修四合大院，造冲天楼（八角楼）和晒楼，院中砌以石坝，周围加以院墙。其木结构也分规模大小不一，分为三柱四骑、三柱五骑、五柱八骑、十二柱十二骑等等。一般是排三间或双排单间，也有至六排五间。这种井院式吊脚的形式是土家族的一大建筑特色。

没有条件建造吊脚楼的，就建造干土墙房屋。建这种房要先平整地基平台，然后挖地基一二尺，再用青条石打基脚。待到忙完秋收，便邀约人挖挑黄土，请师傅筑墙上梁修房。筑土墙的工具是高一二尺的厚木板用铁或木框条合成的长方形木盒子，其空心按墙的厚度预留。筑墙时将黄土倒入木盒子内，用杵棒将泥夯紧，一层层往上夯加。房顶用木头为梁，钉上木条"廊板"即椽子，然后盖瓦。没有条件买木料和瓦的，就用竹竿架成屋顶，盖上稻草或茅草做屋顶，稻草之上，要压石块或以土压紧。

在自然观念上，巴人与汉人有很多相通之处，但在伦理观念、文化心理结构上与汉民族有较大的差异，这在巴山民居上反映得比较强烈。汉族民居中体现出明显的世俗理性精神和强烈的伦理色彩：明确的中轴线，对称的布局，严格的长幼尊卑秩序。无论北京（包括北方）的四合院，还是福建、江浙、安徽的民居，都体现了世俗、伦理的汉文化精神。而在巴山民居中，对此则是淡漠的。建筑无明确的中轴线和固定方位；整体平面布局的中心意识不强；建筑布局的核心是堂屋和火塘（火儿坑）。布局的特点依山峦的起伏、河流走向及房屋所在的地形地势灵活自由地安排，为的是遵从自然，巧于取舍，争取更多的可用面积。在空间安排上，土家的住宅通常有后门，大门偏置，出檐比较深远。

巴人山居无论是岩洞型还是吊脚楼，其外部造型的特征主要是建筑融合在大巴山的自然环境中。那掩映在绿树青山与蒙蒙雾气之中的吊脚楼，或依附于河滩溪水之旁，或镶嵌在奇峰怪石之间，显示了巴人的原始古朴和灵秀。

照黄鳝

文华丹

照黄鳝是家乡人们捕捉黄鳝的一种方式，不熟知这种方式的人听到"照黄鳝"这三个字时，往往会误以为是"罩黄鳝"，想象是用什么竹器去把黄鳝"罩"住。我开始也有过这样的误解，后来听父亲介绍才明白，人们在晚上捉黄鳝时用手电筒去照，黄鳝在晚上见到光便不动了，然后用夹子把它夹住就行了，因而家乡的人们称之为"照黄鳝"。

黄鳝是家乡的水田里野生着的一种特殊鱼类，其肉质鲜美，营养丰富，属较上档次的食材。春天来了，田里水温变暖，黄鳝便从泥里出来活动了。晚上，透过窗户，看到田里有照黄鳝的电筒光在移动，总会勾起我对往事的回忆……

小时候，祖母经常给我讲父亲捉黄鳝的故事：在那艰苦年代，父亲十几岁，经常在假期去捉黄鳝。如果是白天，他就去田里的泥里找寻，抓取；晚上就去照黄鳝。由于他不怕辛苦，每次收获都不少。父亲将捉来的黄鳝拿去卖了钱贴补家用和交学费，从来不会乱花。每当听到这里，幼小的心灵中，一种对父亲的敬佩之情油然而生，敬佩父亲抓黄鳝的技术，更敬佩父亲勤劳顾家的好品质！

记得在20世纪80年代，黄鳝应该算是较奢侈的菜肴。我从小便喜欢吃黄鳝。父母的工资收入虽然微薄，但为了满足我，记忆中家里买黄鳝来吃的次数并不少。烹饪前的活黄鳝必须用刀划开，剔除骨头，除去内脏，这步骤很有技术含量，在家乡俗称"划黄鳝"，掌握的人并不多，只有那些专门"划黄鳝"卖的人才能熟练地掌握这门手艺。父亲从小便很会划黄鳝，小时候见父亲轻松熟练的动作，自己也忍不住想试一试，结果发现实在太难，无法掌握！单是用手抓紧黄鳝不滑掉就不容易做到。父亲也很善于烹饪黄鳝。他先把油烧热，再把洗净的鳝段下锅，伴随着"吱吱"的炸响，鳝肉的香气便充满了整个厨房。煸干水分后，加入佐料，尤其不可缺少芹菜、蒜薹。起锅后，黄鳝油黑发亮，在鲜绿的芹菜、蒜薹的搭配下，视觉上都能激发食欲。此时，我已馋涎欲滴！父亲一定会再撒上胡椒粉，一家人便尽情享用这时令美味。鳝肉入口，鲜香嫩爽，吃得我口里、心里都美滋滋的！

上初中时，班里有两个农村同学，既会照黄鳝，又会划黄鳝，让我佩服得不得了。于是有一次我跟他们约好去看他们的"精彩表演"。晚上，他们带好了装备，一手拿电筒，一手拿竹夹，腰间挂一个竹篓，卷起裤脚光着脚就下田了。虽然已是春天，但夜晚田里的水是很凉的，我在田埂上看着都觉得冷。他们一脚踩下去，两脚陷进泥里的部分有时会超过膝盖。看着他们在田里搜寻，有时老半天才会捉到一条。那时我才清楚地知道了黄鳝的来之不易。第二天，我又兴致勃勃地观看他们划黄鳝。其间又去尝试了一下，仍以失败告终。

或许是受了竹筒煮饭的启发，也或许是想体会一次野炊的乐趣，我们三人产生了一个新奇的主意：用竹筒烧黄鳝！我负责准备佐料，他们俩负责捉黄鳝、划黄鳝、砍竹筒。一切准备就绪后，我们先用佐料腌制鳝肉，然后将其灌入竹筒。在其中一个同学家屋后的山坡上，用附近的干树枝、竹叶等当柴火，点燃后，用火钳夹住装有黄鳝的竹

筒在火上烧烤。不久，鳝肉的香气和着竹筒的清香，诱惑着我们的嗅觉。烧熟后，我们划开竹筒，手抓着鳝肉，大快朵颐，那味道至今回味无穷！

他们俩见我喜爱吃黄鳝，一个雨天，将捉的黄鳝划好后，装在塑料袋里，冒雨送到我家来。我一看满满一袋。我深知照黄鳝的辛苦，不能白要他们的黄鳝。我要算钱给他们，可他们转身就跑，落下一句话："凭我们的关系，还要你的钱！"看到他们的身影消失在雨中，心中涌上一股暖流！

亲情往事

QINQINGWANGSHI

西门上那些小伙伴们

王元达

时光荏苒，白驹过隙，少年不识愁滋味，回首已是皓发年。近年来，常与人聊天，最爱怀旧，许多往事不曾记得，但少儿时期老达城西门上的小伙伴们却历历在目。

清朝嘉庆年间，清王朝的兵营驻扎在达县城西较场坝。因军需民用房屋增多而成为街。这条街从西城门(红旗大桥)外到石岭桥，顺州河呈东西走向，长305米，宽15米。这便是西门上的雏形，今天叫西胜街。有些达城人将原西城门东向大西街部分地段叫西门上，即今天的都市花园东端界往西，这可称为广义的西门上。

20世纪50年代前后，西门上多是单层连排青瓦木板房，也有两层楼的。地面为大青石板铺就。街面为宅第店铺客栈、茶坊酒肆、饮食小店、百工作坊。那个年代，这里是达县城最大的集贸市场，街道两侧，摆满了新鲜菜蔬、农副产品或其他。山(铁山)那边的背老二、挑老二多在西门上贸易留宿，城内的居民大多要来西门上逛逛，西门上大青石地板湿漉漉的，人来人往，摩肩接踵，各种叫卖声此起彼伏。甚为热闹。

州河岸西门上地段，芳草萋萋。东段篾匠街下有一条小溪河涓涓流入州河，有时水深不可涉。小溪两岸是不大的沙滩地，小伙伴们放学后喜欢在这里开打沙包战，抓起湿沙用手包裹捏紧成为球状欢笑着向对方扔去。有些小伙伴喜欢在沙滩上挖"陷马坑"，用手挖一个约50厘米深度小圆坑，篾片架在坑上面，报纸平铺在篾片上，纸上面掩盖沙子，用手掌轻抹，使地面无异样，坐等有人陷坑。西门河坝少行人，久等无人陷坑，便自己将脚踹进陷坑，手舞足蹈高叫着胜利。有几个大胆顽皮的小伙伴去了人多的南门河坝，在沙滩小路上挖"陷马坑"，有让路人踩入"陷马坑"的恶作剧。

西段有一个牛奶场，小伙伴放学后、星期天或寒暑假领一头牛在河岸放牧，一分钱劳动报酬，不交大人，兴奋异常。牛奶场下面有一个平整开阔的沙滩地，篮球场大，是西门上小伙伴主要相聚玩耍之地。

"占国"游戏。用竹棍在沙滩地划一个2米左右的大圆圈，将竹棍插立在中央，这便是游戏中的"国"。游戏双方都有自己的"国"，双方互相派兵追逐，被逮着的俘虏即"死"在沙滩地上不再进入游戏。追逐过程中，被追方可逃回自己"国"中手握竹棍受保护，离"国"时又被对方追逐捉逮。一方将对方"国"中人全部逮"死"完，游戏结束，失败者被处罚唱歌或搬东西。

老鹰捉小鸡游戏。一个小伙伴当老鹰，其余儿童排成纵队，每人将双手搭在前面人的肩上或拉着衣服，最后为小鸡，领头者为母鸡。老鹰千方百计抓后面的小鸡，母鸡则用双手护卫阻拦，但小鸡终究还是被逮住，小鸡则替换老鹰。

丢手绢。小伙伴们围坐成一个大圆圈，一人拿着手绢沿圈外边跑边伴丢，将手绢丢在某人身后，被丢手绢的人要迅速发现起身追逐丢手绢的人，丢手绢的人沿着圆圈奔跑，跑到自己位置时可胜利坐下，如被抓住，则要表演一个节目，唱歌、跳舞等。过后替换丢手帕者。

那个年代，手绢是小伙伴必备品，别在孩子的胸上，晚上，母亲会把它洗得干干净净，第二天起床时再别上。

蒙眼捉人。也是在圆圈内进行，用手帕蒙住一人眼睛，在圈内捉人，并说出被捉住的人是谁，便被解脱，由被捉人替换。

跳"拱"（谐音）。类似体操的跳马，所以也叫跳马儿。做"马"者弯腰将手垂立地面为第一高度，弯腰用手垂接膝盖为第二高度，直立低头为第三高度。小伙伴排队依次跳"马"，可用手撑"马"背，或不用手撑，双脚分腿跳过。凡跳不过或触及"马"身则为输，自动替换作"马"身。

放风筝(纸鸢，yuān)。春天放风筝在我国已有2700多年历史。小伙伴做的风筝多种多样，一般用竹篾和白纸做成。清明节前后小伙伴们在西门河坝拉线放风筝的情形，如古诗写照：草长莺飞二月天，拂堤杨柳醉春烟。儿童散学归来早，忙趁东风放纸鸢。

"斗鸡。"天冷时，小伙伴多进行斗鸡游戏，能暖和身子。游戏者一条腿向前拐着，可用手扳住，单脚一蹦一跳地用那条拐着的腿互相碰撞，谁被撞得失去平衡，拐着的腿放下来，谁就失败。玩法多样：单挑、单人守擂、四人双擂、三人撞、混战等。双方各自有兵营作为休息地，但拐着的脚不能着地，对方不能攻击。但不能老待在兵营内耍赖，如果待在兵营里休息超过时限，则被判负。

游泳。天热时，西门河坝则是小伙伴游泳的好地方。大人常常警醒我们，不准下河"哈澡"（游泳）。小伙伴们暗地传递着眼色，悄悄结伴下河。穿背带式开裆裤年龄的小伙伴光着身子，穿合裆裤的小伙伴穿着短裤惬意地漂浮在水面，仰露着肚皮：狗刨式、青蛙式、仰泳式，自由自在尽兴而归。上岸后，将脚用泥土抹得脏黑，让大人看不出我们下河"哈澡"的痕迹。我自小爱好游泳，读小学一年级时，我与小伙伴们私自下河游泳被老师发现，责令我们三人光着身子在学校游行。那个年代，小伙伴5岁后开始穿合裆裤，有的家庭贫穷者在进学堂前才穿合裆裤，但要穿一内裤遮羞。7岁发蒙上小学的我们，已知羞耻，很不情愿。幸好，学堂不大，一个大庭院，几间教室，没有操场，只有一个天井，又是上课时间，我们无奈用手捂住下面匆忙奔跑，有同学于教室伸头探望。这成了我人生最大一件糗事，情何以堪？

小伙伴大将娃娃头，叫麦麸、王幺娃。他们年龄比我们大，少儿游戏多由他们组织。若有的不听话，他们便不高兴这个人，叫其为汉奸，要小伙伴们疏远他。更多是因大将娃娃头的组织带给我们游戏和快乐。

位于西门上最西端的石岭桥，又名龙凤桥，是西向陆路入达县城必经之桥。西通文家梁、山（铁山）那边的渠县、平昌、巴中、南江乃至汉中。石岭桥为一座石拱桥，下拱上平，长约10米，宽3米，两边是全石栏杆，1米高。桥下由凤凰山黑沟坡、白岩寺、老达一中下流的三股溪水交汇流入。20世纪五六十年代，溪水清澈，附近的妇女多在石岭桥下捶洗衣服。那时，石岭桥的过客如乡村赶场一样，"前者呼，后者应，伛偻提携，来往而不绝者"。小伙伴有时相约在一起，在石岭桥下捉迷藏（藏猫猫）。经过石头"剪刀布"猜拳后选定一个人在桥下躲藏，大家分头寻找，最先找到的人为下一轮躲藏者。为了不被找着，有小伙伴花尽了心思，气候炎热时，躲藏者穿着短裤，嘴含一个空心透气的竹竿潜藏在水里。小伙伴们喜欢在龙与凤的石岭桥"做家家"。记得有一次，6岁幸运的我被选中做新郎，5岁的小玉做新娘。小伙伴们用手相互连接做成肉轿，抬着新娘过石岭桥。前面的蹦蹦跳跳用手做喇叭状，模仿喇叭声音演唱着"嘀尔啦，嗒尔嗒，接个婆娘卖烧腊！"我兴奋之情溢于言表，望着新娘小玉傻傻作笑。前几年，我还看见小玉，现虽已是老玉，她嫣然一笑，竟与"做家家"时笑靥如花一模一样。

20世纪五六十年代，西门老街上午集市贸易喧嚣繁华，下午略显沉寂，不时可见牛拉车缓慢而行。赶车人不断挥舞着响鞭吆喝，黄牛无动于衷，拖拉着不紧不慢的步子，喘着沉重粗气。有时，牛拉车会发出刹车刺耳的尖叫，大半个西门老街都听得见。一些戴着草帽的下力人拉着板板车(木架车)经营运输生意。车架用木料做成，两边装有两个像自行车那样的轮子(比自行车轮要粗大一些)，两根长而平直的车把，中间一根结实的襻绳。拉车的站在车把中间，两手握住车把，肩上套上襻绳，弓腰屈腿前行。拉板板车的下力人多是搬运社职工。那时，牛拉车、板板车是达州主要运输工具。西门老街那个年代没有汽车通行。有时，小伙伴相约去老车坝看稀奇物——汽车。有个姓任的小伙伴看汽车时曾经掉队迷路，被好心人送到公园旁边的派出所，安全脱险。

小伙伴在西门老街上喜欢拍烟盒、拍糖纸、滚铁环、弹滚珠、翻绞绞、跳绳、跳房、跳橡胶绳等。有一位男小伙伴爱踢毽子，女生不是他的对手，大家叫他"假女"。西门老街临老城墙处有一家连环画图书摊，吸引着我与小伙伴们，几分钱可美美地读上半天。作品有《西游记》《水浒》《三国演义》《三毛流浪记》等，也有革命故事《鸡毛信》《林海雪原》《烈火金刚》《敌后武工队》等。有时，在那个图书摊阅读，不知肚饿，忘记了吃饭。上学后，我对文学书籍特别喜爱，爱泡新华书店或图书馆。后来我走上了文字工作之路，也多得益于小人书的启蒙吧。

入夏，达县气候炎热。夜晚，西门老街的住户多在自家的街檐下搭床纳凉睡觉，有门板、竹编床、凉棍床。小伙伴们抱着枕头安然入睡，天亮醒来时，不知道自己好久睡到了室内的床上。小伙伴有李姓瞎子两兄弟，年龄相差3岁。兄先天性双目失明，弟先天性单目失明。弟常牵领着哥去说书人的茶馆，坐在暗角里，全神贯注，竖耳细听。哥李瞎子长大后为谋生，成为算命先生，其丰富的知识多得益于听书。那时小伙伴常与李瞎子聚坐于街梯上摆"龙门阵"，主要是李瞎子讲。他将茶馆听书的故事转述给我们，也讲达城鬼怪神仙故事，如州河对岸周鸡公山梁下梳头女鬼、兴隆街会仙桥的传说、西门上菜码头无头女鬼、金鸭儿及鲁班的传说等。月光投入他面部时毫无表情，苍白异常，沉闭的瞎眼，嘴唇翕动，有些让人害怕。突然，他"哇"一声尖叫，吓得小伙伴们随之喊叫，相互拥抱。"龙门阵"结束后，有的小伙伴不敢单独回家。

多少年过去了，一直没有变迁的西门上，在改革开放的年代旧貌换新颜。大街加宽，青瓦木板房换成钢筋水泥青砖，高楼大厦林立；西门河坝沙滩建设成滨河游园，石岭桥及桥下的河水不复存在，变成宽敞的大街；昔日西门上的小伙伴已成为大爷大妈，常在滨河游园跳舞或拄杖休闲聊天，有时相互遇见，摆起曾经的少儿时过去，不胜感叹唏嘘。

小时候我们好想长大，真傻！现在我们人老了，好想返小，天真！回想小时候，自由自在，无忧无虑，那有多好！遗憾的是，现代的少儿小伙伴们，被作业及家教困顿在家里，少了游戏与往来，没有了我们那个时候的趣味与快乐。

今天，我曾经的小伙伴多不在西门上（西胜街）居住，有的去了北京上海或国外，少了音讯。小伙伴们还好吗？

母亲的"嘱托"

黄北平

今年五一，如往常一样，陪父母吃完午饭准备开车回达州。

我刚将发动机启动，母亲悄然走到车边，双手靠在车窗上，眼神温和地看着我，说："北平，跟你说几句话。"

"娘，有什么事？"我见她老人家面色凝重，估摸有重要的事要说。

"过完年后，有一个算命先生给我算了一命，说我今年可能过不去，特别3、6、9三个月份。"母亲沉默了几秒钟，才开口说话。

"算命先生都是骗人的，你身体这么好，棒也打不死嘛！"我不以为然地说。

"话不能这样讲。人生难满百，我和你爸都是黄土埋半截，掰着手指头过日子了，说不定哪天睡着了就醒不过来呢。"母亲摆着手，叹了一口气。

听了母亲的话，我心里不禁有些难过。这些年来，随着父母年纪越来越大，我又何尝没有思考过双亲"走"的问题。只是觉得父母虽年事已高，但身子骨都特别硬朗，就没朝"走"那方面多想。

"我这一辈子该吃的吃了，该穿的穿了，想去的地方都去耍了，也没有什么遗憾的了。一个人就算活100岁、120岁，也总归是要死的。人死了，相当于去另外一个地方生活，你们小辈不必太难过。"母亲说到这里，突然交办起她的身后事来，"我现在存有96000元钱，如果我不在了，这些钱你们六姊妹各分1万元。剩余的3万多元用来办理后事。寿衣寿材我早都准备好了。你们几姊妹平时都很孝顺，真要到了那一天，你们别给我做道场，也不要下跪，后事一切从简。给你们每人留1万块钱，对你们在经济上没有多大的帮助，但这是做娘的一点心意，也是我节约一辈子，留给你们的念想，你们不准推辞！"母亲这样静静地说着，仿佛在诉说别人的事，丝毫没有一丝对"死"的忌讳，我下意识地将头转向了另一边，视线逐渐模糊。

我本来急着往市里赶是要参加朋友的聚会，听母亲在车边唠叨，有些啰唆，却又那样亲切，不忍心打断她老人家的话，就给朋友发了个短信，告之因事不能参加聚会，然后静静地听母亲说下去。

我在达州城里上班，父母却在南江仁和镇的农村生活。早在10年前，我就在城里专门给他们买了一套二楼的房子，将他们接进了城。刚开始的那几天父母对周围的一切充满了新鲜感，要求我带他们去逛商场或农贸市场，惊讶城里的商品丰富多样，有些商品他们既没听说过，更没看见过。一周后新鲜感消失，浑身不自在起来。白天想出门散步，又怕车多被撞，晚上在家里看电视，又看不懂电视的内容，只好在客厅来回踱步。

"城里太吵了，空气也不好。周围连个熟人都没有，看电视又不知道说的什么。我和你爸在农村住惯了，让我们在城里耍，难受得很，你还是把我们送回去吧。"有天晚上下班回家，母亲向我唠叨。父亲也"对！对！对！"跟着顺水推舟。

孝顺孝顺，顺为先才是孝。如果让他们不开心，违背父母的意愿，那是不孝。没办法，我只得顺着父母，将二老送回了老家。

他们一进院坝，父亲开始清除杂草，母亲开始扫地，两人各自分工，不一会儿就将院子打扫得干干净净。出了一身汗后，两位老人似乎神更清气更爽。"你觉得接我们进城是享福，我感觉那是去坐监牢。"母亲这样说。

时间一晃过了10年，如今，90岁的母亲和94岁的父亲依然住在农村老家，他们平日里洗衣做饭、打扫卫生、收拾屋子，生活完全自理。母亲还养猪养鸡，下地干活，肩上背近百斤的东西，体力不逊于年轻人。母亲存的这96000元钱，有些是我们几姊妹逢年过节给的，有些是她自己辛辛苦苦挣的。

"北平啦，人一辈子要多做善事。我这一辈子从没有整人害人，善有善报啊，所以才有这么好的身体。"母亲靠在我的车边说着，我的眼泪不由自主地落了下来。母亲说的是真话。身在农村的母亲，生活困难的那些年，有乞讨的人上门，一般人用一碗剩饭打发，母亲却给一碗米。由于母亲"慷慨"，惹得远远近近的乞讨者争着上门。生活好起来后，她就将钱用来修桥补路。赵家岭到乡镇学校那段路原来是土田坎，遇到下雨天，时常有学生摔跤。母亲便捐资2000元，找了石匠，自己贴工钱，贴材料费，修到最后200米时没有钱了，就和父亲商量，把家里的一头肥猪卖了，最终把那段泥泞土路变成了石板路。母亲对外很大方，对自己却相当的节约，从没花钱在街上吃过一顿饭。

母亲没有读过书，可性格强势，以前对我们六姊妹多是"棍棒教育"。不管谁犯了错，她都要从大到小，依次将我们骂一顿，而且骂的言语很难听。随着儿女慢慢长大，各自成家立业后，她又将"火力"转移到父亲身上——父亲在抗美援朝的战场上被炮弹的轰炸震聋了耳朵，听不到。

"娘，你和爸爸都老夫老妻了，相扶相携走过了这么多年风风雨雨，有事好商量，别老骂他，也照顾一下他的面子。"母亲虽然嘴上答应得好好的，可想骂的时候照骂不误。我很是无奈，找到一位心理医生求助，"他们每天吵一吵是好事，那是一种发泄方式，不会得老年痴呆。"心理医生劝我。

我一听有道理，也就不再干涉。何况父亲也听惯了母亲的"骂"。每当母亲骂他时，他只是看着她的脸，从不反抗发火。

"你娘现在不诀人（家乡方言'骂人'的意思）了。"这次回家，父亲笑着对我说。

"你耳朵又听不见，怎么知道她不诀你了？"我偷偷瞄了母亲一眼，悄悄问父亲。

"怎么不知道？我和你娘过了70多年，看她的眼神和说话时的口型，就能判断出来她说的是什么。"父亲看着我自信地一笑。"自你娘听算命先生说她今年'有三道过不去的坎'后，性情大变，不再骂人了，她还不顾自己那么大的年龄，坐两个小时的车专门去看了她娘家的侄儿侄孙。"对于母亲性情的变化，父亲大加赞赏。

想着父亲对母亲崭新的"评价"，看着车窗外精神矍铄的母亲，我的眼泪终于止不住流了出来。

"北平啦！死没什么可怕。我最想的是，睡觉的时候不知不觉地就走了，这样自己不遭罪，也少给你们添麻烦。倒是你自己，要爱护身体，少喝酒，不要熬夜。有时间多陪陪娃儿，有能力有机会多做好事，多帮别人。"母亲继续在车窗外唠叨着。

"娘，你身体这么好，今年不会走，别听算命先生的。"我忍住悲伤，有心好好劝劝她老人家，可话到嘴边，却仍旧是这么几句干瘪的话。

母亲说了半个多小时，直到把想说的话说完，才将手从车窗挪开，和我挥手道别。

母亲的养育之恩，儿子永远都报答不完。回家的路上，我一直回味着母亲的嘱托，回想她那布满皱纹的脸和满是茧巴的手。算命先生的话，自然不可信，但世事无常，万一应验了呢？我该怎么办？

我们虽然无力阻挡自然规律夺走父母的生命，但是，我们应当在有限的时间里，给予他们更多的陪伴，听听他们讲述琐碎的生活小事，尽可能让他们愉快地过好当下的每一天。

父爱如山

陈 兰

"爸爸，我们打的士到竹中吧，行李太多了。"

我循着声音望去，那是一个小姑娘，约莫十二三岁，背着背包，怀里抱着一个芭比娃娃，她身旁父亲40岁上下，上身白衬衣配着深色长裤，双手提着行李箱。这天是学生们开学的日子。看着他们远去的背影，我的思绪回到了自己的中学时代。

30年前，我刚上初中二年级。那个暑假，班主任叫我去参加由区教办组织的集中班考试。这次考试要从全区六个乡级中学700余名学生中选拔60人。据说集中班师资力量雄厚，只要当了这个班的学生，离"跳出农门"不远了。

谢天谢地，这次考试我被录取了。没有录取通知书，只有一张《入学通知单》：学生自带床笆篾、被褥、草垫、席子、洗漱用品……听到这个喜讯，不苟言笑的父亲居然笑了，他那天破天荒为我煮了两个荷包蛋，自从母亲去世后，这是父亲第一次笑。

父亲比我长40岁，没有文化，脾气古怪，大人们叫他"铁匠"，孩子们叫他"雷公"。家中就我和哥哥两兄妹，哥哥比我长12岁，从我有记忆开始，母亲枕边常常放有药瓶子，村里的赤脚医生也经常来给母亲打点滴，父亲和哥哥赚的钱全都花在母亲身上，家里债台高筑，日子过得捉襟见肘。在我11岁那年，刚满50岁的母亲终究没有熬过病魔。一夜间，父亲苍老了许多。母亲下葬后，家里开了第一个家庭会，会议决定：父亲在周边帮别人干重体力活挣钱供我上学，顺带照顾我；哥哥当学徒去学酿酒，赚来的钱还债、买辆新自行车、娶妻生子；我的主要任务是一心读书考学。

母亲走后，全家按照"会议"要求各负其责。父亲农忙时每天起早贪黑在地里刨食，农闲时到村里下苦力赚钱，扛包、抬石头、抬电杆、下矿井挖煤、挖沟、修渠……只要能赚钱，再苦再累他都去找活干。哥哥当学徒后，家就像他的宾馆，每半个月回来一次。这个空荡荡的家没有了昔日的欢声笑语，曾经无忧无虑、活泼开朗的我变得郁郁寡欢，一日三餐，我与父亲就交流这几句话……"吃饭了，爸爸。""嗯，马上就来。"

人生是一场渐行渐远的跋涉，只有磨砺出坚强的意志才能成功，想必现实在逼迫着我去成长、去面对，从那时开始，我的学习成绩逐渐上升。为了还债，父亲和哥哥努力拼搏赚钱，母亲走后两年多，家境逐渐好起来，"三转一响"、电视机、电风扇相继被哥哥请回了家，墙壁上我的奖状越来越多，周围邻居们投来羡慕的目光。好心的阿姨们还登门劝父亲找个老伴，不料他却一一谢绝。

收到入学通知单后，父亲变得异常忙碌，有时见他眼睛布满血丝，手指头缠着浸有鲜红血渍的布条。在"雷公"面前，我不敢多问，想到即将离开他，离开那个没有一点生气的家，不禁暗自有几分兴奋，然而更让我担心的是床榻子、席子、草垫。

以前每学期开学，都是父亲送我，不熟悉我的同学和老师们误以为他是我的爷爷，真不希望这次进入新学校，还是"爷爷"送我。

开学前一天，我鼓起勇气央求父亲，"明天叫哥哥送我吧。"

"不得行，哥哥要赚钱，我用自行车送你。"父亲不会骑自行车，他更不知道，不会骑自行车的人，推车更难。

那天晚上，我失眠了，住校的话，至少要一个月才能回家，我突然心疼起父亲来，我这一走谁喊他吃饭。原本瘦弱的他会变成什么模样？我翻来覆去难以入睡，从床上爬起来看时钟已是凌晨两点，只见父亲房屋的电灯还亮着，我轻轻推开父亲的门，只见崭新的床榻子、席子、草垫在他房间摆放得整整齐齐，就像整装待发的士兵，父亲正专心致志地埋头编织着草鞋，没有察觉到我。难怪父亲手指头缠有血布，夜晚时分父亲在微弱的灯光下编织被弯刀划伤的。

开学那天，我起得较晚，只见桌上一只碗盛着两个荷包蛋，另一只碗盛着稀饭，难道"抠门"的父亲会如此慷慨，又给我吃荷包蛋。正在我纳闷时，父亲抢先一步端走了稀饭，叫我赶快吃了鸡蛋准备上学。在那物质匮乏的年代，每年只有过生日才吃一个鸡蛋，平日要拿鸡蛋变卖后买油买盐补贴家用。

出发前，父亲穿着当年与母亲结婚时的新郎装，脚上穿着昨夜刚编织好的新草鞋，想必这是父亲一生中最好的"派头"吧。

当我收拾好自己的必需品，父亲已将草垫、床榻子、木箱等绑在自行车上，车旁放着一个大背篼。自行车就像被几座大山压着，除了扶手、脚踏板裸露在外，其余全被遮得严严实实，俨然风雨中披蓑戴笠的老翁蜷缩在稻田里喘不过气来，更像他自己。

当父亲伸手去推自行车时，它却不听使唤，"哐当"一声，"老翁"倒下了。我傻愣着，脾气暴躁的父亲此时却不愠不怒，弯着腰将地上的东西全部装进大背篼，唯有不能折叠的席子，父亲抱在左腋下，肩上背着大背篼示意我赶紧走。

我们父女俩就这么一前一后地走着，一路上想到父亲为省那一元车费就感到莫名的委屈，身旁的中巴车时不时"嘀嘀嘀"地叫，是示意我们去乘车，还是我们走在公路中间挡了它的路，我眼巴巴地望着中巴车远去的影子，恨自己为什么就摊上了这么一个父亲，顿时，不知是恨，还是怨，泪水在眼眶里打起了转转……

好不容易来到了学校，"同学，你爷爷编的草垫和席子真漂亮，你真幸福，这么大年纪了还来送你。"一个新同学亲切地与我打招呼。我和父亲同时扭头过去，这是我平生第一次听见别人夸父亲。顿时我脸嗖地红了起来，"不，他是我爸爸……"

"爸爸，你回去吧，我自己能行。"

"好吧，生活费在箱子里，钱不够，以后让哥哥给你送来。"父亲似乎明白了什么。

望着父亲背着大背篼佝偻的背影，霜白的银发，蹒跚笨拙的脚步，我的眼角湿润起来，父亲的背影逐渐模糊，我到了寝室数着一沓沓用细线捆扎好的生活费，全是零零碎碎的毛毛钱，一共有385.8元，原来父亲一直这么省吃俭用，就是为了筹它，他怕我第一次出远门舍不得花，所以准备得充足。多年以后，我参加了工作，经济条件宽裕了，多次叫父亲到县城居住，但父亲总说自己是个庄稼人，习惯了乡下的生活。父亲一生中日出而作，日落而息，脸朝黄土背朝天地已经度过了84个春秋，他常说，家门前那几亩薄土是他一生中最亲近的"伙伴"，有了它们陪伴，他不会孤独。

嘟嘟嘟，一阵急促的汽车鸣笛声打断了我的思绪。如果时间可以倒流，我还想陪父亲从家里抱着席子，背着大背篼步行到当年那所办有集中班的学校……

两代人的梦想

李雪玲

2021年的暑假，我心里的那根弦一直绷得很紧，直到女儿收到了位于成都龙泉驿区的四川国际标榜职业学院五年高职录取通知书，专业是她心仪的幼儿保育那一刻，压在心头的石头，才一下落地，全身上下仿佛轻松了许多。

因为女儿实现了我的梦想，25年前未能实现的梦想。

25年前，我16岁，理想是当一名幼儿教师，希望日常工作和生活能与一群小朋友为伴，做一只无忧无虑快乐的小鸟。初中毕业时，我填的志愿全是幼教，结果阴差阳错被成都一所中专学校录取，专业是我极不喜欢的乡镇企业管理。哪知中专被录取后，有庆镇文教办来通知我可以去万县幼师读书，但却因为我的档案已经被送到成都那所中专学校，只好作罢。就这样，我和我追逐的梦想失之交臂。

没想到这个遗憾，在25年后，让14岁的女儿帮我实现了。

女儿要去成都那所院校报到的那天，我起了个大早，伴着窗外偶尔几声的蛙叫，我把女儿的衣物整理好，女儿也在一旁忙得不亦乐乎。看着她一脸的兴奋和喜悦，我眼前恍惚又浮想起了25年前，父亲送我去成都读书的情景。

那天，天刚蒙蒙亮，母亲给我煮了一碗醪糟鸡蛋，父亲则大包小包地给我装衣物。那时候没有现在时髦美观的拉杆箱，只有塑料尼龙口袋和蛇皮大口袋。父亲边装边说，去一趟不容易，路远，多带点，把冬天的衣服也要带上。一边说一边使劲地把一床大棉被也塞进了一个平时用来装大米的大口袋里，两个塑料口袋挤得气鼓囊囊的。这样的行囊，除了边远山区的打工者，现在基本看不到了。

那时候没有四通八达的高速公路，更没有高效快捷的高铁和动车，我们要先从有庆镇搭班车到渠县城，再从渠县城坐长途大客车到成都。整个行程需要10多个小时，前一天下午四五点上车，第二天早上五六点才到。大巴车是有上下铺类似于卧铺车的那种，由于车身空间狭窄乘客又多，一个铺位规定可以躺两个人。我和父亲一个铺位，刚开始还好，时间一长，由于没有空调，整个车厢十分闷热，汗味、脚臭味混杂其中，令人难以忍受。

当年没有现在的各式银行卡，更没有手机，当然也谈不上通过手机上的各种提现付款功能完成交易，只能全部现金。我还清楚记得，学费和我的生活费被父亲小心翼翼地裹在一堆衣服的最里面，再装进一个看似不起眼的塑料口袋里。为了不引人注目，上车后，佯装把尼龙塑料口袋随意一放，再也不管，其实父亲的眼睛随时都在悄悄看着那个装了现金的塑料口袋。当然了，那时更不会有高速路上每隔一个路段而设置的服务区，要上厕所，须得是乘客提前"申请"，司机才会就近找一个地方停下，乘客无论男女，也就近寻一个偏僻点的地方，甚至就在车后面解决。最痛苦的是晕车的人，那时候的公路不比高速，爬坡上坎，再加上弯道又多，颠簸不了几下，胃里就开始翻江倒海，10多个小时的车程，都不知道怎么坚持下来的，犹如遭受一次大罪。至于中途吃饭，因为沿途没有站点，乘客要自备干粮，以解决路途餐食之需，这就需要临行前提前做好这些准备工作。

光阴似箭，转眼又到了我送女儿到外地读书的时候。行李分别是大包小包外加一个拉杆箱，虽然仍然是大客车，但情景与20多年前不可同日而语了。由于南大梁高速的开通，车程由10多个小时缩短至最多4个小时，甚至当天就可来回，因此早已取缔了卧铺式大巴车。现在的大巴可谓豪华，不但每人一座，车上还有空调和简易厕所。中途到达服务区有短暂的停留，让乘客上厕所、接开水或购买些吃食，4个小时不过打个盹，就舒舒服服到达目的地。另一个最大的变化，随着互联网的普及，随便去哪儿都有免费WiFi，哪怕出远门，也不用担心身上带有不少的现金而害怕小偷惦记，服务区想买个小吃食，用手机微信或支付宝扫一扫，一切搞定。

"妈，车开好快哦。"也许是第一次出远门，女儿兴奋地东瞅西望，时不时地望着窗外高速路中间匆匆而过的绿化隔离带。

是啊，全程高速，怎会不快呢？高速路又快又平稳，晕车的人舒坦，尿频尿急的人不怕长时间解决不了问题。好时光都让你们这一代赶上了，要珍惜哦。我刮了一下女儿的鼻子。

到了女儿学校，报到、登记，再扫二维码缴费，再到宿舍，一趟下来，半天时间流程就走完了。时代在进步，科技在发展，真的是今非昔比啊。临走时，女儿拉着我的手，有些不舍。但她知道，今后的路，要自己走了，两辈人的梦想，还等着她去实现呢。

望着女儿回宿舍的身影，我偷偷拍下了一张背影。青春、活力，仿佛25年前的我。

师恩难忘

钦　松

　　人的一生中要遇见许多的老师，而能够遇见一位好老师，那是人生之大幸。好老师能够对你的思想和性格产生重大影响。在我初三的时候就遇见了一位好老师。他就是我的语文老师聂绍林。不怕大家笑话，我从小学一年级到初中二年级，一直害怕写作文。那时候一上作文课我就头痛。两节课的时间把字凑够。那时候把作文称为憋文。如果写《记一件有意义的事》，不是帮老奶奶提东西，就是扶老爷爷过马路。总之胡乱编造一些自己都觉得不真实的东西。这种状况一直持续到初三才有所改变。

　　那时候语文老师进行了调整。由聂老师教我们语文。聂老师上课不死搬硬套，注重从兴趣培养上面来下功夫。他的语文课从文章时代背景入手，穿插美学、历史、地理、哲学、心理学方面的知识。他讲得精彩，我们也听得津津有味。听他的课感觉就是一种享受。真是奇怪，我以前讨厌语文课，现在却是喜欢上了语文课。那时我作文仍然较差。聂老师在一次课后将我叫到他的办公室，进行了一次语重心长的谈话。他说："作文并不难，你只要用心观察生活，掌握了方法，多读多练，一定会写好作文。"

　　从那以后，他每天叫我写一篇作文交给他批改。他改作文改得特别细。如果开头写得比较精彩，他就在旁边给你批一个开头好；如果结尾写得比较精彩，他就在旁边批一个结尾好；如果中间过渡得比较好，他就批一个过渡自然；如果某一处景物描写好，他就在下面给你画上波浪线；如果对某个人物的心理活动描写得比较好，他就会给你批一个心理活动刻画细致；如果比喻、拟人等修辞手法用得好，他也会一一点出。他经常告诫我一定要写真实的东西，真实的才感人。就这样，一个认真教，一个认真学，慢慢地我的作文水平就有所提高，作文在我的心里就再也不是憋文。整个初三的语文课，我都是在快乐中度过的。现在回想起来，仍感觉回味无穷。

　　记得聂老师有一次给我们上作文课，他讲作文要合乎逻辑，并给我们讲了一个事例。他说有一次他批改一个学生的作文，开头两句写道："明月当空，繁星闪烁。"他说这两句粗粗一看，读起来是朗朗上口，听起来是铿锵悦耳，想起来是矛盾重重。他说同学们你们仔细观察，明月当空会繁星闪烁吗？引得我们哈哈大笑，同时又陷入深深的沉思当中。对于古文或前辈的文章，聂老师也经常叮嘱我们，一定要慎之又慎，不要曲解别人的意思。对于未来，聂老师给我们说得最多的就是，下一个世纪将是知识爆炸性的社会。你们一定要做好充分的准备。现在看来，聂老师30多年前的预测是多么的准确。

　　参加工作后，单位上每一年都要写一些工作计划和工作总结。由于有了以前的基础，我就不再害怕。也写得比较得心应手。这一切都要感恩我的聂老师。时光飞逝。聂老师现在已经80多岁了，但是在我的心里，这份师恩我会时时记起，小心珍藏。又一个教师节即将来临，学生在此向老师献上我最真挚的祝福：愿老师健康长寿，快乐幸福！

我的训哥儿

李升华

"猕猴桃，沁沁甜，一窝树儿都吊弯，爷爷用它换油盐，细娃靠它把书念。"

这几天，正是猕猴桃的丰收季节，在大竹县铜锣山腹地周家镇狮子村流传着这首家喻户晓的童谣。我的"训哥儿"就在这个村工作，他是大竹县乡村振兴驻村工作队的队员。

"训哥儿"，名叫李文训，今年50多岁，县文体旅游局干部，个头不高，皮肤黝黑，乐于助人，他是我在大竹县冬泳队结识多年的老泳友，冬泳队几百个泳友，无人不晓他是一个潜水高手，游泳健将。

2020年初，全国掀起乡村振兴大热潮，局里决定选派几名干部到周家镇狮子村当驻村工作队员，训哥儿深知我在乡镇工作多年，也听我曾经谈起乡镇工作的无穷乐趣，他便向我请教，我亦庄亦谐地回答："乡镇不比局级机关轻松，它像男人们当兵一样，当了兵的男人后悔一阵子，不当兵的男人后悔一辈子。"训哥儿为了不后悔一辈子，欣然报名前往。因此，我也就成了他的良师益友兼驻村"跟班"。

狮子村位于大竹县三山两槽的中山，铜锣山中麓，从北向南，顺着腹地"一"字排开，海拔600多米，山顶却地势平坦，土地肥沃，景色秀丽，村庄错落有致，鸡犬之声此起彼伏，有世外桃源味道。狮子村也是野生猕猴桃盛产之地，每年国庆期间，村民们都会摘下它们到市场上出售，是供不应求的"俏货"。

如何才能把野生猕猴桃像珍珠一样撒满山林，满足市场需求？训哥儿冥思苦想，若能在培育好现有野生猕猴桃基础之上，再通过嫁接方式，在全村种植规模成片的"野家"猕猴桃。没想到，在他的多方努力下，"野家"猕猴桃的梦想实现了，全村新种植了上百亩"野家"猕猴桃，那首童谣传遍了全村每个角落。

今年10月3日的午休时分，我在沙发上迷迷糊糊午睡。一阵急促的电话铃声把我从梦中惊醒，"谁呀，什么事？"我莫名地接通电话向对方怒吼。"华哥，下午陪我去狮子村帮他们卖猕猴桃！"

挂断电话，我迅速赶到训哥儿预约的地点乘上他的车，一路上训哥儿打开了话匣子："前天我在冬游队微信群发了'野家'红心猕猴桃的照片，群里反馈回来要500多斤，我看见天气预报显示明天要下暴雨，村上有个种植大户唐老板，他家还剩六七百斤猕猴桃，我就通知他今天抓紧时间摘，一旦大暴雨来了，全部都会烂到地里！"

原来，训哥儿又是去"救火"，这已不是我第一次陪他，更不知多少个节假日，他一人独自前往狮子村"救火"。

车子驶出县城，在蜿蜒曲折的竹周公路上绕行，阳光透过橙黄橘绿的树叶缝隙，飘零的落叶追着车尾的轮胎碾出"沙沙"的声音。行至周家镇八角庙，训哥儿电话响了，来电的是狮子村支部廖书记，"你今天放假，不来村上吧，唐老板说明天摘好了给你送到县城里来。"从电话中听到唐老板也在旁边。"我们还有十多分钟就到了。"训哥儿挂断电话，紧皱眉头，"还等明天，大雨就把猕猴桃冲跑完了，他们这些人呀，就不晓得看云识天气，也不晓得看看天气预报。"说话间油门加得更大，不一会儿就到了狮子村村委会办公室。

车刚停下来了，一辆灰色长安面包车嘎的一声紧急刹车停在我们旁边，车里一群人热情地直呼："训哥儿来了，训哥儿来了……"车里的人一见到训哥儿如同亲人一般那热乎劲。下车后，训哥儿向我引荐了廖书记、唐老板。我急忙伸出手分别与廖书记、唐老板握手。当我握着唐老板的手时，如铁钳子般疼得我眼泪直打转，他的手成天与土地打交道，刚劲、有力，手掌心热乎乎的，就像他那颗急切盼我到来的心。

说话间，训哥儿催促大家抓紧时间去摘猕猴桃，唐老板开车载着廖书记和摘猕猴桃的工人们行驶在前，我和训哥儿驾车跟在后面。两辆车一前一后行驶在曲折陡峭的村道上，路旁两边竹林向路中间棚起，遮天蔽日，竹丫时不时剐蹭着车门，发出"吱吱"的响声。

不断响起的"吱吱"声，越发让我心疼起训哥儿的爱车，"你把车停在这儿，让唐老板一会儿来接我们，反正我们是帮他销售猕猴桃。"

"算了吧，我这车去了至少能拉五六百斤猕猴桃，唐老板家就住猕猴桃基地，送我们下来他多跑一趟，很麻烦唐老板，车子刮花了怕什么呢！"顿时，我脸上火辣辣的。

车子驶到了猕猴桃基地，我兴冲冲地朝它飞奔，不料，脚下踩着似圆石样的东西，我低头一看，竟是猕猴桃，一个个新鲜圆润的猕猴桃躺在地上，我迫不及待地拿着袋子就往里放。"不要那个，要摘树上的。"训哥儿和唐老板异口同声地朝我呼喊。我随手在地上捡了一个猕猴桃拿它和悬挂在树上的对比，相差无几吧，我心疼不已，训哥儿和唐老板的诚信把它们浪费了。

唐老板说："我们这些猕猴桃没有用化肥、农药，我们用的羊粪给猕猴桃施肥，口感好，既省钱，又环保，成本还很低，你们城里人喜

欢吃新鲜果子，训哥儿叫工人们等你们来了才摘，让买主们吃上放心的猕猴桃。训哥儿在我们村上开会时，大会小会都教我们，做人要诚实，守信用。"

唐老板滔滔不绝地一口一个训哥儿，比我这个"跟班"还叫得亲，他就像在夸自己的亲人。摘桃时，唐老板讲起，10多年前，他在广州打工，赚了一些钱，但身体不好，回家治病花光了所有积蓄，这两年把病治好了。驻村工作队为了帮助唐老板，帮他免息贷款经营种植业，还建起了30多亩红心猕猴桃基地。他的致富，训哥儿功不可没。如今，唐老板逐渐富裕起来，家里还买了辆面包车，日子过得越来越红火。

"呲呲呲……"耳边传来微风吹送的声响，越来越近，越来越清晰。我扭头望去，一双黑色的眼睛正紧紧盯着我，正朝我逼近，嘴里还衷着长长的须。

"呀！蛇！"我大声惊呼，手上的猕猴桃撒了一地。说时迟那时快，训哥儿一个箭步蹿过来，把我挡在后面。蛇似乎被训哥儿吓蒙了，它灰溜溜地扭着长长的身子逶迤离我们远去。看着摇摆的草丛，我惊魂未定，久久喘不过气来。"不怕，这是'乌棒'蛇，没有毒，这两年我在村上经常遇见，只要我们不去惹它，它不会咬人的。"

以前的训哥儿，见到蚯蚓就害怕得要命，现在竟还学会了如何征服蛇。

夕阳已西下，鸟儿开始归巢，500多斤猕猴桃已全部采摘就绪。我们按照冬泳队买主的意愿，把猕猴桃分成5斤、10斤用袋装好，再把它们纷纷装好袋放进训哥儿的车厢，80多个袋子吧。

返程时，热情的唐老板硬要强塞给训哥儿两袋红心猕猴桃，说："感谢你了，训哥儿，没有你，它们被雨淋了还是会烂了，一点也变不到钱！"

"我收下吧，现在你要赶紧把晚秋蔬菜种下去，千万不能喷农药，施化肥，到时我又来帮你卖。"训哥儿一边说，一边悄悄递给廖书记200元现金，叫他转给唐老板。

"训哥儿，你把狮子村当成了自己的家，这两年来你车子后备厢从未空闲过，帮村民们不是卖蔬菜，就是卖土鸡、土鸭、土鸡蛋，只要能变卖的东西，你都想方设法把它们变成钱，你一个白白胖胖的县级机关干部，现在为狮子村晒得这么黑了。"廖书记紧紧握着手中这200元钱，感激不尽。

看着训哥儿，我眼眶湿润了，是呀，他的脸就像猕猴桃一个颜色，我摸了摸自己的口袋，把身上仅有的100元现金塞给廖书记，"转给唐老板，下次我还来。"

回家的路上，我寻思着后备厢那几十袋猕猴桃，训哥儿把它们分发完毕，要忙到何时？我希望，训哥儿下次来狮子村"救火"再把我带上……

野炊轶事

潘广云

每年春天，我会与家人、朋友来到城郊河畔野炊。

不时会过来一些郊游者，围观具有非遗特点的铁罐子、铁炒锅在柴火上煮饭、炒菜很是稀奇，赞不绝口，似乎这样的野炊迥然不同。

无论怎样，在繁花似锦的春天里，在清幽的河边上，野炊增添了浓郁的春香美色，伴随回味着童年的欢悦一刻。

80年代前，娱乐还不十分丰富，野炊已经是那个年代儿童玩伴之间最为推崇的一种娱乐方式，那时野炊最时尚、最奢侈、最放飞，而且是最不常有的，但偶尔老师会带着学生们去郊外野炊。

不到10岁的那年春游，背着竹编小背篓，装着满满的喜悦，"咣咣当当"的装具伴着欢声笑语，步行约10公里的碎石公路来到阁溪桥畔，然后从河岸处乘小木船至大中坝野炊。

大中坝是达州市一个小地名，为州河一岛，面积300余亩，算得上一处风景之地。岛上中心有一农业科研所，被树林包围，周围是一大片的自然草坪和河水冲刷过的石滩。

这里人烟稀少，除了州河的湍急声和对岸偶尔的火车汽笛声，还有林子里鸟儿的叽喳声外，显得特别的幽静，常常是年轻人和小孩子野炊的好地方。

在河岸处一字形站好了队伍，稚嫩的小脸上总是洋溢着兴奋的光芒。女同学多是短发，或者扎着两只羊角小辫。所有同学没有统一的校服，每位同学着装不是那么的整齐，少数的会长短不一、漏洞百出或补疤叠补疤，这不是奇装时尚，而是家庭窘迫。班里为数不多的几位红小兵，佩戴着红领巾特别显眼。

班主任朱老师小心翼翼地牵着一只只小手，扶着同学们上船。船夫叼着自制的旱烟，用双桨推着这群从城里来的小朋友。我们随着船舷微微晃动，激动的心情也随着河水荡漾，小船轻轻地短短地漂移，最后竟成了小朋友们能够炫耀的点点经历。半支烟的功夫，船儿轻松地到了对岸。

大中坝的宁静瞬间打破了。

聒噪不休的同学们一下船就迅速寻找一个合适的位置，将背来的锅、碗、瓢、盆、柴等物品放下，开始忙碌起来。有的挽起袖子和裤腿，有的索性脱掉外衣和鞋子，搭灶生火、淘米、洗菜。

野炊前同学间进行了自由组合，我和正国同学为一组。正国是我们班爱说爱笑的小男生，圆胖的脸蛋，一双大眼睛忽闪忽闪的，特别是那张大嘴巴，笑起来朗朗有声。

记得有一次第二节下课铃声一响，他闷不作声地离开教室，利用课间操时间，匆匆跑回家去照看一下瘫痪中的妈妈，这让我对他的印象非常深刻。

我和正国的分工很明确，他带柴和锅，我带菜和米，就算是AA制了。我们搬来三个大石头垒成简易的灶台。他把米放在锅里用清凉的河水来回淘净，让米露出清白剔透的本色；"嚓"！我划燃一根火柴点燃了引火的刨花，然后放上几小根木柴，一根一根地架上火苗，小火

在白烟中顺势窜出，柴火燃烧起来，星火似乎展示了它的力量。

我们点燃了火的希望，火也点燃了我们的希望。

火焰在河风的微微吹动下，火苗呼呼左右摇摆熏烤着锅底。不一会儿，米在锅中飘然起舞，当米煮成八分熟时，盖住锅盖把米汤篦出来，然后退出少量柴火用微火把饭蒸约十分钟。在蒸饭的同时我操作了一个很捷径的动作，也算是小时候玩了一次小聪明吧——少带一只炒锅，不用炒菜，把在家做好的，用口缸装好的咸菜烧白与饭焖在一起。

锅底很黑，黑得很难看，手也很黑，黑得有成就。

掀开锅盖，把烧白端出，一股热气升腾，香气四溢，沁人心脾，引诱味觉。那白花花的米饭，胶质浓厚、色泽晶莹，一粒粒就像白色的宝石一般，而与锅底接触的那一面就像黄褐色的玉，把白"宝石"严严实实地包住。几只小脸争相围观，形成一个天井，一双双羡慕的目光投向了脆香的"锅巴饭"。其他同学炒菜的炒菜，煮饭的煮饭，不时有同学用熏黑的小手，擦着脸上的汗水和烟熏的眼睛，大声招呼："朱老师！请过来尝一下我们做得好不好？"

"饭还有点生，煮的时间少了点。"……老师耐心地指导着学生们。

吃完饭收拾妥当，老师和女同学在草坪上跳绳、踢毽子、聊天；男同学有的在河边扔石头，看谁扔得远；有的跳人形木马即所谓的"跳人弓"或者抱起单腿"斗鸡"；我与部分男同学则分成两伙，开始捉迷藏打起了"泥巴仗"。

野炊，穿越时空，放任了童真，我们的黑花脸不时浮现在脑海中。当童年沿着时光飞逝，我常常回首那天真烂漫没有拘束的无忧无虑；回首那稚趣横生的奇思妙想；回首那严厉得可敬可爱却像父母一样疼爱学生的老师。

杰 娃

聂立超

杰娃是我的堂弟，住在一个院子里。他有三个姐姐，他父亲老来得子，特别宠爱他。于是，他的童年比起我的童年来简直有天上地下之别。他从小就不用去捡柴火，不用去打猪草，更不用刨土豆皮，最辛苦的事情就是牵着一头牛上山去放，而我们除了放牛，还得捡一背篼干柴回来，不然就要遭母亲责骂。

杰娃只比我小几个月，小时候我们常在一起玩，有时打了架，他总是哭着回家找他父母告状。于是，院子里就会发生战争，我的母亲和他的母亲就会几天几夜地吵，直到嗓子嘶哑，也不肯罢休，而我俩早就玩到了一起。为了给大人面子，只要一看到无论是他的父母还是我的母亲走过来，就会迅速分开，装作互不理睬的样子。

还只有几岁的时候，我开始为家里分担家务，用小锄头把田里的稻草蔸蔸挖出来，晒干后当柴烧。杰娃也拿着小锄头和我一起挖。我俩经常面对面坐在田里挖，结果悲剧发生了——他一锄头挖在我的头上，我哇哇大哭。姐姐背着我去找周伯娘，把锅烟灰撒在我头顶伤口上。不过锅烟灰也真是良药，伤口居然好了，只是至今头顶还有一线不长头发。

　　这次意外事故引发了双方家庭的一场持久大战，我至今仍然记得他父亲在院坝头责骂我。我的姐姐和他的两个姐姐也为此发生大战，双方姐姐为了保护自己的弟弟，把我和杰娃关在屋里；几个小姐姐在院子里用拳脚说话，我姐姐独战两人，居然大胜而归。后来听我姐姐讲，她的主要秘诀是攻打比她弱很多的小姐姐，这样大姐姐反而掣肘，不得取胜。这一战打出了我姐姐的威风，双方家庭从此只动嘴不动手。

　　到了上学的年龄，杰娃和我一个班。班主任和母亲年纪差不多，把我们当作他的孩子一样看待。她还教两个年级，体罚的事是常有的。杰娃的父亲便到学校找到老师，说他都快50岁了才生了这么一个可以继承香火的儿子，叫老师不要打他骂他。据老师讲，这是我们村里唯一一个要求不要对孩子进行体罚的家长，现在看来还是很前卫的。

　　杰娃读书确实不怎么样，但人挺聪明，经常和大孩子一起恶作剧。老师发现后，大家都说是他的主意，老师也就不过分追究了。读着读着，杰娃比我低了一个年级，又读着读着，他比我低了两个年级。我那时成绩比较好，老师经常让我批改学生的作业甚至帮助批改试卷。记得有一次，杰娃只考了十几分，他父亲把我叫到跟前，说我给他改错了，分数打低了，让我很是委屈。但我却铁面如山，依旧照成绩打分，不给他面子。但这并没有影响我们两人的关系，上学放学，大部分时间还是在一起。

　　那个年代，电话是个稀罕事物，我们怎么也弄不明白，隔了几百里，居然能清晰地听见别人的声音。杰娃别出心裁，做了一个电话机。两头是两个竹筒，竹筒上面蒙了一层薄薄的蛇皮，竹筒里面用一根鸡毛，鸡毛上套着一根白线。于是我们就站在院坝的两边，一个对着竹筒吼，另一个耳朵贴着竹筒听，居然真的能听见嗡嗡的说话声。每当夏夜，我们就去捡废旧的电池，用竹片绑上十几节旧电池，再用铜丝连接一个小灯泡，做成一个长长的手电筒，猫着腰在漆黑的夜里走来走去，颇为自得。这个时候，杰娃往往是贡献最多的，他会找到很多旧电池，也会找到一节铜丝或者电灯泡。

冬天的时候，我们在山坡上捡柴或割草，冷起来了，我们就在野外生火。不知是咋想的，我们觉得头上的帽子太冷，就放在火上烤，这个时候就常常把杰娃的帽子放在最下面，我们再层层往上放，结果可想而知，他的帽子被烧煳了一大片。过年的时候要走亲戚，他母亲就来借我的帽子用，我死活不肯，母亲就打骂我，最终还是把帽子借给他了。

春节期间，我们学着踩高跷，但我们不敢像大人那样将脚绑在竹竿顶端的横木上，只敢将横木绑在竹竿中间，胳肢窝夹着竹竿，像拄着拐杖那样前行。往往这时，杰娃是最厉害的，他经常拄着自己制作的高跷在院子里走来走去，有时还在羊肠小道上走，甚至上下台阶。

再后来，我离开了村校，到乡中心校读书，从此，不再与杰娃同学。

90年代，打工大潮来袭，杰娃也出去打工，挣了钱，回家找了一个老婆，老婆为他生了一个女儿，小日子过得还不错。

花椒油那尬味儿

巴　木

说起花椒油，便想起那愚昧好笑、至今难以忘怀的往事。

那是1984年的秋季，上完了整个高中阶段的课程，迈入高三复习备考新阶段时，本是学战犹酣，然我们二班好像中邪了样，不是张同学家有人病危，就是李同学家有亲病故，断断续续一个月时间，同学们除了紧张的学习压力，还得承受着害怕家里来人被叫回的心理压力。

那时没有今天的通讯，近距离基本靠吼，远距离靠写信，远而急迫就拍电报。

一个雾气阴沉的下午，同学们都在操场开会，"担心"还是落到了我的头上。

我那只读了小学二年级的妹妹，不知是走山路，还是搭车，来到了县中学的操场边。她是读"望天书"的典范，无论数学，还是语文，都能倒背如流，如果叫她从某篇课文的中间开始背诵，那就不行的了，且一个字也不认得，至今写不起自己的名字。

老师问清她来意后，走到我们班的方阵，说：你回去吧，节哀顺变！

同学们齐刷刷地很是同情地看向我，我的心刹那间像冰一样融化，第一次感受到失去亲人的痛。走在西桥上，伤心痛苦的眼泪恍惚迷失了迈步的方向，其情其景，几十年后的今天仍然深深烙印在脑海中。

我们两姊妹从西街步行到东街的县汽车站，已经是掌灯的时候了，客车也全部收班了。即使有客车，也没有那5角钱的车费。

这时，一辆带大拖挂的运输焦炭的汽车被我们拦停，讲清楚天黑了，40多里山路，一个女孩行走路上很是害怕，哀求能带上她一程。货车司机同意把她藏在后边拖挂车的焦炭中，用帆布盖上，并嘱托不要作声，担心路上查人货混载。

一路悲伤，一路小跑，当我赶到家时，常年多病的母亲却在灶门口烧柴火。

一时喜愤交集，喜的是母亲安然，愤慨的是妹妹自始至终没道明实情。

原来是因为邻里纠纷，邻居砸烂了我家的大门和一些家什，妹妹要我回来报仇，怕我不肯回，就撒了弥天大谎。哭笑不得的我只能连夜原路翻山越岭返回学校。

第二天，英语老师把我叫到她办公室问清原因后，也很有些愤愤不平。

得知我两个月没能从家里背来粮食和咸菜，同学间的饭票菜票都借了个遍，基本决定辍学时，她诚恳邀请我到她家蹭饭。当时，简直就不敢相信是真的，上学之路"绝处逢生"啦，我激动得落下了泪，似乎那泪的温度至今未消退。

我们那时每周上6天课，在县中学读高中的农村学生，无论多远都靠步行，基本是每周六下午回老家，星期天背上计划一周，或十天半月的米，交到学生食堂，每斤米交2分钱的炭火费。我每餐就着从家里背来的萝卜叶子做的咸菜下饭。

偶尔有同学打上一份2角钱的荤菜，或者5分钱的新鲜蔬菜，同学们就争先恐后围着品尝。

当日，做完作业已经是晚上7点了，英语老师来到教室，把我从红专楼带到她家所在的红光楼。领进家时，向她正在洗碗的丈夫介绍说：这是我教的2班的学生，家里目前出了点状况，暂时在我家吃一段时间饭。她丈夫二话没说，表态同意了。

传说她两口子是四川外语学院毕业的同学，为了爱情才一起分配到我们小城县中学教高中英语的，看得出他们是一对十分恩爱的夫妻。

她领我走进厨房，示范灶台的开关，告诉我如何使用煤油气，指着桌上的一堆瓶瓶罐罐说：这些都是调料，别放多了。

她走出厨房道：我们俩要去散步，你自己煮面条吃哈。

他们走后，我煮了满满一洋瓷碗面条，估计没半斤也有四两。心想：既然叫我来蹭饭，还这般小家子气，这也别放多了，那也别放多了，我偏要多放些。

在我家，少有吃面的机会，面条也没这般雪白，偶尔有点猪油，大都是白水面放点盐巴。只是小时候肚子疼，父亲在讲治街上买回来过些许白色的胡椒，说那是通气的，没听说过什么花椒油、特醋、蚝油等调料。

当我把各种调料随心所欲地放上，并拌均匀后，就开始享用有生以来第一次在老师家自己煮的面条时，心里乐滋滋的哟。

当我迫不及待吃进第一大口时，那个酸啦、麻呀，冲得整个味觉神经都不是自己的样，根本无法下咽。这才想起"别放多了"的警言。

咋办？不吃，倒掉吧，浪费了这么好的面条，于心不忍。吃吧，又难以下咽。

最后还是鼓起吃下去的勇气，搞得我眼泪水、汗水不停，麻木而失去知觉，那刻骨铭心的麻让我久久不能闭上嘴巴，至今不记得是如何吃完那碗面的。

37年过去了，也没脸在外人面前提及花椒油等愚昧尴尬的窘事，我们师生之间的这个秘密保守到了这篇散文里。

那时，戴帽初中没有开设英语课，高考预选，我的英语考了41分，很是无颜面，生怕单独碰见她。

预考后的一个月里，死记硬背强行突击英语，视力搞近视了，但正式高考英语取得了88分的成绩。看分那天，英语老师夫妇俩特摆了一桌饭菜，从不喝酒的她也举杯祝贺。

她劝我们十几个男女同学喝酒，说十七八岁都成年了，可以适当喝点啦，结果她把自己灌醉了，睡到第二天才醒。

说是我们都考过线了，她太高兴啦。

后来得知，我们十几个同学都是她用自己的工资资助的。于是，每年2月27日，她的生日那天，想去她退休赋闲在龙泉驿的家里看望她，但都被她婉言谢绝了。她只是叮嘱道，付出的爱犹如大江之水，是不需要回报的，只希望同学们在各自的岗位上踏踏实实工作，把老师赠予的爱传承下去，不要吝啬！

半根油条

黄北平

父亲黄国让今年94岁了，和母亲住在大巴山老家。由于经受过旧社会的贫困生活，特别是参加志愿军，经过三年艰苦的抗美援朝战争，父亲将勤俭节约的美德发扬到了极致。

在老家，即使用的是山泉水，不花钱，父亲也会把洗脸水、洗脚水收集起来，用于冲厕所。

他到城里来小住，我教他用热水器洗澡，并告诉他不要关水，不然热水就不连贯了。父亲总要把没有加热的水接起来，用作洗衣服，生怕浪费一滴水。

他也不允许家里的人倒剩饭剩菜，吃饭时一定要把上一顿的剩菜剩饭吃完之后才吃新做的。这样，他们一年四季有大部分的时间都是在吃剩菜剩饭。

水果他也从不挑最好的吃，而是看哪一个水果开始坏了，就把那个挑出来，把坏的部分去掉，吃没有坏的部分。但水果经不起时间的发酵，总是一个接一个地坏，以至于父亲好像每天都在吃坏水果。

我曾多次告诉他，节约用水是没错的，但吃剩菜剩饭和吃坏掉的水果，会对身体造成危害，但父亲总是口头答应，行动上依然如故。

1979年，我考上了大学，父亲很高兴，寒假回家，就带我到县城第一个服装批发市场，给我买了一件毛线背心。当时穿起来不大不小，很合身。结果几天后下水一洗，缩水半截，穿在身上连肚脐眼都露出来了。我傻眼了，不愿再穿。

父亲见了，觉得我穿一件缩水的衣服上大学也确实不合适，又专门去给我买了一件好的毛线背心。而那件缩水的背心　他舍不得扔掉，干脆自己穿。由于他身材比我高大，缩水的毛线背心穿在身上跟女式内衣一样，穿出去别人都笑话。可父亲一点不理会别人的嘲讽，就那样穿了五六年，直到毛线断裂，几乎散架才丢掉。

父亲自己在生活方面"抠抠搜搜"，但是对公益事业却是大方得很。记得20世纪80年代，家乡一座桥被洪水冲垮了，他那时还没有工资，但主动捐款200元。这200元，在当时是一笔巨款。父亲不仅号召大家捐款捐物，还带头义务劳动了10多天，最终把桥修好。后来乡里修公路，他又主动捐了1000元钱……

上一周，我回家去看望他们，闲聊中，父亲忽然兴冲冲地对我说："镇上新开了一家餐馆，早上有稀饭、馒头、豆浆、油条，明天早上我们就到那儿去吃。"

"好啊，你们每天都可以到那儿去吃早饭，就不用自己煮了。"我说。

第二天早晨，父亲母亲早早地起了床，洗漱完毕后我开车带他们到了镇上的那家餐馆。

我按照城里三个人吃的分量点了包子、豆浆、油条。

乡镇上外来客少，餐馆主要做熟人生意，靠的是口碑。包子不但分量很足，肉馅儿也是用刀剁的，肥瘦参半，一口下去，肉丁清晰可见。不像城里的餐馆，把肉用机器打成糊状，让人吃起来不放心。

由于可口，我们三个人都吃得很饱，但最后还剩半根油条。父亲向餐馆老板要了一个塑料袋，要把这半根油条带回家，留着中午吃。

"半根油条就算了吧。"我说。

"这是粮食做的，丢了可惜啊。"父亲不同意。

"油条放到下顿，就不好吃了。"我小声说。

"不好吃？如果是放在1951年的抗美援朝战场上，那可是连想都不敢想的人间美味。"他十分严肃。

我知道，父亲又想起了那段难忘的峥嵘岁月。

1950年，父亲随军入朝作战。其中有几天，美国的飞机对志愿军狂轰滥炸，他们潜伏在一个山沟里，四天没有吃一点东西，只能喝山沟里的水。直到第五天，后勤部门才送来了给养——一麻袋白萝卜。虽然没有油和盐，也不能生火煮熟，只能啃生的。但对他们来说，能啃个生萝卜，已经是非常好的救命伙食了。这段难忘的经历一直刻在父亲心里，激励着他自己，也经常拿来教育我们。

我深知如果我把这半根油条丢掉，父亲可能要介怀很久。于是便按他说的，用塑料袋把这半根油条装起来放到了车上。但我又不忍心让父亲吃剩下的油条，决定自己带回家，晚上用微波炉加热了吃。

午饭之后，我开车回城里。父母把农村的土鸡蛋、南瓜、土豆、荠粉，装了大大小小好几包，塞进车里。

到家的时候，我把父母亲送的土特产卸下车，在关车门的时候，看到了那半根油条。它早已不像刚出锅时那样金黄红润，我本想把它扔掉，但脑海里回想起多年来父亲责备我们浪费粮食时严厉的眼神，就打消了扔的念头。

我把半根油条带进屋，放进冰箱，由于当天晚上有一个聚会，我准备第二天早晨吃。

谁知第二天走得匆忙，早餐根本没来得及在家吃。之后的几天，不是应酬就是出差，那半根油条早被我忘到了九霄云外。

　　大约过了一周的时间，一个下午，我回家准备煮一点面条，打开冰箱，发现了冰箱角落里不起眼的那半根油条，它仍然静静地躺在塑料袋里，油条已经变得很硬，闻了闻，还没有什么异味。

　　"扔了算了。油条放了这么多天，万一吃坏了肚子，就得不偿失了。万一父亲问起就说吃了，反正他也不知道。"我心里这样想。

　　当我正要将半根油条丢进垃圾桶时，脑海里又浮现出父亲多年来对我的谆谆教诲。他和战友猫在山沟里啃生萝卜，他坐在餐桌上津津有味地吃着剩菜剩饭……一幕幕揪心的画面就像放电影一样在我眼前闪过。我不禁又羞愧又懊恼，心里忽然一下敞亮起来——丢掉半根油条容易，可我不能把父亲对我的期望和多年来的教诲一同扔了啊。

　　我将油条放在一个盘子里，表面洒了一些水，上面蒙了一层保鲜膜，用微波炉加热，就着一杯温水，把它吃了下去。

　　油条虽然没有变味，但是没有了内柔外酥的口感，嚼起来还有一点黏牙。但我知道，我必须要吃下去——为给自己留下一次刻骨铭心的记忆。如果吃了拉肚子，就当一次减肥，就当一次对自己差点忘记对父亲承诺的惩罚吧。

过年记忆

王思贤

老家在川东北的大巴山区，20世纪70年代，小镇上的人家大都还过着节俭、清贫的日子，童年的生活平淡普通，但充满温情和暖意。

那时候，小孩子都特别想过年。我对过年的期盼，从每年杀年猪便开始了。寒冷而漫长的冬天，年猪"噢、噢、噢"高亢的叫唤声从街头巷尾远远地传来，那望年的心情就在我的心底抬起头来，开始沉浸在那种等待的心境之中。大街上也飘荡起"萝卜蜜蜜甜，看到看到要过年……"的童谣。

那个年月，镇子上一般的人家都养猪。每年开春买回一两只小猪仔，辛苦喂上一年，到了冬腊月间便杀了准备过年。一块块腌好的猪肉、猪头、猪尾、猪腿吊挂在瓦屋的火塘上，在柴火、柏丫的烘熏下逐渐变成黄灿灿的腊货，那大年三十的团年饭、正月里招待客人的餐桌上便有了主心骨，操持家务的主妇们心头便有了一份踏实。

过年香喷喷的肉、白生生的汤圆和甜甜的炒米麻糖是清贫年代小孩子们的挂念；对我们这些小女孩而言，过年最大的念想，恐怕要数每年正月初一的花衣服、新鞋子。

待到每年的冬腊月间，母亲都要带着我们兄弟姐妹去缝衣社做新衣服。镇上的缝衣社坐落在西边的小河边上，是一幢砖瓦楼房，一楼一底宽敞明亮。十几台缝纫机都在"哒哒"地忙碌着，脚踏板有节奏地转动，针头不停地上下，花花绿绿的碎布片散落在木头地板上，母亲领着我们一群孩子在房子里穿行，去找技艺最好的那位裁剪师傅。站在宽大的裁衣板旁边，裁缝师傅给我们一个一个地量尺寸，心里别提有多甜美了。

母亲做针线活讲究针脚细密匀称，颜色搭配美观，从来不会因为家务忙碌和双手皲裂疼痛而潦草。那时我们几姊妹的布鞋都是藏青色灯芯绒鞋帮、白边的千层底，既美观大方，穿着也特别舒适。

大年三十那天，父母早早地就起来杀鸡、炸酥肉、煮腊肉，姐姐们也帮忙淘菜、剥蒜，经管灶火，七手八脚地准备团年饭；我和隔壁的小伙伴在街沿上玩耍，不时地跑进灶屋去查看做饭的进展，看见刚从锅里捞上菜板的香肠正冒着热气，顺手拈上一片放到嘴里又跑出去玩耍；大街上，袅袅炊烟在鳞鳞千瓣的瓦屋上飘荡，阵阵香气伴着欢声笑语从大大小小的门窗里飘散出来……

吃完年夜饭，收拾好碗筷，母亲都要往火笼坑添加一两个熬火的青杠树疙蔸，把柴火燃烧得旺旺的。据说"柴"通"财"，柴疙蔸寓意"大柴"，祈盼我们家来年财运顺达。低矮的灶间，青杠疙蔸橘红色的火焰黏舔着黑色的锅底，散发出淡淡的香气，一家人围坐在火塘边一边烤火守岁，一边为明天初一做准备。大姐二姐挂上锅儿开始炒南瓜米和葵花子，母亲忙着给一堆新衣服、新鞋子钉纽扣，父亲也带携给我们的新裤子灌缩筋带，我和弟弟妹妹在火塘边玩耍，父母见孩子们高兴的样子，脸上也露出了欣慰的笑容。

那时候，老街上家家户户的孩子都多，挨邻搭界人家的阳台和后院又相互通联，不一会儿，邻里一群孩子便跑来串门，有的小伙伴已

经迫不及待地穿上了新衣服、新鞋子，一个个兴奋喜悦的样子。过一会儿，我们又跟到邻里去玩耍，大家叽叽喳喳地说笑着、打闹着，那样欢喜，那样热闹。许多年过去了，当年的情景像一幕幕影像鲜明的静照，依然历历在目。

在我幼年的认知里，过年像一个童话的世界，每一个小孩子都有肉吃、一定有新衣服，可以尽情地玩耍，犯点点错误也不用担心挨大人打骂。大约在我七岁那年的春节，跟随父亲去镇子西郊拜访一位伯伯，路上遇见几个男孩子在玩"抓燕子"的游戏，其中一个穿着破旧的男孩子从我们面前飞快地跑过……那是我第一次看见小孩子过年穿破衣服。

渐渐地，我知道了人世间的一些辛苦。养育六个子女的重担压在父母的肩头上，他们像背了重壳的蜗牛，在生活的道路上爬行。那段岁月，母亲曾形容像在穿荆棘林。可是不管如何艰难，他们对生活对未来都充满希望，努力地把过年变成理想生活的样子。

冬天的早晨，霜花白皑皑地撒在大地上。为了挣钱给孩子们做过年的新衣服，父母和邻里的几个大人天不亮就上山砍柴，以一分钱一斤的价格悄悄地卖给街道的食店。寒冷的夜晚，有时我们一觉睡醒，还见母亲在油灯下做鞋子。

光阴荏苒，40多年过去了，童年过年的光影时时在记忆里闪亮，给我力量，让我在每一个辞旧迎新的时刻，憧憬春天，努力地把现实的生活变成自己理想中最美好的模样。

在大门贴上红红的春联，室内插上美丽的鲜花，客厅有温暖的炉火、缭绕的茶香，房门把手挂上吉祥的中国结，厨房灶上老腊肉散发着肉香，"年"的味道便浮漾在了你和家人的身旁……

后 记

这是达州市政协编辑的大型文史资料"达城记忆"系列丛书的第七部。前六部文史资料《老街老巷》《名人轶事》《能工巧匠》《古建筑集萃》《"9•3"洪灾》《脱贫攻坚纪实》面世后，获得了良好的社会反响。为充分发挥文史资料"存史、资政、团结、育人"的重要作用，留存不同时代达州印象，留住乡愁，传承达州丰富多彩的民风民俗文化，达州市政协决定编辑出版《达城记忆•巴风賨韵》一书。

本书收集整理的资料主要记录新中国成立尤其是改革开放以来达州的新民俗、新风尚、新形象，围绕达州民间文化、民俗文化所经历的种种变迁，反映达州不同时期生产生活情况，展示所蕴含的人文精神，宣传达州历史发展成就。为高质量地完成这项工作，达州市政协成立了该书编辑工作委员会和编辑小组。编委会由市政协主席会议成员、相关委室主任、各县（市、区）政协主席组成。编辑小组由市政协主席担任主编，分管副主席任副主编，选聘了陈立权、贺正华同志为本书特邀编辑，具体工作由达州市政协文化文史和学习委员会承办。

市政协文化文史和学习委员会从2023年4月开始着手面向社会征集资料，重点依托各县（市、区）政协征集稿件。在征集要求上按照"亲历、亲见、亲闻"的原则，既立足基础事实，又有一定的可读性、

趣味性。

截至2023年10月，我们共征集到300余份文稿，50余万字。经过精心选编，共选用94篇。根据文章内容大致分为"红色记忆""历史拾遗""巴渠食俗""传统技艺""往事回眸""乡土风情""亲情往事"7个篇章。

由于本书收录的文章多由当事人回忆整理，成文时间跨度较大，为体现"三亲"原则，我们最大限度保持了当事人的口述风格和语言表达方式。

在征编过程中，得到各县（市、区）政协的高度重视和通力合作，各县（市、区）政协文化文史和学习委同志做了大量艰苦的资料征集工作，市政协文化文史和学习委潘宏、王丹同志承担了联络协调服务工作，参与了文史资料的征集工作。中国文史出版社编辑程凤、赵姣娇为本书出版做了大量工作。在此，我们对所有为本书的出版付出辛勤劳动的同志一并表示感谢。

《达城记忆·巴风賨韵》即将付梓。同时，由于本书篇幅所致，一些精彩的民风民俗资料未能收录。鉴于我们编辑水平有限，疏漏之处在所难免，恳请广大读者提出宝贵的意见。

编者

2023年12月